—— 中国少数民族经济前沿丛书 ——

# 要素集聚、产业结构与民族地区城市经济发展研究：基于专业化、多样化视角

Factor Agglomeration, Industrial Structure and Urban Economic Development in Ethnic Areas: Based on View of Specialization and Diversification

王　英◎著

中国经济出版社
CHINA ECONOMIC PUBLISHING HOUSE
北　京

**图书在版编目(CIP)数据**

要素集聚、产业结构与民族地区城市经济发展研究:基于专业化、多样化视角 / 王英著.
—北京:中国经济出版社,2019.5
ISBN 978-7-5136-4789-2
Ⅰ.①要… Ⅱ.①王… Ⅲ.①民族地区—城市经济—经济发展—研究—中国
Ⅳ.①F299.27

**中国版本图书馆 CIP 数据核字(2017)第 178210 号**

责任编辑 王 帅
责任印制 巢新强

**出版发行** 中国经济出版社
**印 刷 者** 北京富泰印刷有限责任公司
**经 销 者** 各地新华书店
**开 本** 710mm×1000mm 1/16
**印 张** 12.5
**字 数** 180 千字
**版 次** 2019 年 5 月第 1 版
**印 次** 2019 年 5 月第 1 次
**定 价** 58.00 元
**广告经营许可证** 京西工商广字第 8179 号

**中国经济出版社** **网址** www.economyph.com **社址** 北京市西城区百万庄北街 3 号 **邮编** 100037
本版图书如存在印装质量问题,请与本社发行中心联系调换(联系电话:010-68330607)

---

# 总　序

## 一

1949年以来，民族地区经历了几次大规模的跨越式发展，取得了世所瞩目的发展成绩，经济发展进入了新的更高的发展阶段。

从发展的外部环境看，中国是位于亚洲大陆东部的陆海国家，邻国众多，包括俄罗斯、日本、印度等强国，一些国家之间历史与现实矛盾交织，近年来出现诸多领土、海洋权益争端。民族八省区主要位于边疆地区，既有漫长的陆路边境线，又有海上口岸。例如新疆就与8个国家接壤，边境线长达5600公里，地缘政治复杂。同时中国位于欧盟、北约及美国主导的跨太平洋伙伴关系协议（Trans-Pacific Partnership Agreement，TPP）等国际政治军事组织的中间区域，欧盟东扩、东欧向北约靠拢、国际上错综复杂的大国关系、美俄欧盟对中国的态度及对华政策等都对中国国家安全影响很大，特别是日本军国主义死灰复燃，对我国东海南海的压力加大，对我国西部民族地区的渗透加深，民族地区经济社会发展会受到一定程度的地缘政治因素影响。此外，近年来，在国际恐怖活动呈反弹之势的大背景下，中国境内的恐怖势力活动升级，一些民族分裂势力企图通过制造暴力恐怖活动破坏民族团结，可能影响“十三五”时期民族地区的社会稳定与发展。

从发展的国内民族关系来看，65年来的总体和谐局面在新阶段也出现了不和谐因素，“3·14事件”“7·5事件”以及近年来连续出现的暴恐事件表明，三股势力对我西部边疆的图谋已经从舆论宣传转变为实际行动。为避免东西两面掣肘，海防与塞防关系这一历史课题再次浮现。尽管与晚清同光年间相比，我国国情和当今世情已经发生了根本性变化，但如何确保塞防稳定以发力于海防，却具有共同性。

各民族的发展也表现出了许多新的特点，正如王正伟同志所概括的，“改革开放特别是进入21世纪以来，我国民族工作的大环境发生了重要变化。形象一点说，民族工作‘进城’了，工作重点从边疆和农村牧区延伸到城市和东部；民族工作‘下海’了，体制环境从计划经济变为市场经济；民族工作‘入世’了，国际因素与国内因素密切交织在一起；民族工作‘上网’了，网络世界对现实生活的影响日益增大”。此外，少数民族人口老龄化程度也在加速，少数民族人口结构的这些变化必然带来民族经济方面的新特征。

（1）2010年人口普查表明，少数民族人口的城镇化水平为32.84%，比2000年23.36%提高了9.48个百分点，其中有12个少数民族人口城镇化水平超过50%（表0－1）。而且，少数民族人口城镇化进程正处于加速阶段。

（2）2010年少数民族在业人口中第一产业占比为69.42%，第二产业占比12.15%，第三产业占比18.43%。虽然总体上第一产业比重还很高，但非农就业与2000年的21.15%比较，2010年提高到30.58%，提高了近10个百分点（表0－2）。

（3）2014年7月21日，中国互联网络信息中心（CNNIC）在京发布的第34次《中国互联网络发展状况统计报告》显示，截至2014年6月，中国网民规模达6.32亿，其中，手机网民规模5.27亿，互联网普及率达到46.9%。若按人口比例计算，少数民族网民规模在5000万人左右①。

（4）中国各少数民族人口随全国人口一起进入持续老龄化的状态，且表现出老年人口占总人口的比例增长快、75岁以上的高龄老年人增速快、老年人口规模大、老年负担系数大、老龄化族际差异大的“两快三大”的

① 资料来源：《中国互联网络发展状况统计报告》。

特征。各少数民族进入老龄化社会比预期早，与经济发展水平比较，呈现出典型的“未富先老”的特征（表0－3）。

(5) 少数民族人口的国际化程度有了大幅度提高。

表0－1 中国各民族人口城镇化的变化（1990—2010年）

| | 1990年 | | | 2000年 | | | 2010年 | | |
|---|---|---|---|---|---|---|---|---|---|
| | 全国 | 汉族 | 少数民族 | 全国 | 汉族 | 少数民族 | 全国 | 汉族 | 少数民族 |
| 城市（%） | 18.68 | 19.47 | 9.70 | 23.55 | 24.64 | 11.81 | 30.29 | 31.62 | 15.84 |
| 镇（%） | 7.51 | 7.59 | 6.65 | 13.37 | 13.54 | 11.55 | 19.98 | 20.25 | 17 |
| 乡村（%） | 73.80 | 72.94 | 83.64 | 63.08 | 61.83 | 76.64 | 49.73 | 48.13 | 67.16 |
| 城镇化率（%） | 26.2 | 27.06 | 16.36 | 36.92 | 38.17 | 23.36 | 50.27 | 52.87 | 32.84 |

资料来源：作者根据《中国1990年人口普查资料》《中国2000年人口普查资料》《中国2010年人口普查资料》计算得到。

表0－2 中国人口产业结构的变化

| | 1990年 | | | 2000年 | | | 2010年 | | |
|---|---|---|---|---|---|---|---|---|---|
| | 第一产业 | 第二产业 | 第三产业 | 第一产业 | 第二产业 | 第三产业 | 第一产业 | 第二产业 | 第三产业 |
| 全国（%） | 72.24 | 15.3 | 12.46 | 64.38 | 16.81 | 18.81 | 48.36 | 24.15 | 27.49 |
| 汉族（%） | 71.34 | 15.99 | 12.67 | 62.99 | 17.70 | 19.31 | 46.42 | 25.26 | 28.32 |
| 少数民族（%） | 83.36 | 6.83 | 9.81 | 78.85 | 7.57 | 13.58 | 69.42 | 12.15 | 18.43 |

表0－3 中国人口年龄结构（%）

| | 总人口 | | | 汉族人口 | | | 少数民族人口 | | |
|---|---|---|---|---|---|---|---|---|---|
| | 1990年 | 2000年 | 2010年 | 1990年 | 2000年 | 2010年 | 1990年 | 2000年 | 2010年 |
| 0~14岁 | 27.69 | 22.9 | 16.61 | 27.13 | 22.46 | 16.07 | 34.03 | 27.66 | 22.43 |
| 15~64岁 | 66.74 | 70 | 74.47 | 67.2 | 70.3 | 74.83 | 61.54 | 66.77 | 70.58 |
| 65岁以上 | 5.57 | 7.1 | 8.92 | 5.67 | 7.25 | 9.1 | 4.44 | 5.58 | 6.99 |
| 老化指数 | 20.12 | 31.00 | 53.70 | 20.90 | 32.28 | 56.63 | 13.05 | 20.17 | 31.16 |
| 年龄中位数 | 25.26 | 30.77 | 34.93 | 25.54 | 31.08 | 36.36 | 21.92 | 26.94 | 30.87 |

资料来源：作者根据《中国1990年人口普查资料》《中国2000年人口普查资料》《中国2010年人口普查资料》计算。

从全国经济发展态势看，改革开放30余年来，中国经济持续高速增长，创造了世界瞩目的增长奇迹。近年来中国经济增速放缓，逐步从高速增长期转入中速增长期，进入增长新常态。在各级政府的大力支持和各族人民的努力下，民族地区“十二五”时期经济增速超过全国，但在“十三五”时期可能存在一定程度的经济下行压力。根据刘世锦等（2011）对世界成功追赶型经济体的历史经验的总结和理论研究，中国经济潜在增长率在2015年前后很有可能下一个台阶，时间窗口的分布是2013—2017年，增速下降的幅度大约为30%，如由10%降低到7%左右①。他们还对每个省级行政区下台阶时间进行了测算，对民族八省区的测算结果见表0－4。可以看出，大多数民族省区将在2015年前后进入增长减速期，出现增长新常态，这种增长率变动趋势为民族地区的后发赶超和转型带来严峻挑战。民族地区要维持过去30年的高速增长，必须主动转型，着力推进改革，实现发展方式的转变②。

**表0－4　民族八省区增长下台阶的时间窗口**

| | 下台阶时间 | | | | | | | |
|---|---|---|---|---|---|---|---|---|
| | 内蒙古 | 广西 | 贵州 | 云南 | 西藏 | 青海 | 宁夏 | 新疆 |
| | 2013年 | 2019年 | 2020*年 | 2015年 | 2015年 | 2012年 | 2018年 | 2017年 |
| 人均GDP（1990年国际元） | 14646 | 10279 | 5469 | 5884 | 6092 | 6281 | 10440 | 10638 |
| 1978—2008年平均增长率（%） | 8.61 | 11.10 | 8.43 | 8.07 | 8.34 | 8.43 | 7.00 | 7.67 |
| 减速后的增长率（%） | 6.03 | 7.77 | 5.90 | 5.65 | 5.84 | 5.90 | 4.90 | 5.37 |
| 综合评价 | 0.61 | 0.48 | 0.44 | 0.44 | 0.26 | 0.46 | 0.54 | 0.53 |

注：①下台阶年份为t，表示从t＋1年开始经济增速明显下降。②＊表示到2020年之前经济增速仍然按照过去30年的平均水平增长。③综合评价指标值是基于人均生产总值、产业结构、城市化水平、分工的专业化程度、资源禀赋以及外向型程度等因素计算得到。上海的综合评价指标值为1。④1978—2008年平均增长率和减速后的增长率为笔者计算。其中，减速后的增长率按1978—2008年30年平均增长率下降幅度为30%计算。

① 刘世锦，等．陷阱还是高墙？中国经济面临的真实挑战和战略选择[M]．北京：中信出版社，2011：19.

② 郑长德，罗布江村．中国少数民族地区经济发展方式转变研究[M]．北京：民族出版社，2010：283－290.

## 二

新实践呼唤新理论。民族地区经济发展新的阶段性特征和民族工作新任务，为中国少数民族经济研究提出了一系列新课题，主要有：

**第一，文化多样性与规模报酬递增。**2014年中央民族工作会议指出："多民族是我国的一大特色，也是我国发展的一大有利因素。"会议着重从中华民族和各民族关系的角度进行分析，指出中华民族和各民族的关系是一个大家庭和家庭成员的关系；各民族的关系是一个大家庭里不同成员的关系。从经济发展角度看，多民族不仅意味着文化的多样性，也意味着偏好的多样性和需求的多样性。而经济理论研究表明，正是这种偏好和文化的多样性带来了规模报酬递增，而经济持续发展的一个动力之一[①]，就是"规模报酬递增"。关于文化多样性与经济发展的关系是民族经济研究的一项重要课题。

**第二，经济一体化与"多元一体"。**中央民族工作会议提出"四个认同"，即"让各族人民增强对伟大祖国的认同、对中华民族的认同、对中华文化的认同、对中国特色社会主义道路的认同"，把国家统一作为各民族最高利益。从区域经济视角看，"四个认同"的基础是实现经济一体化。过去几十年，我们特别注重区际一体化，通过大规模的交通骨干通道（高速公路、高速铁路）的建设，全国各省、区、市间的经济联系得到加强，区际一体化程度迅速提高；但区内各县、县域内通乡、通村组的道路建设滞后，区域内部的一体化程度提高程度甚微，个别地区甚至出现了区域内部的破碎化。为此，此次会议提出："民族地区交通建设，既要打通对内对外联系的'大通道'，也要畅通与'大通道'联系的'静脉''毛细血管'。"如何把大通道的活力与民族地区旗县、乡镇、村寨嘎查（内蒙古行政村）和农户、牧户精准对接，为民族地区跨越式发展提供切实的带动作用，加强对区内一体化与区际一体化的关系，经济一体化与文化一体化、

① 从经济发展角度看，驱动现代经济持续发展的三大动力机制是技术进步、制度创新和规模报酬递增。

政治一体化的关系等问题的研究，加强对大家庭与家庭成员经济关系的研究，加强各民族交往、交流、交融，“坚决反对大汉族主义和狭隘民族主义，让各民族在中华民族大家庭中手足相亲、守望相助”，是今后中国少数民族经济和民族地区经济发展研究的重要问题。

**第三，增长新常态下民族地区经济发展问题。**研究表明，中国经济在经过30多年持续高增长后进入了新阶段，称“增长新常态”。此时驱动经济增长的主要是结构的调整与升级、制度的变革、技术的创新。民族地区长期依靠要素（主要是资源和物质资本）高投入驱动实现的经济发展，不仅增长方式粗放，而且包容性程度低，对环境的影响大。在全国进入增速下降的“新常态”下，民族地区必须要加大发展方式的转变力度，提高发展质量和发展的包容性，需要深入研究的是在“增长新常态”下，民族地区经济发展的动力机制、持续性、发展的包容性等问题。

**第四，差别化区域政策。**2014年中央民族工作会议指出，“充分考虑民族地区的特殊性，在土地使用、金融服务、资本市场建设等方面给予差别化支持”，要“对边疆地区、贫困地区、生态保护区实行差别化的区域政策”。中国地域辽阔，各地区发展差异和差距大，但长期以来，中央根据全国平均水平制定政策，包括财政政策、货币政策及区域规划方面的政策，制定时基本一刀切，执行时更是一刀切，不考虑偏离全国平均水平地区的具体情况，既降低了政策的效率，同时也阻碍了地区的发展。因此，实行差别化的区域政策，不仅必要，而且符合实际。但是对民族地区实施差别化的区域政策，不是区域发展政策的“矮化”“低端化”和“施舍”，而是要真正能够推进民族地区的跨越式发展。如何制定差别化的区域政策，如何有效实施这些政策，就是一个重大的问题。例如，在中国和世界各国实施的促进地区跨越式发展成效显著的特区政策、自由贸易区政策等，可否在民族地区、边疆地区实施？

**第五，“三个积极性”的内在联系与体制机制。**少数民族和民族地区建设全面小康社会，必须发挥中央、发达地区和民族地区三个积极性。长期以来，在中央与地方关系的框架下，民族地区经济发展研究注重发挥中央和民族自治地方两个积极性，特别关注如何加强中央对民族地区发展的转移支付、投资力度、项目建设和金融政策扶持等方面，关注发挥民族自治地方积极性方面。在对发达地区的对口支援，协调各发达地区省份的支援、协调中央和发达地区支援的关系，统筹外部支援与民族地区内生发展的关系等方面，虽有一些研究成果，但不仅理论研究有待深入，而且实证研究也需要进一步加强。在理论研究层面上，如发挥三个积极性内在联系的体制和机制问题，对口支援与合作共赢发展问题，等等。目前国家实施的对口支援确实有重要的积极意义，但如何更好地发挥转移支付和对口支援的效应、“优化转移支付和对口支援体制机制”、提高自我发展能力、释放发展潜力等均是需要深入研究的课题。

**第六，资源开发与惠及当地问题。**民族地区是我国重要（战略）资源的富集地，不仅石油、天然气、煤炭、有色金属等重要矿产资源丰裕，而且草原、森林、湿地、河流等重要生态资源及太阳能、生物能和风能等新型能源资源更是储量大、开发条件优越。长期以来，由于对自然资源的经济金融属性认识不足①，加之在资源产权体制的问题上，片面强调全国一盘棋，忽视了资源开发对所在地的惠及，结果出现西气东输、当地少数民族群众却用不到天然气，煤电并入全国电网、当地牧民却只能依靠风光互补的现象，资源所在地居民无法分享资源开发的红利。2014 年中央民族工作会议提出，民族地区发挥资源优势的重点是惠及当地，由此也带来了央企与当地关系以及资源开发如何惠及广大农牧户的新课题。

**第七，精准扶贫与区域发展的关系问题。**民族地区“群众困难多，困难群众多”，打好扶贫攻坚战，民族地区是主战场。“搞好扶贫开发，重点抓好特困地区和特困群体脱贫”，“要创新思路和机制，把整体推进与精准到户结合起来，加快推进集中连片特殊困难地区区域发展与扶贫攻坚，提高扶贫效能”。虽然精准扶贫已提出一段时间了，也写进了相关的扶贫规划，但在实践中，对于什么是精准扶贫以及如何处理好精准扶贫与区域发展的关系，尚有许多问题需要研究。

---

① 据郑长德(2014)的研究，从经济金融角度看，自然资源具有以下属性：生态上的整体性；产权综合体；经济—生态及私人—公共属性的复合型资产；短期缺乏弹性，长期有弹性；短期缺乏弹性，长期有弹性—内生的价格波动；产地—加工地—消费地分离还是合一。

**第八，民族地区城镇化问题。**相较于全国和发达地区，民族地区城镇化水平较低，工业化滞后。不过从发展阶段看，民族地区进入了城镇化快速推进的阶段。要加强民族地区的城镇化，“民族地区推进城镇化，要与我国经济支撑带、重要交通干线规划建设紧密结合，与推进农业现代化紧密结合，规划建设一批具有民族风情的特色村镇”。在民族地区城镇化过程中，有许多问题需要研究，如城镇化的动力机制、城镇化的路径选择、城乡发展一体化等。

《全国主体功能区规划》从建设富强民主文明和谐的社会主义现代化国家、确保中华民族永续发展出发，推进形成主体功能区，着力构建我国国土空间的“三大战略格局”。其中的城市化战略格局是：

构建以“两横三纵”为主体的城市化战略格局。构建以陆桥通道①、沿长江通道为两条横轴，以沿海、京哈京广、包昆通道为三条纵轴，以国家优化开发和重点开发的城市化地区为主要支撑，以轴线上其他城市化地区为重要组成的城市化战略格局。推进环渤海、长江三角洲、珠江三角洲地区的优化开发，形成3个特大城市群；推进哈长、江淮、海峡西岸、中原、长江中游、北部湾、成渝、关中—天水等地区的重点开发，形成若干新的大城市群和区域性的城市群。

其中涉及民族地区的经济支撑带和重要交通干线建设有：长江经济带、丝绸之路经济带、包昆通道、北部湾等。确立的民族地区的城市群有：呼包鄂榆地区、北部湾地区、黔中地区、滇中地区、藏中南地区、兰州—西宁地区、宁夏沿黄地区、天山北坡地区，这些都是民族地区推进城镇化的重点地区。同时，《国家新型城镇化规划》提出要“加快发展中小城市”，要“把加快发展中小城市作为优化城镇规模结构的主攻方向，加强产业和公共服务资源布局引导，提升质量，增加数量”，“培育壮大陆路边境口岸城镇，完善边境贸易、金融服务、交通枢纽等功能，建设国际贸易物流节点和加工基地”，并拟定了重点建设的陆路边境口岸城镇：

① 陆桥通道为东起连云港、西至阿拉山口的运输大通道，是亚欧大陆桥的组成部分。

面向东北亚：丹东、集安、临江、长白、和龙、图们、珲春、黑河、绥芬河、抚远、同江、东宁、满洲里、二连浩特、甘其毛都、策克；

面向中亚西亚：喀什、霍尔果斯、伊宁、博乐、阿拉山口、塔城；

面向东南亚：东兴、凭祥、宁明、龙州、大新、靖西、那坡、瑞丽、磨憨、畹町、河口；

面向南亚：樟木、吉隆、亚东、普兰、日屋。

**第九，民族地区产业结构升级问题。**民族地区城镇化的推进，传统产业的改造，都需要加大民族地区产业结构的升级。“要大力发展民族地区特色优势产业，推动产业结构上水平，加快发展服务业。”民族地区的产业大多是资源型产业，即使是特色优势产业，也主要建基于民族地区的自然禀赋特点，而资源型产业的发展面临陷入“资源诅咒”的可能，因此，如何实现民族地区产业结构的合理化和高级化（产业结构升级），既是一个重要的实践问题，又具有重要的理论价值。

**第十，城市民族经济问题。**改革开放以来，我国进入了各民族跨区域大流动的活跃期，各民族城镇化水平有了很大提高，少数民族的城镇化有本地城镇化，也有跨区域的城镇化。少数民族的跨区域大流动和城镇化提出了城市民族经济新课题。对少数民族流动人口，既不能采取“关门主义”的态度，又不能采取放任自流的态度，关键是要抓住流入地和流出地的两头对接，把着力点放在社区，推动建立相互嵌入的社会结构和社区环境，注重保障各民族合法权益，坚决纠正和杜绝歧视或变相歧视少数民族群众、伤害民族感情的言行，让城市更好地接纳少数民族群众，让少数民族群众更好地融入城市。这些论述不仅抓住了城市民族经济研究的重点，也指明了处理城市民族经济关系的原则和方向。

**第十一，民族文化与经济关系的研究。**民族文化研究的重点是中华民族的文化认同和中华民族共同体意识的培养。经济发展是民族文化繁荣的基础，民族文化繁荣为民族经济发展提供动力支持和方向保证。中央民族工作会议在繁荣民族文化上，高度重视中华民族共同体的认同，提出了两个极为重要的命题：一是“国家统一是各民族的最高利益”，二是“民族团结是各族人民的生命线”。会议提出加强中华民族大团结，长远和根本的做法是增强文化认同，建设各民族共有的精神家园，积极培养中华民族共同体意识。要把建设各民族共有精神家园作为战略任务来抓，抓好爱国主义教育这一课，把爱我中华的种子埋在每个孩子的心灵深处，让社会主义核心价值观在祖国下一代的心田生根发芽。在如何弘扬和保护各民族传统文化方面，中央民族工作会议提出要“努力实现创造性转化和创新性发展”，这些都需要在中华民族文化认同和中华民族共同体意识基础上才能实现。

**第十二，民族地区的政府与市场的关系问题。**民族地区加快发展，最终还是要向改革要动力、要活力。民族地区与全国一样，都要深化投资体制改革，搞好和周边地区的互联互通，通过市场机制与沿海地区连接，实现优势互补、合作共赢、共同发展。考虑到民族地区具体的发展阶段，既面临着发达市场经济都有的市场失灵，还面临着市场不完善、市场缺失，全面深化改革的关键是正确处理好政府与市场的关系，十八届三中全会明确指出，要“使市场在资源配置中起决定性作用，更好地发挥政府作用”。在民族地区，政府和市场的关系要比发达地区复杂，有许多问题需要深入研究。

**第十三，包容性绿色发展视域下的绩效考核问题。**民族地区集资源富集区、水系源头区、生态屏障区、文化特色区、边疆地区、贫困地区于一身，这既凸显民族工作在全局中的地位作用，也显示出民族地区经济发展的复杂性。2014 年中央民族工作会议指出，民族地区要发展，而且要跨越式发展，在发展方式上要“紧扣民生抓发展”，“把生态保护放在重要位置”，即要求实现“包容性绿色发展”，这对民族地区地方政府的考核标准提出了新的更高的要求。我们曾提出要用地区国民收入标准逐渐取代地区生产总值标准，今后如能利用生态 GDP 进行考核，把地方生态环境的改进折算成 GDP，进一步把民生改善也折算成 GDP，将对民族地区转变发展方式、实现经济 - 社会 - 生态的“三赢”，有战略性的重要意义。

**第十四，发展援助政策的指派问题。**支持民族地区加快经济社会发展是中央的一项基本方针。要通过各种形式的发展援助，促进民族地区发展。这些援助政策，既有短期的政策，又有长期政策，不同的政策着力点不同。

在支持民族地区加快经济社会发展的过程中，如何进行有效的政策指派、提高援助的效率，是一个被长期忽略的问题，需要进一步加强研究。

**第十五，“一带一路”与民族地区的开发开放问题**。目前正在规划建设的由沿海向内陆、向民族地区延伸的几个经济支撑带，包括与21世纪海上丝绸之路相联系的西南中南经济支撑带、以亚欧大陆桥为依托的涉及西北东北的丝绸之路经济带和以长江黄金水道为依托的长江经济带（“两带一路”），给民族地区的跨越式发展带来新的重大历史机遇。这些经济带的建设，对民族地区的开发开放、经济活动的集聚、发展的包容性等的影响，需要认真研究。

总之，民族地区发展的新阶段、民族工作的新形势，给民族工作者包括从事民族地区经济发展研究的学者，提出了许多新的课题，如何把握民族地区经济发展新阶段的特征，提炼和探索新课题，是当前和今后一个时期民族经济研究者的主要任务。

## 三

西南民族大学经济学科和中国少数民族经济学科充分体现学校“为少数民族服务，为民族地区服务，为国家发展战略服务”的办学宗旨和“一体两翼”的发展战略，把民族地区的经济社会发展问题作为核心研究领域，以马克思主义和科学发展观为指导，把普通的发展理论和少数民族地区的特殊区情结合起来，从综合、宏观的角度和战略的高度，综合运用多学科的理论与方法，对民族地区的经济社会发展面临的突出问题、矛盾和热点展开研究。近年来，我们更加强调对中国少数民族地区发展中的重大现实问题的探索和研究，先后承担了国家社会科学基金重大招标项目、国家社会科学基金项目、国家自然科学基金项目和国家软科学项目20余项，教育部、国家民委、四川省等省部级科研项目60余项，各级地方政府横向项目60多项。“中国少数民族经济前沿丛书”是在“中国民族地区发展丛书”的基础上，以我主持的四川省教育厅创新团队项目“民族地区经济发展问题研究”（项目编号：14TD0048）和西南民族大学应用经济学和中国少数民族经济学位点建设项目为依托，瞄准中国少数民族和民族地区经济社会发展中的重大现实问题和前沿问题，组织西南民族大学的相关专家学者编写的，丛书反映了西南民族大学应用经济学和中国少数民族经济学科的最新研究成果。

这套丛书得到了中国经济出版社的大力支持，特别是李煜萍编审为丛书的顺利出版付出了很大努力。同时创新团队项目的展开得到了四川省教育厅、西南民族大学校领导、科技处、研究生部的大力支持，以及国内外学界同仁的鼎力支持，在此我代表丛书编辑委员会表示衷心的感谢。

郑长德

2014 年 12 月

# 内容摘要

城市是民族地区经济增长的核心驱动载体，民族地区城市经济发展是民族地区和少数民族群众实现全面建成小康社会目标和“两个一百年”奋斗目标的关键所在。“十三五”期间，民族城市经济发展既面临着适应“经济新常态”的现实压力，又面临着“一带一路”倡议西向发展的重大机遇。为了把握发展机遇，实现结构变迁和经济发展方式转型，理论层面需要厘清何种产业结构更有助于民族地区城市经济发展，以及如何引导和塑造合意的产业结构。

本研究基于区域经济理论，将产业结构细分为专业化、相关多样化和不相关多样化，对民族地区城市产业结构与城市经济增长、生产率提升和民生改善的关系进行了理论和实证研究，并对影响民族地区产业结构的因素进行了分析。

本书的研究思路为：首先，对民族地区城市产业结构的专业化、相关多样化和不相关多样化指数进行了量化测度，并利用 Malmquist 生产率指数对民族地区城市全要素生产率指标进行了测度和分解。其次，使用门限面板模型对专业化、多样化与民族地区城市经济增长的关系进行了实证检验，回答了何种产业结构更有助于民族地区的经济增长的问题。再次，对专业化、多样化与民族地区全要素生产率的关系进行了实证检验，分析了兼顾民族地区城市经济增长和效率改进的产业结构选择。第四，使用民族地区农村贫困 FGT 指数作为反映城市溢出效应的代理指标，对产业结构和民族地区城市经济溢出效应的关系进行了实证检验。最后，对影响民族地区城市产业专业化和多样化的影响因素进行了实证检验，并凸显了族群多样性对产业结构塑造的影响，对民族地区如何引导和塑造合意的产业结构进行了政策分析。

本书的主要结论为：第一，在既往发展历程中，民族地区城市专业化比多样化更有助于民族地区城市经济增长，多样化细分中的相关多样化比不相关多样化更有助于民族地区城市经济增长，并且相关多样化对民族地区经济增长的积极影响随着时间而趋于增长。第二，专业化、相关多样化、不相关多样化对城市全要素生产率存在动态异质表现，专业化对生产率的促进作用呈倒“U”形，多样化对生产率则呈现出越来越显著的促进作用，且城市经济规模越大，表现越明显。第三，民族地区城市专业化体现出比多样化更为显著的减贫效应，相关多样化比不相关多样化更有助于贫困减缓。第四，政策驱动、市场拉动和环境扰动是民族地区城市产业结构多样化水平的重要影响因素。族群多样化通过需求的多样化正向影响了民族地区城市产业的不相关多样化水平，但不利于相关多样化水平的提升。

本书的政策启示为：专业化对民族地区既往城市经济发展具有最为重要的作用。专业化导向的产业结构能够解决民族地区普遍经济不发达的主要矛盾，但为了体现效率提升和民生改善的目标，民族地区要着力利用专业化发展导致的经济增长，增强相关多样化与就业改善的关联。因此，民族地区城市产业发展的当期方略应是着力放大专业化对经济增长的显著促进作用，但长期应盯住相关多样化对经济增长和就业改善的作用。民族地区城市经济长期可持续发展的核心在于对本地教育和人力资本积累的持续投入，以避免短期专业化红利可能导致的技能低水平锁定。

**关键词：**民族地区；要素集聚；城市经济；产业结构；专业化；相关多样化；不相关多样化

# Abstract

Urban economy is the main driver of the economic development in Ethnic Areas, which is crucial for Ethnic Areas to improve welfare of ethnic minorities and construct an all - well around society. However, The Ethnic Areas are confronted with a lower economic growth rate which can be called The New Normal. Transformation of economic growth pattern is an urgent problem for Ethnic Areas to solve. The key of transformation is industry structure, and "One belt One road" initiative gives Ethnic Areas an opportunity to upgrad their industry structure. In order to achieve a more fittable industry structure, we should know two issues. Firstly, we should know what kind of industry structure can benefit Ethnic Areas more. Secondly, we also should know what should we do to achieve that.

In this research, the industrial structure is divided into specialization, related diversification and unrelated diversification in agglomeration perspective. We plan to do some empirical studies such as the relationship between the urban industrial structure and the urban economic growth, productivity, livelihood improvement , and the determination of the factors which influence Ethnic Areas' industrial structure.

As a result, research ideas are as follows: First, we estimated the indexes of specialization, related diversification, unrelated diversification, which are about to the industrial structure, and Malmquist productivity, that are related to the cities of Ethnic Areas. Second, this paper made empirical tests on the relationship between specialization, diversification and urban economic growth in Ethnic Areas by using threshold panel model. At the same time, we found the answer of "what industrial structure is good for economic growth of Ethnic Areas?" Third, This paper made an empirical test on the relationship between specialization, diversification and the TFP including decomposition of urban TFP. Then, found the answer of "what factor and industrial structure are useful for urban economic growth and TFP improvement?" Forth, we made an empirical test on the relationship between industrial structure and spillover effects of urban economic by using the FGT poverty index of rural to reflect the relationship between urban and rural areas and spillover effects. Fifth, we also made an empirical test on influence factors which affecting the formation of specialization and diversification structures, and highlighted the influence of ethnic diversity on the structure formation. Consequently, we did Policy analysis on how to guide and shape the appropriate industrial structure in Ethnic Areas.

The main conclusions of this paper are as follows: First, in the course of development in the past, specialization was more conducive to urban economic growth than diversification in Ethnic Areas. Also, related diversification is more conducive to urban economic growth than unrelated diversification. Moreover, the positive impact of related diversification tended to be more as time went by. Second, the relationship between specialization, related diversification, unrelated diversification and urban TFP is in dynamic heterogeneous. The positive impact of specialization to urban productivity was inverted "U". However, the positive impact of diversification to urban productivity was more and more significant, the larger the urban economic, the more obvious the manifestation. Third, poverty reduction of specialization is more obvious than that of diversification, and related diversification is more conducive to poverty alleviation than the unrelated diversification. Forth, Policy driven, market driven and environmental disturbances are the important sources of diversified urban industrial structure. Ethnic diversity has a positive impact on the unrelated diversification of urban industry through the diversification of demand in Ethnic Areas, however, not to improve the level of related diversification.

The policy implications of this paper are as follows: specialization plays an important role in the development of urban economy in Ethnic Areas. The strategy of industry specialization can solve the main contradiction of generally underdevelopment in Ethnic Areas. However, in order to reflect the efficiency and improve the people's livelihood, we ought to focus on the economic development by means of specialization, and establish a strong relationship between related diversification and employment improvement. Therefore, the current strategy of urban industrial development in Ethnic Areas should focus on the promotion of the significant role of specialization in economic growth, but should focus on the role of related diversification in economic growth and employment improvement. The long – term goals of urban economic growth in Ethnic Areas is to continue local education investment and human capital accumulation, which can avoid the low skill locked which caused by short – term professional dividend.

**Key words**: ethnic areas; agglomeration; urban economy; industrial structure; specialization; related diversification; unrelated diversification

# 目录

第1章　引言

1.1　研究背景与意义 …… 1

1.2　相关概念的界定 …… 3

1.2.1　重要概念的界定 …… 3

1.2.2　研究范围的界定 …… 6

1.3　研究方法与数据来源 …… 6

1.3.1　研究方法 …… 6

1.3.2　数据来源 …… 6

1.4　研究内容与框架 …… 7

1.5　研究的可能创新与不足 …… 7

第2章　理论综述

2.1　民族地区城市经济的研究回顾及评述 …… 10

2.1.1　要素集聚、产业结构与城市经济发展研究 …… 10

2.1.2　民族地区产业结构与城市经济的研究回顾 …… 12

2.2　产业结构与城市生产效率的研究回顾及评述 …… 13

2.2.1　要素集聚、产业结构与生产率的研究概述 …… 13

2.2.2　产业集聚与城市生产率的研究综述与理论机制 …… 14

2.3　相关多样化、不相关多样化与城市经济发展的研究回顾 …… 18

2.3.1 国外代表性研究 …… 19
2.3.2 国内代表性研究 …… 22
2.3.3 研究述评 …… 23

**第3章 理论框架**
3.1 研究的破题思路 …… 25
3.2 理论传导机制 …… 26
3.2.1 专业化、多样化与民族地区城市经济发展的理论影响机制 …… 26
3.2.2 产业结构专业化、多样化影响因素的理论影响机制 …… 28
3.3 本研究的章节逻辑 …… 29

**第4章 民族地区城市经济及产业结构的发展与演化**
4.1 民族地区城市经济概况 …… 31
4.1.1 民族地区城市规模分布 …… 31
4.1.2 民族地区城市经济总体现状 …… 33
4.2 县级市城市经济发展与结构演化 …… 34
4.2.1 县级市城市经济总量动态演化 …… 34
4.2.2 县级市城市产业结构演化 …… 35
4.3 地级市城市经济发展与结构演化 …… 36
4.3.1 地级市城市经济总量动态演化 …… 36
4.3.2 地级市城市产业结构动态演化 …… 36
4.4 本章小结 …… 37

**第5章 专业化和多样化视角下民族地区城市产业结构测度与动态演化**
5.1 专业化、多样化指数的测度方法 …… 38
5.1.1 专业化指数测度方法 …… 38
5.1.2 多样化指数测度方法 …… 40
5.2 民族地区城市专业化、多样化的测度与演化 …… 43
5.2.1 民族地区城市专业化与多样化的测度 …… 43

5.2.2 民族地区城市专业化与多样化演化 …… 43
5.3 本章小结 …… 48

**第6章 民族地区城市全要素生产率量化测度与时空演化**

6.1 城市全要素生产率的测度方法 …… 49
6.1.1 几种生产率指数的简单介绍 …… 50
6.1.2 Malmquist 生产率指数 …… 51
6.2 民族地区城市全要素生产率的测度与结果分析 …… 52
6.2.1 民族地区城市全要素生产率的测度结果 …… 52
6.2.2 民族地区城市全要素生产率及分解指标演变 …… 53
6.2.3 民族地区城市间全要素生产率差异及演变 …… 54
6.2.4 民族地区全要素生产率年度平均变化趋势分析 …… 57
6.3 本章小结 …… 59

**第7章 产业结构与民族地区城市经济增长——基于专业化、多样化视角**

7.1 专业化、多样化与民族地区经济增长的理论机制分析 …… 63
7.1.1 产业结构与地区经济增长的理论研究背景 …… 63
7.1.2 基于专业化、多样化产业集聚的理论机制解析 …… 65
7.1.3 专业化、多样化产业集聚对城市经济增长的研究假说 …… 67
7.2 产业结构与经济增长的实证模型设计 …… 68
7.3 指标选择、数据来源与变量统计描述 …… 71
7.3.1 指标选择与数据来源 …… 71
7.3.2 主要变量的统计描述 …… 72
7.4 产业结构与经济增长关系的实证分析与结果解释 …… 73
7.4.1 基于固定效应模型的分析 …… 73
7.4.2 基于门限面板模型的分析：产业结构影响经济增长的非线性效应 …… 75
7.5 产业结构与经济增长的稳健性检验 …… 78
7.6 本章小结 …… 79

**第 8 章　产业结构专业化、多样化与民族地区城市全要素生产率**

8.1　产业结构专业化、多样化与城市生产率的理论分析与经验假说 …… 83
8.2　计量模型设定、变量选择与数据来源 …… 86
8.2.1　计量模型 …… 86
8.2.2　研究范围与数据来源 …… 87
8.2.3　主要变量的选择 …… 87
8.3　实证检验与结果分析 …… 88
8.3.1　固定效应检验 …… 89
8.3.2　门限面板模型检验 …… 91
8.3.3　民族地区与其他区域的横向对比研究 …… 98
8.4　本章小结 …… 102

**第 9 章　产业结构对民族地区贫困减缓的影响——基于专业化、多样化视角**

9.1　产业结构减贫效应问题的研究背景 …… 104
9.2　产业结构影响贫困减缓的理论分析 …… 107
9.3　计量模型设定、变量选择与数据来源 …… 113
9.3.1　计量模型设定 …… 113
9.3.2　变量选择与数据来源 …… 114
9.4　民族地区城市产业结构与贫困减缓的实证检验与结果分析 …… 117
9.4.1　实证检验思路 …… 117
9.4.2　专业化、多样化与减贫的实证结果分析 …… 119
9.5　民族地区城市产业结构减贫效应的稳健性检验 …… 121
9.6　本章小结 …… 122

**第 10 章　民族地区城市合意产业结构影响因素的理论与实证研究**

10.1　产业结构专业化、多样化影响因素的理论机制分析 …… 125

10.2 变量选择、数据来源和变量统计描述 …………………………… 130
10.2.1 变量选择 …………………………………………………… 130
10.2.2 数据来源和变量统计描述 ………………………………… 131
10.3 计量检验与结果说明 ………………………………………… 132
10.3.1 计量模型与实证思路 ……………………………………… 132
10.3.2 实证结果解析 ……………………………………………… 133
10.4 本章小结 ……………………………………………………… 136

**第11章 结论与政策建议**

**参考文献** …………………………………………………………… 141
**附 录** ……………………………………………………………… 156
**致 谢** ……………………………………………………………… 171

# 第1章　引言

## 1.1　研究背景与意义

城市经济是民族地区经济发展的核心载体,也是民族地区如期实现全面建成小康社会和实现“两个一百年”奋斗目标的内生动力来源。如何推动民族地区城市经济持续稳健提升,是经济新常态背景下民族地区面临的重要现实问题。“五个发展”理念对民族地区城市经济发展方向提出了要求,但在结构变迁路径选择上还面临着如何做的政策权衡。民族地区城市经济的发展是通过战略性新兴产业的植入体现结构变迁,还是依照本地既有基础实现因循演化,这是民族地区城市经济发展政策设定中亟须考量的重要理论问题。本书着力思考的理论问题包括两个方面:第一,何种要素集聚和产业结构更有助于民族地区城市经济发展?第二,如何引导和塑造合意的要素集聚和产业结构?这两个问题是本研究的缘起,也是本研究的重要内核。之后在这两个理论问题界定的基础上,探索“十三五”期间民族地区城市经济发展、效率改进和地区民生改善的政策选择,并对如何引导塑造合意产业结构的影响因素作进一步的理论与实证解析。具体而言,本书的研究意义体现在如下几个方面:

第一,经济新常态背景下,研究民族地区城市经济发展的动力来源对于“十三五”期间民族地区与全国同步建成小康社会具有重要现实意义。在全国经济增速普遍放缓的结构转型期,民族地区经济发展存在未富先缓的可能。随着民族地区城镇化的不断加快,城市作为区域的核心,城市经济在民族地区经济发展中具有举足轻重的地位。因此,为了寻找民族地区经济发展的新动力来源，需要对民族地区城市经济发展现状、动态演化等特征进行厘定，从知识溢出视角，基于行业内在联系的专业化和多样化层面，对民族地区城市产业结构与经济增长进行理论和实证研究，分析民族地区城市经济发展政策的盯住目标，这将有助于改善民族地区城市经济的发展绩效，提高政策调控的精度。

第二，从相关多样化、不相关多样化视角研究民族城市经济问题，有助于扩展要素集聚与城市经济增长的一般范式，提升理论结论转化为政策实践的针对性。城市产业发展是民族地区经济增长、就业创造、生产率提高和民生改善的核心支撑，针对民族地区城市产业发展的方向问题，2014 年中央民族工作会议明确提出“民族地区要大力发展特色优势产业，把优势资源开发好、利用好，推动产业结构上水平”。同时，“五个发展”理念也对民族地区产业结构变迁路径提出了要求。针对民族地区的产业发展问题，现有的政策设计思路主要体现为“本地禀赋”加“外部承接”，该种思路面临两个困难：一方面，基于本地禀赋的产业设计是否具有足够的市场需求，并且在本地需求规模有限的情况下，比较优势导向的专业化发展容易受到外部市场波动的影响；另一方面，基于外部承接的产业选择不仅面临移植产业的本地匹配问题，而且还面临着发达地区迁出产业普遍存在的能耗和污染问题。因此，在“五个发展”理念下，如何借由产业政策引导和市场能动选择，综合权衡本地禀赋和市场需求，实现城市产业结构变迁是民族地区当前面临的重要现实问题。更为细分的产业结构，专业化、相关多样化和不相关多样化与民族地区经济增长、就业改善和生产率提高的关系的实证研究，有助于识别民族地区城市产业政策选择的可操作策略。

第三，从城市空间以及城市对周边辐射带动层面研究城市经济对民生的改善问题，有助于在经济发展框架中引入城市经济发展的目标性指标，解释和缓解少数民族经济与少数民族地区经济之间存在的不一致性和发展不同步性，从而关照到居住在同一地区的不同民族的发展，使各民族共享经济社会发展的利益，进而协调少数民族经济发展与地区经济发展的关系。

第四，族群多样化是民族地区的特性因素，也是民族地区城市经济有别于其他城市经济的重要环境因素。因此，在专业化、多样化视角下，通过纳入族群多样性环境因素对民族地区产业结构形成因素进行深入研究，有助于对民族地区城市经济发展问题的深入判读和对未来引导塑造合意产业结构提供思考路径。

## 1.2　相关概念的界定

### 1.2.1　重要概念的界定

(1)经济发展的含义

经济发展的含义，随着人类经济社会的不断向前发展而不断立体丰富起来。20世纪40—60年代，经济学家们几乎将经济增长与经济发展等同起来，直到60年代中期，一些发展中国家的经济虽然增长了，但却带来了一些不尽如人意的结果，如大量的失业、农业的衰退、贫困依然严重甚至加剧、贫富差距加大、不平等日益严重等，经济学家们开始重新审视经济发展的定义。60年代中期之后，经济学家们认为，经济发展除了经济增长以外，应该还包括一些其他方面的变化。在普遍认同经济增长是经济发展的一部分以外，不少学者对“其他方面的变化”的内容分别从不同的角度进行了探讨。比如Michael P. Todarocen曾在他的著作《第三世界的经济发展》中认为，经济发展的含义除了经济增长，还包括非经济的社会制度、社会意识的变化，乃至国际经济和社会制度的根本性变化。其范围过于宽泛，几乎包括了社会政治经济全方位的内容，与总体发展等同。之后，Irma Adelman也做了类似的论断。而Malcolm Gillis & Dwight H. Perkins却在他们合著的《发展经济学》中指出“经济发展除了人均收入的提高，还应包括结构的变化……”也有很多学者在认同经济增长是经济发展的一个方面而非唯一方面的基础上，从其他[illegible]进行了大量的讨论。基于经济发展的目标层面来看，大致包括[illegible]的提高、城市化水平提高、产业结构优化、贫困减少、劳动[illegible]构优化、消费结构优化、收益结构优化、社会和经济的平等、地区经济的协调发展，甚至体制的改变等方面。

本书认同Malcolm Gillis等人关于经济发展的定义，并以此为框架，根据研究区域的实际情况以及研究目标，有侧重地构建研究指标。因为一国或一个地区的经济发展与否，是在其原有的经济基础上的发展，因此在构建经济发展指标时应充分考虑该地区的发展特征，抓住主要问题，寻求经济发展的突破口，从而促进经济的长远发展。因此，就民族地区而言，城市经济发展需要关照具备城市化率普遍偏低、欠发达地区以及生态保护区、族群多样性等特征的地区，综合选取经济增长、产业结构升级、城市生产率提高、民生改善等方面来研究考察。

（2）城市经济的含义

城市经济，是以城市为空间载体的地区经济，具有生产要素、经济活动高度集聚的特征。参照2014年11月20日国务院发布的《关于调整城市规模划分标准的通知》（国发〔2014〕51号），以及鉴于城市经济活动主要集中在城区的事实，本研究的城市经济特指城区部分，其中地级市主要指市辖区部分，县级市则指其自身的行政范围。

（3）城市产业结构的含义

城市产业结构是城市各产业的构成，以及产业之间的比例关系和内在功能联系。产业结构的分类，因研究目的的不同而不同，比较常用的分类法为三次产业分类法，根据社会生产活动历史发展的顺序，将直接取自自然界，然后加工生产分别称为第一产业和第二产业，将为生产和消费提供服务的部门称为第三产业。另外，也有根据资源、劳动力和技术的密集度进行产业结构的划分，如资源密集产业、劳动密集产业和技术密集产业等。

以往对城市产业结构与经济发展的研究主要是基于三次产业结构展开的（刘伟、李绍荣，2002；刘伟、张辉，2008；干春晖等，2011）。但由于城市主要是第二、第三产业空间载体的事实，也有基于工业、制造业和服务业等部门产业以及更为细分的行业结构展开研究（张军，2002；江小涓，李辉，2004；傅元海等，2016）。研究思路几乎都是基于产业发展结构展开的[illegible]行业的内在技术关联和由此引发的产业结构的内在演变[illegible]鉴于此，本研究在要素集聚理论指导下，从知识溢出视角出发，关注[illegible]的技术关联和内在演变。因此，本研究基于集聚外部性理论中关于马歇尔外部性和雅各布斯外部性的分类，将城市产业结构区分为专业化产业结构和多样化产业结构，并根据 Frenken 对多样化的划分，进一步将多样化产业结构划分为相关多样化产业结构和不相关多样化产业结构。本书对专业化、多样化、相关多样化和不相关多样化的测度主要以2002年版的《国民经济行业分类》为基础，城市产业结构使用历年《中国城市统计年鉴》的19个一位数行业的从业人数进行相关指标计算，省级产业结构的测度主要选取了来自《工业统计年鉴》《中国劳动统计年鉴》等资料中主要的49个二位数行业的从业人数进行了相关指标的计算。

（4）专业化、多样化的含义

本研究涉及的专业化、多样化，主要是依据集聚外部性理论中关于马歇尔外部性和雅各布斯外部性的划分而来的。专业化产业结构主要体现为规模经济，基础设施与劳动力市场的共享，以及专业分工等带来的技术创新和效率改善等，从而有利于地区经济发展，但同时也面临着产品、技术锁定的局限；多样化产业结构则主要体现为多种行业并存，从而有利于多样化的知识交互，有利于行业、企业之间的合作交流，促进技术创新与效率改善，从而推动地区经济发展。

Frenken 等（2007）借鉴 Nooteboom（2000）关于“认知距离”的概念，又将产业多样化细分为相关多样化与不相关多样化。认为“认知距离”相对较小，即只有具有一定共同知识或者能力互补的行业或者企业之间才能为合作交流提供可能，进一步的知识交互、合作创新才可能实现，才可能沿着此路径促进区域经济发展，由此体现为相关多样化产业结构。与之相反，“认知距离”相对较大的行业或企业之间无法实现知识的交互与合作，从而不利于创新，推动经济发展，从而体现为不相关多样化产业结构。由于相关多样化与不相关多样化产业结构的本身特征，致使它们在面临经济波动时呈现出不同的经济表现。相关多样化的产业结构由于行业或企业之间的生产链接或者其他关联，可能会承受连带经济波动的影响，从而不利于地区经济发展；而不相关多样化则与之相反，不同行业间互无牵连，免受经济波动影响，从而有利于区域经济的稳定。

但也有学者从技术创新的视角提出，不相关多样化也可以通过创新路径实现对地区经济发展的促进作用，他们认为，偶然的机缘巧合也会促使完全无关的行业或者企业的合作创新，并且不同技术之间的合作可能带来科学技术上的革新，合作风险相对较大，但一旦成功，也将带来巨大收益。

### 1.2.2 研究范围的界定

本研究的研究范围为民族地区，主要包括中国的5个自治区（广西、西藏、新疆、内蒙古、宁夏）和云南、贵州、青海3个多民族省份。依据《中国城市统计年鉴（2015）》，民族地区共有116个城市，其中包括49个地级市和67个县级市。民族地区城市名单详见附表1、附表2。

## 1.3 研究方法与数据来源

### 1.3.1 研究方法

本研究的研究方法主要包括文献研究法、规范分析法、实证分析法、归纳法、比较分析法、理论与实际相结合的方法。

首先，本书主要通过文献研究法对城市经济和民族地区城市经济、城市生产率、集聚经济、多样化、相关多样化和不相关多样化等进行文献综述。

其次，通过规范分析和实证方法相结合的方法阐述了民族地区城市经济的经济现状和动态演化特征，以及城市产业的专业化、相关多样化和不相关多样化水平及其与城市经济增长、城市全要素生产率和民生改善的关系。

再次，使用比较分析法对民族地区城市经济发展与其他地区城市经济进行比较分析与实证检验。

最后，在厘清民族地区城市产业结构与城市经济增长、就业创造和生产率的关系后，通过运用理论与实际相结合的方法，为民族地区城市经济发展与民族地区民生改善以及引导塑造合意产业结构提供政策建议。

### 1.3.2 数据来源

本研究所涉及的数据主要来自《中国统计年鉴》《中国工业统计年鉴》《中国城市统计年鉴》《中国第三产业统计年鉴》《中国劳动统计年鉴》《中国县域统计年鉴》《中国区域统计年鉴》，部分数据来自各省（区、市）历年的统计年鉴及各省（区、市）的统计公报。

## 1.4 研究内容与框架

本研究遵循的是西方城市经济的研究思路，把城市问题作为研究对象，在对城市现有特征进行分析的基础上，对城市存在的问题进行经济学的求解（郑长德等，2007）。本研究从要解决的两个问题出发，即“何种要素集聚和产业结构有助于民族地区城市经济发展；如何引导和塑造合意的要素集聚和产业结构”，从要素集聚理论入手，寻找要素集聚结构对产业结构影响城市经济发展的来源与通道。首先，依据马歇尔外部性和雅各布斯外部性的差异，从专业化和多样化来识别要素集聚结构，分析产业结构对民族地区城市经济发展的影响。为了识别“认知距离”对多样化的进一步影响，本研究将多样化细分为相关多样化和不相关多样化。

其次，主要从经济总量和生产效率两个方面反映民族地区城市经济发展，并在厘清民族地区城市经济发展现状与演化特征的基础上，从专业化、相关多样化和不相关多样化视角，对产业结构与民族地区城市经济增长、就业改善和生产率提高进行了实证分析。

再次，基于城市是民族地区要素集聚的核心载体，不仅应该实现城市自身发展，还应体现出城市经济的溢出效应对民族地区整体的民生改善。为了刻画民生改善，体现区域共享发展的诉求，本研究以城乡要素流动为纽带，将民族地区省级农村贫困减缓作为民生改善的代理变量，在专业化、多样化视角下，对产业结构与民族地区贫困减缓的关系进行实证分析。

最后，在回答了“何种要素集聚和产业结构更有助于民族地区城市经济发展”的问题后，对产业结构形成影响因素进行了理论与实证分析，通过引入族群多样化的环境特征，基于民族地区特性因素层面对第二个问题“如何引导和塑造合意的要素集聚和产业结构”进行了求解。

## 1.5 研究的可能创新与不足

通过对现有城市经济相关文献的回顾，我们发现现有研究主要从生产函数的角度对城市经济的经济增长和产业结构、生产率等方面进行了关注，涉及民族地区城市经济增长的相关研究包括土地要素、资本投入、全要素生产率、劳动力流动以及区域经济政策等方面。从民族地区产业结构的研究来看，相关的研究主要涉及产业结构转移、对外开放战略以及资源性城市转型等问题。

从民族城市经济的现有研究来看，当前研究还存在如下不足：

第一，缺乏对城市经济中少数民族经济的相关关照，而族群多样性对于一个地区的生产、就业和消费多样性有着显著的影响，这对于传统的要素集聚理论的扩展具有现实的必要性。此外，城市少数民族人口的就业状况、社会融入对于全面小康建设也具有重要意义，所以，未来应对民族地区城市少数民族经济的多样性进行尤为重点的关照。

第二，从现有民族地区城市经济的研究来看，研究主题较为宏观且相对独立，未能从微观机制层面对民族地区城市经济增长、城市生产率和产业结构等问题进行统一框架下的理论分析，从现实来看，产业结构变迁和经济增长、生产率提高相互关联，因此，在进一步研究中，应着力寻找民族地区城市经济发展的微观机制。

第三，现有的对于民族地区城市经济的研究，从研究方法上看，也存在部分的量化研究，但总体上以统计分析为主，未能就因果判断做深入的研究，本研究将通过理论模型构建和实证研究的结合，尝试对经济增长动力来源的原因和方向做出更为严谨的分析。

第四，从现有研究来看，多民族通常被认为是民族地区城市经济发展的制约因素，显然这一判定与族群多样性所对应的消费多样性是规模报酬递增的重要来源背道而驰。因此，进一步的研究需要对族群多样性的特性因素做出更为全面合理的判定。

因此，本书的可能创新主要体现在：

第一，从行业的技术关联层面，对民族地区产业结构的内在关联（不相关多样化与相关多样化）进行厘定和分析，研究结果指向的政策建议更具针对性。

第二，以往民族地区城市经济的研究主题较为宏观且相对独立，而本书从微观机制层面对民族地区城市经济增长、城市生产率和产业结构等问题进行了统一框架下的理论分析。本研究认为,要素的内生集聚是城市经济增长、生产率提高和产业结构变迁的核心动力,但要素集聚并非仅限于传统意义上的资本和劳动力的空间集中,还应从知识技术关联层面体现为专业化集聚、相关多样化和不相关多样化集聚,本研究将通过对民族地区城市经济不同层面的要素集聚与经济增长、就业、全要素生产率等的理论和实证研究,对民族城市地区的动力增长进行研判。

第三,本研究认为,民族地区的族群多样性是经济发展的有利因素。一方面,族群多样性所对应的消费多样性是规模报酬递增的重要来源;另一方面,族群多样性所对应的知识交互和行为选择的多样化对于经济增长和民生改善也属于积极因素。

本研究的不足主要包括:

第一,由于城市行政级别变动和统计数据的相对不足,可能对研究分析存在一定的偏误和遗憾。主要体现为:①城市层面细分行业数据不足,导致行业结构分析只能停留在较为笼统的二位数行业上,由此对专业化、多样化的划分可能过于宽泛,无法科学反映行业间的技术关联本质特征,使得产业结构对民族地区城市经济发展的分析判断可能存在一定偏误。②县级市的统计数据极为有限,甚至缺乏二位数的行业数据,因此县级市的分析只能停留在较为概括的统计描述层面,实为本研究的一大遗憾。

第二,本研究在研究民族地区城市经济发展时,较少关注城市个性以及城市内部的少数民族经济。不同的城市,或者同一城市内部不同民族的集聚经济因民族文化、社会互动以及迁徙特点存在差异,其经济发展特征以及影响因素也存在不同。因此,未来我们将着重关注民族地区城市经济发展的案例研究和城市少数民族经济的研究,以及从人文社会层面对城市经济发展产生的影响做深入探讨,以此与本研究形成互补。

# 第2章　理论综述

## 2.1　民族地区城市经济的研究回顾及评述

### 2.1.1　要素集聚、产业结构与城市经济发展研究

从经济学角度来看，城市之所以为城市，其主要体现为：它是工业和服务业经济活动高度聚集地，是市场交换的中心（尤建新，2006）。因此，从城市的发展来看，随着城市化的不断推进，必然会带来城市地理空间上的产业集聚。根据产业集聚的特点，可以将其划分为专业化产业集聚和多样化产业集聚。在城市经济研究中体现为城市产业的专业化和多样化特征。国内外学者对产业集聚的理论机制进行了大量研究，普遍认为由于基础设施和劳动力市场共享以及知识溢出的外部性，使得产业集聚为城市经济发展带来了正向促进作用。近年来，国内学者基于中国国情对产业集聚与城市经济的关系进行了实证研究，结果并不统一。比如，张艳和刘亮（2007）基于中国城市面板的实证分析表明，集聚对城市经济具有显著的促进作用。李红和王彦晓（2014）通过对1995—2011年中国城市面板数据的研究表明，金融集聚对城市经济增长存在显著促进作用。韩峰等（2011）分别对湖南13个地级市的生产性服务业集聚对城市经济的影响进行了研究，结果表明生产性服务业专业化有利于城市经济增长。但随着城市规模的不断扩大，城市本身会面临一些发展中的问题，比如基础设施建设和公共产品的供应不足等所带来的"城市病"问题，这些问题的存在会弱化甚至逆转产业集聚对城市经济发展的影响，从而表现为产业集聚对城市经济的非线性影响。相关经验证据也证实了这一点，比如韩峰等（2011）的研究并未找到多样化对城

市经济增长的证据。孙浦阳等(2012)研究发现服务业的专业化和多样化集聚与城市经济增长都存在倒"U"形关系。张浩然(2015)的研究表明,低端生产性服务业集聚对城市经济效率没有显著影响,但随着经济体量的增大成倒"U"形变化。

另外,更有学者试着从空间异质性与行业异质性视角,研究产业集聚对城市经济发展的影响。比如,李红和王彦晓(2014)的研究表明,金融集聚对城市经济增长的促进效应存在显著的空间溢出。张浩然(2015)基于行业异质性对服务业集聚与城市经济效率的关系进行了研究,结果表明只有高、低端生产性服务业集聚对城市经济效率的作用不同,且受城市规模影响。由此可见,集聚对城市经济发展存在规模异质性、行业异质性和区域异质性等影响,不同区域、不同规模、不同经济发展水平的城市具有不同的城市经济特征,在不同的发展阶段,要素集聚与产业结构对城市经济发展的影响存在不同的影响,不能盲目追求产业结构升级,要因地制宜。

随着集聚理论的进一步发展,基于静态的专业化集聚与多样化集聚分析或者单个产业或行业的分析并不能满足新常态下经济长期稳定的增长需要,因为城市集聚的产业共处同一地理空间,地理位置的邻近也使得产业之间存在着不可忽视的千丝万缕的联系。因此,有学者从产业或行业的知识技术联系入手,从相关多样化、不相关多样化与经济发展的关系展开了城市经济的研究。比如孙晓华、柴玲玲(2012)基于中国地级市面板数据的研究表明,相关多样化对城市经济的增长存在显著的促进作用,不相关多样化不利于城市经济增长,但有助于提高经济稳定性。魏玮等(2015)对 2003—2012 年中国长三角和中原城市群面板数据的研究结果表明,产业相关多样化能否促进城市经济增长依赖于城市职能专业化调节效应的发挥;产业不相关多样化的投资组合效应与城市职能特征无关。

综上所述,国内关于集聚与经济发展的研究虽然较多,但基于城市经济的研究仍相对有限,而基于相关多样化与不相关多样化的城市经济研究更是凤毛麟角。从研究结果来看,集聚对城市经济的影响不仅存在规模、空间和行业异质性,不同的城市经济发展还可能存在动态演化路径的差异。因此,未来应该加大这些方面的研究力度。

### 2.1.2 民族地区产业结构与城市经济的研究回顾

我国民族地区主要位于经济发展相对落后的西部地区和沿边地区，具有自然资源丰富、地广人稀和独具民族经济发展潜力的特点，其同时也是我国主要河流的源头地区，生态环境相对脆弱的地区，经济发展模式选择受限和民族成分复杂、周边暗含不稳定因素的地区。因此，整体经济发展相对落后的民族地区的城市经济发展有着不同于中国东中部地区的特点，比如第三产业产值比重虽然相对较高，但是服务业发展并不成熟，虽具资源优势，但工业主要以资源开采和初级加工为主，农业技术水平相对有限，环境压力大等。因此，民族地区的城市经济发展道路不能照搬东中部地区，必须在全球化经济发展大环境下，中国经济整体水平明显提高的技术环境和政策支持明显改善的背景下，寻找一条更为切合民族地区发展实际和现实需求的道路。

既往对民族地区城市经济的研究（江曼琦、翟义波，2009）相对较少，主要集中在城市少数民族人口流动与城市民族关系（杨健吾，2002；凌锐，2005；汤夺先，2006；汤夺先、王增武，2011）的研究，尤其是近年来对民族地区城市微观层面社区的研究（陶斯文、喇明清，2005；高永久、刘庸，2006；卜长莉，2009；高永久、张杰，2014）、结构转型升级与新兴城市经济发展模式的探讨（张米尔，2001；叶素文等，2003；高峰等，2004；陈超，2009；赵慧，2010）。

虽然，国内关于集聚与城市经济的研究相对较多，但关于民族地区城市经济的研究相对较少，并且，主要是基于现状进行的描述性研究或者定性研究。研究方法较为单一，研究结果过于简单概括，对民族地区城市经济的内在形成机制挖掘过浅，对现实的指导意义不强。因此，本研究将从集聚的前沿理论相关多样化、不相关多样化视角出发，对民族地区的城市经济进行多层面多角度的研究，以期掌握民族地区城市经济发展现状和演变特征规律，在中国经济新常态下，为欠发达的民族地区实现持续稳定的经济增长寻找动力。

## 2.2　产业结构与城市生产效率的研究回顾及评述

### 2.2.1　要素集聚、产业结构与生产率的研究概述

早期研究集聚与生产率的学者们主要受 Marshall(1890)关于规模经济在集聚中的重要作用论断的影响,所以主要从规模经济的视角来解释集聚生产率的不同(Sveikauskas 1975, Segal 1976, Ciccone & Hall,1995)。而之后的研究主要从产业结构来考虑知识溢出的外部性影响生产率的传导机制,但主要是基于专业化(本地化经济)和多样化(城市化经济)的视角对微观层面的劳动生产率或企业生产率进行研究。既有的研究结论显示,专业化对生产率具有积极的影响(Cigano & Schivardi,2004),但存在空间异质性和行业异质性。比如 De Lucio 等(2002)对西班牙的研究表明专业化对生产率的影响呈"U"形,即低水平的专业化降低生产率增长,而高水平的专业化将促进生产率的增长。Dekle(2002)和 Henderson(2003)分别对日本和美国进行了研究,均发现专业化对高科技企业的生产率具有积极影响。但在多样性对生产率的影响研究中,De Lucio 等(2002)对西班牙 50 个省份在 1978—1992 年间的劳动生产率和产业空间集聚的研究发现,产业多样化对劳动生产率增长产生了重要的影响,但 Henderson(2003)、Cigano & Schivardi(2004)、Martin 等(2008)从企业层面进行的研究却发现产业多样性对生产率增长没什么影响。因此,既有的实证研究仍然无法对专业化和多样化与生产率的关系做出明确的判断。但自从 Frenken 等(2007)借鉴了 Noteboom(2000)关于"认知距离"的概念,将多样化划分为相关多样化与不相关多样化之后,为集聚与生产率的关系研究开辟了另一条路径,学者们也尝试着从相关多样化和不相关多样化视角入手寻求集聚与生产率更为细致的理论解释。从以往有限的研究来看,相关多样化对生产率的影响结论并不一致。比如 Antonietti & Cainelli(2011)从企业层面研究空间集聚与企业的创新、生产率等的关系发现,产业相关多样化通过促进研发和创新推动生产率增长。Falciolu(2011)对土耳其地区的生产率增长发现,区域经济活动的相关多样化,而非总体多样化,对区域生产率具有

积极影响。Quatraro(2010)对意大利的区域知识如何影响区域生产率增长的研究也发现，知识的相关多样化对区域生产率具有积极影响。另外，Cainelli 等(2016)、Aarstad 等(2016)分别对意大利和挪威的产业相关多样化与生产率的实证分析也发现，产业相关多样化有利于促进企业生产率的提高。然而，Frenken 等(2007)、Wixe & Andersson(2016)从相关性的视角分别对不同的地区产业相关性对区域经济增长的影响的结果显示，产业相关多样化不利于生产率增长但却有利于就业增长。除此之外，有学者还发现相关多样化对生产率的影响还存在行业异质性。比如 Bosma 等(2011)对荷兰 40 个区域的制造业和服务业的全要素生产率进行了研究，发现相关多样化对制造业的生产率增长具有积极影响，而对服务业生产率增长具有轻微的负面影响。而学者们对不相关多样化对生产率的影响的关注相对较少，结论依然不统一。如 Quatraro(2010)对意大利的区域知识如何影响区域生产率增长研究结论显示，不相关多样化的影响几乎可以忽略不计。Aarstad 等(2016)对挪威的研究甚至发现，产业不相关多样化对企业生产率的提高具有负向影响作用。

综上所述，既有研究中，尤其是基于相关多样化与不相关多样化视角研究产业集聚对生产率的影响的研究较少，且主要是基于微观层面企业生产率的视角进行的研究，而基于宏观层面区域生产率(比如城市生产率)的研究相对更少。

### 2.2.2 产业集聚与城市生产率的研究综述与理论机制

城市是区域的核心，从集聚的角度来看，城市实际上是第二、第三产业集聚的结果。因此研究城市的产业集聚对城市生产率的影响，对城市经济发展或区域经济发展都具有重要的现实意义。从产业集聚影响城市生产率的机制来看，知识溢出是他们之间的关键变量。城市集聚的产业，由于地理上的邻近，不同经济主体之间通过直接或间接的方式进行合作、交流与学习，即城市在行业内和行业间通过知识溢出实现技术进步和创新，从而提升城市生产率。城市行业内或行业间的知识溢出一方面促进了城市生产率的提高，另一方面通过知识溢出又促进了产业的进一步集聚，从而引发新一轮的知识溢出,又进一步促进生产率的提高,如此良性循环。在此过程中,知识溢出与城市产业集聚存在内生互动的关系(赵勇、白永秀,2009),城市产业集聚与城市生产率在知识溢出的推动下,相互影响相互促进。但是实证经验中,我们却发现产业集聚形成的产业结构对城市生产率的影响存在异质性,不同的行业部门对生产率的影响不同。比如程中华和张立柱(2015)通过对中国地级及以上的城市的产业集聚与城市全要素生产率的影响研究就发现,制造业的集聚对城市全要素生产率的影响为负,而生产服务业的集聚却有利于城市全要素生产率的提升。孙晓华、郭玉娇(2013)与崔宇明、代斌和王萍萍(2013)分别发现在不同规模或不同的城镇化率的城市,产业集聚对城市生产率的影响存在异质性。黄斯婕、张萃(2016)在对生产性服务业与城市生产率的研究中甚至发现,生产性服务业的六个细分行业的集聚对城市生产率具有显著的正效应,且存在行业异质性。究其原因,我们发现,在产业集聚促进城市生产率提升的过程中,我们忽略了两个重要的问题:一是知识的溢出效应问题,二是政府的产业政策选择可能使得集聚与生产率滋生反向因果关系。

首先,从知识的溢出效应来看,除受知识本身的影响以外,还受知识溢出体与知识接受体之间的"认知距离"的影响。知识本身对知识溢出效应的影响主要体现在溢出的知识属于显性知识还是隐性知识,其中显性知识往往以专利或书面文字等形式存在,可通过间接的方式发生溢出,受空间距离的约束较小,而隐性知识只能通过面对面的直接的互动交流方式进行溢出,受空间距离的约束较大(赵勇、白永秀,2009)。而知识溢出体与知识溢出接受体之间的"认知距离"直接影响知识溢出接受体对互补或先进的生产技术、组织管理方法的吸收、消化能力,从而影响行业内或行业间的技术进步和创新,最终影响城市生产率的提升。如果行业之间的共同知识较多,即认知距离较小,那么对知识的溢出具有很好的吸收和消化能力,且能够更快地将其转换成自身的生产力,反之,如果行业间的认知距离过大,对溢出知识的吸收消化能力很弱,则不利于知识溢出接受体在知识溢出这条途径上的生产率提高。由此可见,知识的溢出效应因知识的属性不同而受空间距离的影响,因行业之间共同知识的多寡而受"认知距离"的影响。

其次，学者们对区域产业政策的研究也发现，政府在引进或发展新的行业时，往往会选择与现有产业或产业链相关的产业进行产业发展，这种政策选择在某种程度上促进了产业的集聚和壮大，改变了产业的组合结构，从而引发新一轮的产业集聚—知识溢出—生产率提高—产业发展选择—产业集聚，如此动态良性循环。Bathelt & Boggs (2003)、Glaeser (2005)、Best (2006)、Boschma & Wenting(2007)和Klepper(2007)等的案例研究都显示了一个区域新产业的进入与该区域相关经济活动有密切的关系。比如，Neffke等(2011)对新产业进入一个区域的研究时发现，与区域现存产业存在技术相关的产业进入该区域的可能性相对较大，相反，一个产业与该区域的其他产业没有相关性或存在很弱的相关性时更倾向于退出该区域。当地方政府的经济能力有限时，地方的产业政策会更倾向于支持那些与现存产业结构具有良好链接的新产业，因为这样能够增加政策成功的可能性。但对在产业相关性基础上发展起来的中小经济体而言，做出上述选择是短期中发展大于一切的急功近利的选择，当面临经济冲击时，在这样基础上发展起来的产业也许会面临巨大的灾难。为了避免这样的情况，区域内存在较大经济体的地方政府的产业选择也许会未雨绸缪地关注经济的稳定增长。因此其在做出产业政策决策时，可能不太关注后备产业的现有生产率水平，而是从不相关的产业视角以及生产率增长潜力出发，寻求经济冲击时的宏观经济稳定。而中国的产业发展无不受政府政策影响的事实，需要我们在具体分析时将政府行为考虑其中。因此，政府的产业政策选择使得产业集聚与生产率之间可能存在反向因果关系，而这都根源于对更为细分的行业结构的关联分析。

因此，不管是从知识溢出效应还是政府的产业政策选择来规避集聚与生产率之间的异质性表现，更为细分的产业结构分析都可以为之提供更为细致的理论解释。美国经济学家 Frenken 等(2007)借鉴了“认知距离”(Nooteboom，2000；Boschma，2005；Nooteboom et al.，2007)的概念，将产业多样化细分为相关多样化和不相关多样化，本研究将借鉴这一思想，从城市产业专业化、相关多样化和不相关多样化的视角出发研究集聚与城市生产率的关系，在突破目前国内研究仅局限于宽泛的三次产业结构或单个产业部门层面对城市生产率的影响研究以及国外主要从企业生产率着手进行集聚与生产率研究的基础上,从更细分的产业关联入手,分析产业结构对城市生产率的影响,为城市产业集聚对城市生产率的理论研究提供实证证据。

本研究以城市为研究单元,城市生产率除了受城市内部产业集聚所产生的知识溢出的影响以外,还受周边城市产业集聚所产生的知识溢出的影响以及往期的生产率的影响,因此我们在研究城市产业集聚对城市生产率的影响时,还应考虑城市生产率的空间相关性和跨期相关性,否则会过高估计城市产业集聚对本城市生产率的影响。而实证研究中,关于这方面的研究仍处于空白。但已有学者对劳动生产率的空间相关性和跨期相关性进行过研究,如 Meijers & Burger(2009)认为集聚效应可以在相邻的城市之间共享,在控制了其他因素的前提下,发现多中心城市圈比单中心城市圈的劳动生产率更高。连飞(2011)通过对东北 34 个城市的工业集聚与劳动生产率的研究发现,生产率存在显著的空间溢出效应。柯善咨和姚德龙(2008)的研究也发现工业集聚和劳动生产率在相邻城市间有明显的空间黏滞性和连续性。另外,刘黄金(2005)在研究中国生产率的动态变化时,发现各地区生产率差异呈扩大趋势是导致地区人均收入差异的直接原因。范剑勇(2006)的研究反映了地区劳动生产率存在跨期影响,他认为规模报酬递增地方化是产业集聚的源泉,并提高了本地区的劳动生产率,从而进一步加大了地区间的差异。孙浦阳、韩帅和许启钦(2013)通过使用动态计量模型研究发现,产业集聚在当期和滞后一两个时期内对劳动生产率的影响显著不同,且不同的产业集聚,在不同的时期对劳动生产率的影响也存在显著不同。除此之外,从已有的实证研究来看,产业的空间集聚对生产率的影响并非是简单的线性关系。王丽丽和范爱军(2009),王燕和徐妍(2012)通过对制造行业的空间集聚水平与其全要素生产率的研究,发现两者之间存在显著的门限效应,且通过分解全要素生产率发现,影响的路径也存在差异。由此可见,城市的产业集聚通过知识溢出呈现出的不同行业结构是否会对城市生产率产生非线性影响呢？这需要我们从动态演化的视角进行实证确认。

综上所述,不管从微观层面,还是从宏观层面来看,未来经济增长的核心动力是生产率的增长,因此生产率的研究已越来越受到学者们的关注,尤其是集聚理论中关于知识溢出机制的研究为生产率的研究开辟了新的研究路径，加之近年来以 1997 年的东亚经济危机和 2008 年的全球经济危机为代表的大规模经济增长受挫经历，更是促进了学者们对生产率增长及其理论机制的研究。而既有研究中，不管是集中在微观层面（企业）展开的集聚与生产率研究，还是国内相对有限城市生产率的研究，都体现出从知识技术关联层面展开，从更为细分的行业结构出发，研究生产率增长的内在机制和经济表现。最近的研究还体现出了演化的思想，结合空间异质性和空间相关性考察生产率的动态演化，这种更为贴近现实的研究为生产率对地区经济发展的影响提供了更有力的解释，也是未来需要更加关注的研究方向。本研究将在第 8 章进行相关的实证研究，以期为民族地区地方政府提供生产率层面考量的产业政策参考。

## 2.3 相关多样化、不相关多样化与城市经济发展的研究回顾

早在 20 多年以前，创新使得欧洲地区（Caniels，1999；Breschi，1996）和美国地区（Jaffe，1989；Feldman，1994；Audretsch & Feldman，1996）发生了强烈的地理集聚，掀起了集聚经济的研究热潮，由此引发了以马歇尔为代表的专业化外部性和以雅各布斯为代表的多样化外部性的集聚机制的学术之争（Glaeser et al.，1992）。但实证研究中，即便是在控制了样本数据和研究方法的情况下，仍然无法对专业化外部性和多样化外部性对经济的影响做出孰好孰坏的判断。为此，Frenken 等（2007）从知识溢出源泉出发，借鉴了“认知距离”（Nooteboom，2000）的概念，将多样性划分为相关多样化和不相关多样化，比最初的专业化 - 多样化的二分法为集聚外部性提供了更为细致的理论机制解释。他们认为，知识溢出只会出现在一系列能力互补的产业部门之间。因此，他们将相关多样化集聚定义为产业之间的能力互补的集聚，也就是说，为了保证有效交流和相互学习，一定程度的认知距离，只要不是很大，相关的产业之间就能通过相互学习和创新以及投入产出链的联系，推动经济增长和就业，从而推动经济发展。而不相关多样化集聚所包含的部门之间没有互补能力，所涉及的部门之间没有物质经济的投入产出链的联

系，在面临经济冲击时，不易波及整个区域经济，从而更具有抗冲击能力。因此，该理论认为在区域经济遭受到经济冲击时，不相关多样化产业集聚更具抗冲击能力，且不相关程度越高，抗冲击能力就越强，从而与经济增长正相关。而相关多样化却能使一个区域的那些相关且互补的产业获益（Boschma et al.，2012），而且，如果一个区域的相关产业越多，则知识更有机会进行传播，从而与经济增长正相关。

关于相关多样化、不相关多样化的研究，国内外存在较大差异，国外的理论实证研究相对充分，而国内研究正处于初步涉猎阶段。接下来，我们将从国外、国内两个方面进行文献回顾。

### 2.3.1　国外代表性研究

从国外相关文献来看，既有研究主要从相关多样化、不相关多样化与经济发展进行了研究，研究主题主要与经济发展有关，包括经济增长方面（GDP、人均GDP）、就业方面（就业增长、失业增长）、生产率方面（人均劳动生产率、全要素生产率）的关系，主要基于产业部门的知识技能联系和知识溢出视角进行研究，研究学者以Frenken、Boschma为主要代表。近年来，也有从演化经济视角探讨相关性与产品空间（Hidalgo et al.，2007）以及区域产业结构的动态演化（Neffke et al.，2011）、产业政策问题的研究，研究学者以Hartog、Neffke为主要代表。研究的区域主要涉及全球性的跨国区域（Saviotti & Frenken，2008；Van Oort et al.，2013；Cortinovis & Van Oort，2015；Van Oort et al.，2015；Caragliu et al.，2016）、国家层面的区域（Boschma & Lammrino，2009；Falciolu，2011；Boschma et al.，2012）、省级区域（Frenken et al.，2007；Bosma et al.，2011；Neffke et al.，2011），或者基于微观企业视角（Erkuşöztürk，2016；Aarstad et al.，2016）进行了研究。

从研究结果来看，相关多样化、不相关多样化对区域经济的影响均呈现出结论的不一致性（Frenken et al.，2007；Boschma and Lammrino，2009；Boschma et al.，2012；Hartog et al.，2012）。首先，从经济增长和就业方面来看，Frenken等（2007），Boschma & Lammrino（2009）和Boschma等（2012）分别对荷兰、意大利和西班牙进行了研究，得出产业相关多样化程度高对区域经济增长有积极的正向影响作用的一致结论，而不相关多样化的影响结论却不一致，其中 Frenken 等（2007）的研究显示不相关多样化与失业增长呈负相关，具有一定的抗冲击能力，而 Boschma & Lammrino（2009）和 Boschma 等（2012）的研究却几乎没有找到不相关多样化的抗冲击能力。Van Oort 等（2013）对欧盟地区的 205 个区域的相关多样化、不相关多样化进行了检验，结果显示，相关多样化与就业增长显著正相关，但却没有找到不相关多样化与失业增长之间的强健关系。

其次，从生产率方面来看，既有的研究（Quatraro，2010；Falciolu，2011；Bosma et al.，2011；Antonietti & Cainelli，2011；Aarstad et al.，2016）均无法得出相关多样化与不相关多样化对生产率影响的统一结论。前面小节已进行了相关综述，此处不再赘述。

再次，相关多样化与不相关多样化对区域经济发展的影响存在产业（行业）异质性、技术系统异质性。比如 Bosma 等（2011）对荷兰 40 个区域的制造业和服务业的全要素生产率进行了研究，发现相关多样化对制造业的生产率增长具有积极影响，而对服务业生产率增长具有轻微的负面影响。Mameli 等（2012）没有区分产业部门，对意大利的当地劳动力系统的相关多样化与区域就业增长的回归结果发现，相关多样化与不相关多样化均对区域就业增长产生积极影响。然而，当对其进行制造业和服务业的产业部门分类后，却得出与 Bosma 等（2011）刚好相反的结论：相关多样化对服务业的区域就业具有积极影响，不相关多样化对制造业的就业增长具有积极影响。Paci & Usai（1999，2000）对意大利不同的技术系统进行过研究，发现知识溢出取决于生产的技术系统的类型，先进的技术中心具有更快的集聚过程和更强的竞争力。因此，不同的部门，其知识密集程度不同，所属的技术系统也存在差异，其对经济增长的影响程度也存在差异。因此，Bishop & Gripaios（2009）认为将产业部门区分为制造业和服务业过于简化而掩盖了更为细分的行业之间的知识溢出的异质性，因此，他们研究了英国每个行业的相关多样化对区域就业增长的影响，结果发现，23 个研究行业中，只有 3 个行业的相关多样化对就业增长具有显著的积极影响。让人意外的是，居然有 8 个行业的不相关多样化对就业增长具有积极影响。Hartog 等（2012）对芬兰的相关多样化的研究没有找到相关多样化本身对就业增长的影响证据。当将产业部门根据研发强度和大专及以上毕业生受雇比重划分为低、中、高技术部门后，发现相关多样化对高技术产业部门的就业增长具有积极影响。Brachert 等（2013）从职业角度（白领、蓝领、研究与研发人员）对德国的相关多样化和不相关多样化进行的研究发现，“白领”和“研究与开发人员”的职业分类中，相关多样化对区域经济增长具有正向的非线性影响作用和更显著的本地知识溢出特征，而在“蓝领”的职业分类中却呈现出不相关多样化与区域劳动力市场的正相关关系。

随着 20 世纪 90 年代末演化经济地理的兴起与发展，以 Hidalgo 等（2007）、Neffke 等（2011）为代表的学者们，基于相关性理论从动态演化视角研究产品空间、区域产业结构或区域企业进入与退出的产业或企业动态研究，为政府的产业政策提供参考。从研究结果来看，Hidalgo 等（2007）的研究认为，将新产品逐渐推向专业化时，应该选择与正在生产的产品具有相关性的产品。研究还表明，一些国家位于与许多其他出口产品联系较广的出口产品空间中心，而其他国家则位于与其他产品联系较少的出口产品空间外围，位于产品空间外围的则意味着与中心的距离较远，这也解释了为什么穷国极力发展具有竞争力产品却往往失败的原因，因为他们位于产品空间外围，与其他产品的相关性较弱。Neffke 等（2011）的研究认为，区域产业的引进与退出发展往往会从技术相关性层面考虑选取与已有产业相关的产业。他们利用 1969—2001 年瑞士 70 个地区的面板数据进行检验，结果显示，与现存产业关联度越高的产业进入该区域的概率越大，相反，与现有产业越不相关的产业，退出该区域的可能性越大。Boschma 等（2013）对西班牙 50 个地区的研究表明，与现存产业存在相关多样化能力的产业更易进入产业。同样，Essletzbichler（2013）基于美国大都市地区的实证研究也表明，与现存产业技术具有的相关多样化与产业进入显著正相关，与产业退出显著负相关。

除此之外，基于空间相关性的研究认为，地理空间上的知识溢出会导致相邻区域的产业（产品结构）趋同。早在 2007 年，Hidalgo 等学者就对空间溢出效应做出了解释，认为一个区域即便缺乏知识技术的相关多样化关联来发展产业或产品，但是可以通过与邻近区域地理距离优势，通过空间溢出效应获得发展。Bahar 等（2014）对出口贸易产品的研究也证实了两相邻国家存在趋同趋势。Boschma 等（2013）的研究从产业视角也证明，如果一个区域的某个产业具有专业化特征，那么该区域的相邻区域也可能会发展该产业。Cortinovis & Van Oort，2015）对泛欧盟地区进行了空间相关性的实证研究，结果证实了区域空间异质性是识别集聚经济的相关多样化与不相关多样化对经济增长的正向影响的重要条件。

### 2.3.2 国内代表性研究

与国外研究相比，国内研究文献相对较少，截至 2016 年 12 月 1 日，在中国知网输入主题词“相关多样化”“不相关多样化”的文献搜索结果显示，与相关多样化、不相关多样化有关的期刊论文一共有 10 篇，主要是基于“生产率”“经济增长”“经济稳定”“就业增长”等主题展开相关多样化、不相关多样化与区域经济发展的研究。研究区域主要包括省级（李福柱、厉梦泉，2013；苏红键、赵坚，2012；魏玮、郑延平，2013；祝树金等，2014；张辽、杨成林，2016；张德常，2009）和地级市（孙晓华、柴玲玲，2012；黎斌等，2016）跨省区域（魏玮等，2015）和微观企业（黎斌等，2016）。由此可见，国内研究主要集中于省级区域，这与我国的行业数据统计有关，相对于市县级的行业统计数据，省级层面的统计数据更为细分全面。从产业部门来看，主要集中在工业、制造业和服务业部门。从宏微观划分来看，主要是基于宏观层面的研究。

从研究结果来看，相对于国外研究，有限的国内研究结果相对统一，其中相关多样化对经济发展的影响结果一致，而不相关多样化的结果不一致。首先，从经济增长和就业增长的研究来看，孙晓华和柴玲玲（2012），苏红键和赵坚（2012），张辽和杨成林（2016），魏玮和郑延平（2013），张德常（2009）等研究均表明相关多样化对区域经济发展有明显促进作用。不相关多样化的结果则呈现出有利于经济发展、对经济发展没有影响和妨碍经济发展三种情况。其中，苏红键和赵坚（2012）对省级工业面板数据的研究结果与张辽和杨成林（2016）对制造业的省级面板数据的研究结果，均表明不相关多样化对工业(制造业)的经济发展具有显著负向影响。而孙晓华和柴玲玲(2012)从地级市的面板数据研究结果却显示不相关多样化有利于经济的稳定。张德常(2009)对中国22个省、直辖市制造业的研究表明,不相关多样化对就业增长甚至具有明显促进作用。其次,从对生产率的研究来看,李福柱和厉梦泉(2013)基于工业进行的研究结果表明,相关多样化对劳动生产率有显著促进作用,但张德常(2009)基于制造业的研究结果却表明,相关多样化对劳动生产率的影响不显著。张德常(2009)、李福柱和厉梦泉(2013)的研究均表明,不相关多样化无助于生产率的改善。

除此之外,国内学者也开始关注多样化的测度方法(孙晓华等,2016),以及从演化经济地理视角研究相关性对微观主体(企业)进入、退出的理论机制研究(黎斌等,2016)。

### 2.3.3 研究述评

从现有研究来看,即便实证研究相对有限,但绝大多数的研究结果还是支持 Freken 等(2007)关于相关多样化有利于促进经济发展的理论假说。当然,从不同行业的细分研究来看,相关多样化只对一些产业的经济发展具有促进作用,比如制造业和知识密集型产业(张德常,2009;Bishop & Gripaios 2010; Bosma et al. 2011; Hartog et al. ,2012; Cortinovis & Van Oort, 2015;张辽、杨成林,2016)。继 Hidalgo 等(2007)从相关多样化、不相关多样化视角研究关于一个国家或地区发展新产业的论述后,也有学者认为,如果一个国家或地区的现存产业与专业化产业相关,那么很有可能会发展为未来的专业化产业。

从国内外的研究对比来看,国外研究与国内研究的方法使用上相对统一,主要集中使用熵指数法。但为了消除研究方法不同造成的结果不统一,也有学者尝试通过不同的测度方法来进一步验证结果(Boschma et al. ,2011;孙晓华等,2016)。另外,国内外具体测度的行业数据存在较大差异,国外数据相对更为细分和翔实,而国内数据过于笼统简单,不利于从知识技术层面进行更好的分类,从而使得研究结果存在偏差隐患。

从国内外研究结果来看,现有的相关多样化与不相关多样化对经济增长的实证研究结果出现不统一的原因主要有：①没有考虑多样性与经济表现在不同行业部门的差异；②没有考虑外部性的空间相关性（Boschma et al.，2014）；③缺乏从演化经济地理视角考察不同地区不同产业结构的动态演化特征等。一个地区的经济发展与当地产业集聚有着重要联系的同时，我们也不能忽视其他的地域环境特征，比如地区的地理位置的特殊性、产业的知识密度水平、研究地域单元的大小是否适宜，以及是否存在空间的相关性以及动态演化特征等，这些因素都有可能加强或者减弱，又或者改变集聚经济对地区经济发展影响的原有路径。

综上所述，未来的研究方向应该关注：①更多地引入其他的测度方法来测度相关多样化与不相关多样化，从而利于研究结果的对比和对现实问题的解释；②不同国家的国民经济行业分类存在差异，未来应尽可能进行行业分类标准化或在方法处理上尽量剔除分类差别带来的研究结果偏差；③已有研究主要从产业部门或知识密集度层面对相关多样化、不相关多样化对经济发展的影响，未来应该更多关注知识溢出视角的行业相关多样化与不相关多样化的研究；④虽然很多国家或地区的研究认为产品创新与相关多样化、不相关多样化有关（Frenken et al.，2007）以及产业或行业的多样化细分发展与相关多样化、不相关多样化有关，但对于其中的影响机制和作用路径的研究却非常有限（Binz et al.，2014；Dawley，2014；Neffke et al.，2014），未来应该加强这方面的研究力度；⑤应该更多关注不同知识具有不同的溢出路径和强度，从而更为全面地考察多样性与经济表现在不同行业部门的差异；⑥未来研究应该更多关注考虑外部性的空间相关性（Boschma et al.，2014）；⑦从演化经济地理视角考察不同地区不同产业结构的动态演化特征，从而加强对具有区域性特征的国家或地区的现实问题的解释力；⑧现有相关多样化与不相关多样化的研究主要集中在宏观层面，未来应该加强微观层面的研究。

# 第3章　理论框架

城市是民族地区经济增长的核心驱动载体，民族地区城市经济发展是民族地区和少数民族群众实现全面建成小康社会目标和“两个一百年”奋斗目标的关键所在。“十三五”期间，民族城市经济发展既面临着适应“经济新常态”的现实压力，又面临着“一带一路”倡议西向发展的重大机遇。在把握发展机遇，实现结构变迁和经济发展方式转型的路径中，民族地区城市经济发展需要厘清的两个理论问题是：第一，何种要素集聚和产业结构更有助于民族地区城市经济发展？第二，如何引导和塑造合意的要素集聚和产业结构？这两个问题是本书的缘起，也是统领所有章节的内核。

## 3.1　研究的破题思路

产业结构是要素集聚的结果，产业结构对城市经济的影响也主要依靠要素集聚的外部性来形成，要素集聚是产业结构影响经济增长的来源和通道。并且，由于要素集聚外部性因专业化和多样化的不同而体现为马歇尔外部性和雅各布斯外部性的差异，因此，本书使用专业化和多样化来识别要素集聚结构，分析其对民族地区城市经济的影响。同时，为了识别认知距离对多样化雅各布斯外部性的影响，本书进一步将多样化细分为相关多样化和不相关多样化。

本书从经济总量和生产效率两个方面，综合反映民族地区城市经济发展。同时，城市作为要素集聚的核心载体，不仅应该实现城市自身发展，而且应体现出对城市和民族地区总体经济发展的有力带动。因此，为了刻画该种溢出效应，体现共享发展的诉求，本书使用民族地区农村贫困情况作为代理变量来识别该种溢出效应。

通过上述对于要素集聚、产业结构以及民族地区城市经济发展的分别解析，本书盯住的第一个核心问题可以详细破题为：是要素和产业的专业化、相关多样化，还是不相关多样化更有助于民族地区城市经济总量发展、效率提升，并通过增强城市经济的溢出效应实现整个民族地区的民生改善？并且，基于本书对于专业化、多样化与民族地区城市经济增长的理论解析，将第一个核心问题进一步细化为三个子命题：是专业化、相关多样化还是不相关多样化更有助于民族地区的经济增长？要素集聚和产业结构对民族地区经济增长的影响是否是以一种效率改进的方式实现的？要素集聚和产业结构是否通过溢出效应，有效实现了对农村地区发展和民生改善的带动作用？第二个核心问题则对应政策选择这一规范分析范畴，即如何形成合意的要素集聚和产业结构，以有效促进民族地区城市经济增长、效率提升和民生改善。

## 3.2 理论传导机制

### 3.2.1 专业化、多样化与民族地区城市经济发展的理论影响机制

专业化和多样化带来不同的集聚外部性，从而对民族地区城市经济发展的影响存在差异。要素和产业集聚外部性影响经济发展的路径主要有两条：一是要素和产业集聚通过知识溢出影响生产效率，进而对经济增长路径产生影响；二是要素集聚通过完备生产链条和扩展市场空间，降低交易成本，从而影响经济增长。由于民族地区不仅属于经济不发达地区，而且大都属于生态脆弱地区，经济发展受生态区位限制较强，因此，民族地区未来的经济发展思路不仅要谋求经济增长，而且更要强调有质量的经济增长和带动能力较强的经济增长，从而在开放发展的大背景下，一方面实现绿色发展、创新发展、协调发展的结构变迁需要，同时也从另一方面回应共享发展的社会诉求。

第一，专业化、相关多样化、不相关多样化与民族地区城市生产效率提升的理论关联。对于民族地区城市而言，要素和产业在有限地理区位上的

集聚能够交互影响彼此的生产行为，从而对生产效率产生影响。首先，同类企业的专业化集聚能够在竞争环境中体现出更强的“创造性毁灭”动力和压力，体现出“社会达尔文主义”，在适者生存的结果下实现更强的幸存者红利和效率改进。其次，要素和产业的专业化集聚能够通过产品的生产模仿、公司企业之间的生意往来，以及公司内部的技术人才的循环，促进知识和信息的交换，加速企业之间的合作和思想的碰撞，从有利于创新的视角推动民族地区城市经济的发展。再次，要素和产业的多样化集聚有利于行业间互通有无，不同行业的公司企业由于地理上的邻近，将会使他们有更多的机会相互模仿和相互学习，能有更多的机会进行技术交流，并激发创新，从而实现对民族地区城市经济生产效率的提升。然而，相关多样化的企业集聚虽然可以通过管理和技术等方面的互补学习，实现产品创新和效率改进。但，该种创新路径重组出来的新产品通常为一般性创新，这种创新只是在稍微改变、改进或重组原有的技术、管理等基础上实现的，企业之间只要互利合作即可实现，相互承担的风险较小，可行性较大。更具革新性的创新和效率改进，则更可能发轫于与技术层面完全不相关的要素和行业的集聚，他们由于某种机缘巧合在相互碰撞中偶然产生一些新东西，这种创新具有彻底性和全新性，但要实现这种创新风险较大，且创新成功的可能性较小，一旦成功将会带来丰厚的利润。因此，要素和产业的相关多样化集聚有利于且较容易促进创新，而不相关多样化则可能有利于技术的突破创新或者根本性的创新。

第二，专业化、相关多样化、不相关多样化与民族地区城市经济总量增长的理论关联。专业化和多样化除了通过影响生产效率的改进来影响民族地区城市经济发展之外，还可以通过完备生产链条和扩展市场空间，降低交易成本，从而影响经济增长。首先，要素和行业的专业化集聚，能够使得同类要素和企业共享基础设施和劳动力市场，可以产生规模经济和规避劳动力的失业风险，从而有利于城市整体经济的发展。当然，要素集聚也可能通过集群企业更强的讨价还价能力影响集群所处地理单元公共产品的供给数量。其次，要素和企业的多样化意味着最终产品结构的多样化，从而在消费多样化偏好的情况下实现福利提升。再次，多样化尤其是不相关多样化还意味着经济增长风险的分担，从而对民族地区城市经济发展体现“组合效应”，在外部需求波动情况下，降低本地经济波动，从而长期有利于民族地区城市经济发展。

第三，专业化、多样化与民族地区城市经济溢出效应和民生改善的理论关联。从民生改善的角度来看，要素和行业集聚主要通过影响农村劳动力的就业吸纳和劳动力价格来影响农村居民的收入改善和贫困减缓。首先，专业化和多样化能够通过生产效率改进，提高农村转移劳动力的边际产出，从而提高农村劳动力市场价格，体现收入改善和贫困减缓。其次，专业化和多样化也能够通过新部门和新产品的创造，提升民族地区城市经济对农村转移劳动力的吸纳能力。此外，不相关多样化还能够在下行波动的情况下，有效对冲外部需求波动带来的非预期失业情况，从而影响农村居民的收入改善。

### 3.2.2 产业结构专业化、多样化影响因素的理论影响机制

要素集聚和产业专业化、多样化结构的形成主要存在三重动力来源。

第一，政府政策拉动。政府通过产业政策引导要素集聚和产业结构形成，政府在引导要素集聚时常用的相关政策包括：针对特定行业，通过土地使用、行政成本、提供补贴等方式改变要素在本地选址的交易成本；针对特定区位，制定一揽子配套措施，从成本和收益两个维度影响要素区位选择，开发区、产业园区等均为此类尝试。在本书的后续章节中，使用了产业园区发展情况作为政府政策拉动对要素集聚和产业结构影响的代理变量。

第二，要素市场驱动。要素基于集聚力和分散力的权衡，以经济利润为导向实现资本、劳动力、企业家等生产要素的“用脚投票”，从而形成市场利润驱动的要素集聚和产业结构。现实中，要素都存在利润驱动选择的动力，但真正影响决策的是要素流动是否存在障碍。为此，本书后续将影响要素自由流动的金融环境等作为反映要素市场驱动的代理变量。

第三，本地环境扰动。除了剥离了环境特质的成本、收益核算之外，要素选址还受本地特定环境的影响。民族地区最大的本地特质即为族群多样性，族群多样性能够通过影响沟通成本、创新能力、公共产品供给等因素对

要素集聚产生影响,在族群多样化背景下,要素流动有了自选择特征。后文将族群多样性作为本地环境影响要素集聚和产业结构的代理变量。

## 3.3　本研究的章节逻辑

综合以上研究分析,本研究的章节逻辑如下:

第一,民族地区城市经济核心经济指标测度和统计分析。本书后续在第 4 章对民族地区城市经济发展的总量、结构和民生指标进行了统计描述和横纵向比较分析。在第 5 章基于相关多样化和不相关多样化的细分,对民族地区城市要素和产业结构的专业化、相关多样化和不相关多样化指数进行了量化测度,并进行了统计分析。在第 6 章对民族地区城市经济增长的生产效率进行了量化测度,并利用 Malmquist 生产率指数对城市全要素生产效率指标进行了分解和统计分析。

第二,专业化、多样化与民族地区城市经济增长关系的实证研究。第 7 章使用固定效应模型和门限面板模型对专业化、多样化与民族地区城市经济增长的关系进行了实证检验,并对相关多样化和不相关多样化对民族地区经济增长的异质表现进行了区别,回答了"专业化、相关多样化还是不相关多样化更有助于民族地区的经济增长",但尚无法确定要素集聚和产业结构是否能够通过效率改进影响经济增长,需要后续章节进行识别。

第三,要素集聚和产业结构与民族地区城市生产效率的关系。第 8 章同样使用固定效应模型和门限面板模型,对专业化、多样化与民族地区细分生产效率的关系进行了实证检验。对何种要素集聚与产业结构兼顾民族地区城市经济增长和效率改进进行了明确,从而回答"要素集聚和产业结构对民族地区经济增长的影响是否是以一种效率改进的方式实现的"。

第四,民族地区城市要素集聚与产业结构的溢出效应分析。第 9 章使用民族地区农村贫困 FGT 指数作为反映溢出效应的代理指标,对专业化、相关多样化、不相关多样化和民族地区城市经济溢出效应的关系进行了实证检验,从而回答"要素集聚和产业结构是否通过溢出效应,有效实现了对农村地区发展和民生改善的带动作用"。

第五，民族地区城市要素集聚和合意产业结构塑造的政策分析。在规范性分析之前，第 10 章对影响民族地区专业化和多样化结构形成的影响因素进行了实证检验，识别了政府政策拉动、要素利润驱动以及本地环境扰动等在要素和产业结构塑造过程中的作用，尤为凸显了族群多样性这一民族地区最核心特质在结构塑造中的影响，从而回答“民族地区城市应如何引导和塑造合意的要素集聚和产业结构”。第 11 章对本书的核心结论进行了统一归纳，并提出了相关政策建议。

# 第4章　民族地区城市经济及产业结构的发展与演化

## 4.1　民族地区城市经济概况

### 4.1.1 民族地区城市规模分布

民族地区是我国经济发展格局中的欠发达地区，是经济新常态下全面建成小康社会的重点关注地区。本研究所涉及民族地区主要为民族八省区，包括内蒙古、广西、西藏、宁夏、新疆等5个自治区和贵州、云南、青海3个多民族省份，共计116个城市，其中地级市49个，县级市67个。

(1)城市分布数量与密度

从城市数量分布来看(详见表4-1)，新疆、广西、云南和内蒙古的城市相对较多，共88个城市，占总数的75.86%。其中，地级市数量以广西、内蒙古、云南和贵州居多，县级市数量主要集中在新疆、云南和内蒙古3个省区。

**表4-1　2014年民族地区城市等级分布**　　单位：个

| 地区 | 城市合计 | 按行政级别分组 | | | |
|---|---|---|---|---|---|
| | | 直辖市 | 副省级市 | 地级市 | 县级市 |
| 民族地区 | 116 | 0 | 0 | 49 | 67 |
| 内蒙古 | 20 | 0 | 0 | 9 | 11 |
| 广西 | 21 | 0 | 0 | 14 | 7 |
| 贵州 | 13 | 0 | 0 | 6 | 7 |
| 云南 | 21 | 0 | 0 | 8 | 13 |
| 西藏 | 3 | 0 | 0 | 3 | 0 |
| 青海 | 5 | 0 | 0 | 2 | 3 |

续表

| 地区 | 城市合计 | 按行政级别分组 | | | |
|---|---|---|---|---|---|
| | | 直辖市 | 副省级市 | 地级市 | 县级市 |
| 宁夏 | 7 | 0 | 0 | 5 | 2 |
| 新疆 | 26 | 0 | 0 | 2 | 24 |

数据来源:作者根据《中国城市统计年鉴 2015 年》整理得到。

从城市分布密度来看,如表 4 - 2 所示,民族地区总体城市密度低于全国平均水平,其中全国平均城市密度、地级市密度和县级市密度分别是民族地区总体的 3.31 倍、3.28 倍和 3.17 倍。细分来看,除了广西、贵州、宁夏的平均城市密度、地级市密度与贵州的县级市密度高于全国平均水平之外,其他均低于全国平均水平。从民族地区内部来看,内蒙古、西藏和青海的平均城市密度、地级市密度与县级市密度低于民族地区总体平均水平。变异系数显示,民族地区内部地区间城市密度的总体差异不大。

**表 4 - 2　2014 年城市密度对比**　　单位:个/万平方公里

| | 平均城市密度 | 地级市密度 | 县级市密度 |
|---|---|---|---|
| 全国 | 0.6795 | 0.2841 | 0.3756 |
| 民族地区 | 0.2051 | 0.0866 | 0.1185 |
| 内蒙古 | 0.1691 | 0.0761 | 0.0930 |
| 广西 | 0.8898 | 0.5932 | 0.2966 |
| 贵州 | 0.7386 | 0.3409 | 0.3977 |
| 云南 | 0.5479 | 0.2087 | 0.3392 |
| 西藏 | 0.0244 | 0.0244 | 0.0000 |
| 青海 | 0.0692 | 0.0277 | 0.0415 |
| 宁夏 | 1.0542 | 0.7530 | 0.3012 |
| 新疆 | 0.1566 | 0.0120 | 0.1446 |
| 变异系数 | 0.3129 | 0.2789 | 0.0977 |

数据来源:作者根据原始数据计算得到。

(2)民族地区城市规模分布

本书使用人口数量来划分城市规模,划分标准依照国务院《关于调整城市规模划分标准的通知》(国发〔2014〕51 号),划分结果如表 4 - 3 所示。民族地区城市结构以中小城市为主,从数据可得的 109 个城市来看(详见附表

3)，民族地区没有超大城市和特大城市，只有 18 个Ⅱ型大城市，占总数的 16.51%。中小城市 91 个，占 83.49%。中等城市 25 个，占 22.93%。小城市 66 个，占总数的 60.55%，其中有 2/3 的Ⅰ型小城市和 1/3 的Ⅱ型小城市。

**表 4－3　基于新标准的 2014 年民族地区不同规模等级城市数量结构** 单位：个

| 城市规模等级 | 地级市 | 县级市 | 合计 |
|---|---|---|---|
| | 城市数量 | 城市数量 | |
| Ⅱ型小城市 20 万以下 | 1 | 21 | 22 |
| Ⅰ型小城市 20 万～50 万 | 18 | 26 | 44 |
| 中等城市 50 万～100 万 | 13 | 12 | 25 |
| Ⅱ型大城市 100 万～300 万 | 15 | 3 | 18 |
| 合计 | 47 | 62 | 109 |

数据来源：该表中只对《中国城市统计年鉴 2015》中具有人口统计的 47 个地级市和 62 个县级市进行了分类。

### 4.1.2　民族地区城市经济总体现状

西部大开发战略实施以来，民族地区经济总体快速增长，人民生活水平显著改善。其中民族城市经济发展在民族地区总体经济发展中发挥了重要作用，2014 年，民族地区 46 个地级市市辖区（不包括西藏的拉萨、日喀则和昌都）和 62 个县级市（不包括云南省的香格里拉、新疆的阿拉山口、铁门关、霍尔果斯、双河）①在民族地区 12.56% 的土地面积上，集中了民族地区 34.07% 的人口，却创造了 58.66% 的地区生产总值。其中，地级市市辖区面积仅占 19.46%，却集中了 63.38% 的人口，并创造了 74.51% 的 GDP。

虽然民族地区城市经济发展是民族地区总体经济发展的主要驱动力，但与全国总体相比，民族地区城市产业结构还存在较大的产业升级空间。2014 年全国地级市市辖区三次产业比值为 2.87∶45.96∶51.17，同期民族地区地级市城市产业比值为 4.25∶45.03∶50.72；全国县级市（361 个县级市）的三次产业比值为 10.07∶52.83∶37.10，同期民族地区县级市（62 个）的三次产业比值为 11.12∶51.97∶36.92。民族地区地级市的农业产值比重相对较高，第三产业发育弱后于全国平均水平。

① 括号中提及的城市相关数据缺失。

此外,当前民族地区依然面临着较为严峻的民生改善任务,和全国总体相比,民族地区贫困人口数量依然庞大,民族地区贫困发生率相对较高。2014 年贵州、云南、西藏和新疆的贫困发生率分别为 18.0%、15.5%、23.7% 和 18.6%,高于 7.2% 的全国平均水平。①

因此,“十三五”期间,民族地区城市经济需要通过产业结构调整,继续发挥其对民族地区总体经济发展的有力推动作用,并通过城乡关联带动民族地区的民生改善,体现共享式发展的诉求。

## 4.2 县级市城市经济发展与结构演化

### 4.2.1 县级市城市经济总量动态演化

为保持研究地域单元时间上的连续性,本章节研究只涉及 57 个县级市②在 2005—2014 年的经济动态演化。

首先,从城市经济总量的年均增长率来看(详见附表 4),民族地区县级市总体增速较快。年均增长率在 20% ~30% 的有 5 个,占总数的 8.77%;年均增长率在 15% ~20% 的有 21 个,占总数的 36.84%;增长率在 10% ~15% 的有 28 个,占总数的 49.12%。

其次,从经济总量差异的动态演化来看(见表 4-4),民族地区县级市之间的经济发展差异整体较大,但呈下降态势。从变异系数来看,民族地区县级市之间的变异系数从 2005 年的 0.7818 逐渐上升为 2007 年的 0.8978,之后逐渐下降为 2014 年的 0.6999,总体呈下降趋势。

**表 4-4 2005—2014 年民族地区县级市经济发展差异**

| | 2005 年 | 2006 年 | 2007 年 | 2011 年 | 2012 年 | 2013 年 | 2014 年 |
|---|---|---|---|---|---|---|---|
| 极值比 | 40.62 | 56.69 | 66.95 | 71.46 | 52.65 | 46.51 | 47.06 |
| 变异系数 | 0.7818 | 0.8414 | 0.8978 | 0.8461 | 0.7352 | 0.7125 | 0.6999 |

数据来源:作者根据历年《中国县域经济统计年鉴》计算得到,其中 2008—2010 年数据缺失。

① 数据来自《2015 年农村贫困监测报告》。

② 不包括云南省的蒙自、弥勒、文山、香格里拉,青海的玉树,新疆的阿拉山口、铁门关、霍尔果斯、双河和北屯。

### 4.2.2　县级市城市产业结构演化

从产业结构来看，民族地区县级市与全国平均水平相比，第一产业产值占比相对较高，非农产业占比相对较低（表 4 – 5）。2014 年，民族地区县级市整体产业结构为 11.12∶51.97∶36.92，同期全国三次产业结构为10.07∶52.83∶37.10。从民族地区县级市之间的比较来看，各地区产业结构差异较大。

**表 4 – 5　2014 年民族地区产值结构及差距（%）**

| | 产业比重 | | | 与民族地区整体差距 | | |
|---|---|---|---|---|---|---|
| | 第一产业 | 第二产业 | 第三产业 | 第一产业 | 第二产业 | 第三产业 |
| 全国 | 10.07 | 52.83 | 37.10 | — | — | — |
| 民族地区 | 11.12 | 51.97 | 36.92 | — | — | — |
| 内蒙古 | 9.90 | 47.49 | 42.61 | –1.22 | –4.48 | 5.70 |
| 广西 | 18.60 | 51.55 | 29.85 | 7.48 | –0.41 | –7.07 |
| 贵州 | 7.68 | 48.71 | 43.61 | –3.44 | –3.26 | 6.69 |
| 云南 | 11.66 | 50.39 | 37.95 | 0.54 | –1.58 | 1.03 |
| 青海 | 3.97 | 68.17 | 27.86 | –7.15 | 16.21 | –9.06 |
| 宁夏 | 5.30 | 80.53 | 14.17 | –5.82 | 28.56 | –22.74 |
| 新疆 | 12.10 | 51.17 | 36.73 | 0.99 | –0.80 | –0.19 |

数据来源：作者根据民族地区 57 个县级市数据整理得到。

从民族地区县级市产业结构的动态演化来看（表 4 – 6），第一产业比重不断下降，第二、第三产业比重不断攀升，仍处于第二产业主导，第三产业潜在崛起的态势。

**表 4 – 6　2005—2014 年民族地区各省县级市总体产业结构（%）**

| | 2005 年 | 2007 年 | 2011 年 | 2014 年 |
|---|---|---|---|---|
| 民族地区 | 17.27∶47.49∶35.23 | 15.17∶49.35∶35.48 | 12.48∶53.32∶34.20 | 11.04∶51.54∶37.42 |
| 内蒙古 | 14.48∶48.55∶36.87 | 12.68∶44.58∶42.74 | 10.46∶51.85∶37.69 | 9.90∶47.49∶42.61 |
| 广西 | 31.12∶34.74∶34.14 | 26.43∶40.05∶33.52 | 20.06∶51.99∶27.94 | 18.60∶51.55∶29.85 |
| 贵州 | 16.22∶49.63∶34.14 | 14.34∶51.06∶34.61 | 8.10∶49.48∶42.42 | 7.68∶48.71∶43.61 |
| 云南 | 14.70∶48.95∶36.35 | 13.51∶51.41∶35.08 | 12.26∶51.33∶36.42 | 11.71∶47.17∶41.12 |
| 青海 | 2.02∶64.49∶33.49 | 1.68∶69.72∶28.61 | 1.55∶74.66∶23.79 | 2.64∶69.33∶28.03 |
| 宁夏 | 11.34∶67.59∶21.08 | 8.92∶74.22∶16.86 | 6.47∶78.19∶15.34 | 5.30∶80.53∶14.17 |
| 新疆 | 17.97∶45.95∶36.08 | 15.87∶47.98∶36.14 | 14.93∶50.75∶34.32 | 12.07∶51.17∶36.75 |

数据来源：作者根据原始数据整理得到。

## 4.3 地级市城市经济发展与结构演化

### 4.3.1 地级市城市经济总量动态演化

民族地区地级市经济发展情况如附表 5 和附表 6 所示。民族地区地级市总体经济持续快速增长,同时各城市之间也呈现出明显的经济增长差异。2005—2014 年,民族地区各城市地区生产总值的年均增长率均超过 10%,增速最快的为呼伦贝尔,年均增速为 28.49%,增速最慢的是克拉玛依,年均增速为 12.44%。年均增速区间大于 20% 有 27 个城市,占总数的 62.79%;增速在 15% ~20% 的有 14 个,占总数的 32.55%;增速低于 15% 的城市有 2 个,分别为克拉玛依市(12.44%)与河池市(14.36%)。从城市地区生产总值的差异来看(表 4 -7),2005—2014 年,各城市地区生产总值的加权变异系数在 1.45 ~1.54 区间波动,差异相对较大。

**表 4 -7 2005—2014 年民族地区城市经济发展差异变化**

| | 2005 年 | 2006 年 | 2007 年 | 2008 年 | 2009 年 |
|---|---|---|---|---|---|
| 加权变异系数 | 1.5394 | 1.5102 | 1.4873 | 1.4555 | 1.5221 |
| 极值比 | 56.6307 | 55.4197 | 52.1814 | 48.5698 | 47.1234 |
| | 2010 年 | 2011 年 | 2012 年 | 2013 年 | 2014 年 |
| 加权变异系数 | 1.4886 | 1.4826 | 1.5215 | 1.5351 | 1.5331 |
| 极值比 | 46.4556 | 44.0823 | 41.3281 | 40.3307 | 37.0506 |

数据来源:作者根据 43 个地级市地区生产总值计算得到①。

### 4.3.2 地级市城市产业结构动态演化

从民族地区城市经济发展的总体产业结构来看(图 4 -1),第一产业产值比重呈持续稳定下降趋势,第二、第三产业比重处于不稳定的交替变化阶段。细分地区来看(附表 7),城市产业结构模式主要有"三二一"和"二三一"模式。三次产业结构中,第一产业均保持在较低水平,第二、第三产业产值比重呈现此消彼长的演变特征,非农产业处于不断调整优化的阶段。

① 不包括数据不连续的城市,主要有贵州的毕节、铜仁,西藏的拉萨、日喀则、昌都,青海的海东。

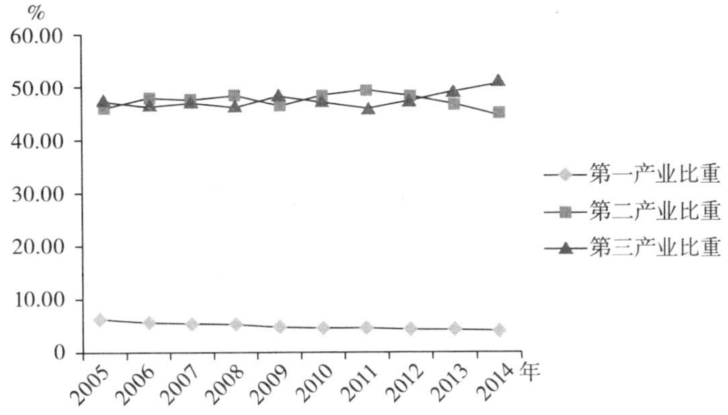


**图 4－1　民族地区城市经济三次产业结构变化图**

数据来源：作者根据原始数据整理得到。

## 4.4　本章小结

西部大开发以来，民族地区城市经济实现了持续快速发展，人民生活水平得到了极大改善。与全国相比，民族地区具有“地广城市稀”，中小城市为主，并以小城市为主体的特征。不同省区，城市数量、城市规模和城市构成均存在较大差异。基于数据可得性与连续性的研究需求，本章分别对 57 个县级市和 43 个地级市的城市经济总量与产业结构的动态演化进行了分析，结果主要体现在以下两个方面：

第一，研究期间，民族地区县级市总体经济增速较快，年均增速均超过 10%。城市间经济差异程度较大，但整体呈下降趋势。2005—2014 年，地区县级市总体产业结构模式相对稳定，均为“二三一”产业结构模式。动态来看，民族地区县级市第一产业产值比重不断下降，第二、第三产业比重不断攀升，仍处于第二产业主导，第三产业潜在崛起态势。

第二，从地级市市辖区经济总量来看，民族地区也体现了较为显著的内部差异，但差异呈缩小态势。从产业结构来看，2005—2014 年民族地区的 43 个地级市市辖区城市经济产业结构呈现出“三二一”与“二三一”模式的交替状态。第一产业稳步下降，第二、第三产业的发展存在不同变化趋势。

# 第5章　专业化和多样化视角下民族地区城市产业结构测度与动态演化

我们将按照 Krugman(1991)和 Kim(1995)关于专业化的分析思路来讨论专业化与多样化的测度问题,主要有两个切入视角:一是从行业层面切入,从各行业的专业化水平分析的基础上来讨论国家或地区的专业化水平;二是从地区层面切入,从各个次级地区的专业化水平的基础上来讨论国家或地区的专业化水平。本研究的研究对象为民族地区的城市经济问题,限于城市市辖区范围内,要对其产业结构的专业化与多样化进行测度,主要基于经济外部性理论,从知识溢出视角来探讨产业结构的专业化、多样化测度以及对城市经济的影响。因此,接下来,我们将沿着行业专业化的测度思路来阐述产业专业化、多样化的测度与时空演进。

## 5.1　专业化、多样化指数的测度方法

### 5.1.1　专业化指数测度方法

反映城市专业化的指标主要有区位商指数(Henderson et al.,1995;Cecile,2002;Glaeser et al.,2002,等)、基尼专业化指数(Duranton & Puga,2001,2004,2005)等。

(1)区位商指数(Location Quotient,LQ)

区位商,又称专门化率,最开始是由 P. Haggett 应用于区位分析,以衡量研究区域中某一产业部门在背景区域中的地位与作用。该指标常用来衡量某个区域某个产业的专业化程度,是一个相对指标,是比率的比率,没有绝对意义,主要是反映一个产业在研究区域的占比与背景区域的占比的比值。

其主要表达式为：

$$LQ_{ij} = q_{ij}/Q_i$$

其中 $LQ_{ij}$ 表示研究 $j$ 区域中的 $i$ 产业的区位商，$q_{ij}$ 为 $j$ 区域中 $i$ 产业（一般用产值或就业人口来表示）占所有产业的比率，$Q_i$ 表示背景区域（比 $j$ 区域更高层次的区域）中 $i$ 产业占所有产业的比率。一般 $LQ_{ij}$ 值大于 1，表示 $j$ 区域的 $i$ 产业具有专业化，值越大，专业化程度越高；$LQ_{ij}$ 小于 1，则表示 $j$ 区域的 $i$ 产业不具备专业化，值越低则越不具有专业化。

该指标计算简单易行，但由于它是比率的比值，因此在实际的应用中无法反映区域的经济规模，也就是说区位商水平相当的地区，可能经济发展水平存在很大差距，但在区位商指标中无法体现出这种差异，在实际分析应用中，需要借助其他指标来分析区域经济问题。

（2）基尼专业化指数（Gini Apecilization Index）

基尼专业化指数（Gini Specilization Index），也称克鲁格曼修正指数，由克鲁格曼指数除以 2 得到。Duranton & Puga（2001，2004，2005）常用该指标进行产业专业化的测度与研究。其具体的表达式为：

$$G = \frac{1}{2}\sum_{j} |S_{ij} - S_j|$$

其中，$G$ 表示产业的基尼专业化指数；$S_{ij}$ 表示产业 $j$ 在城市 $i$ 中所占的就业比重；$S_j$ 表示产业 $j$ 在全国所占的就业比重。由此可见，$G$ 的取值区间为 $[0,1]$，$G$ 值越大，则表示城市产业的专业化水平越高。反之，$G$ 值越小，则表示城市的产业专业化水平越低。

该指标也是反映研究区域产业份额相对于背景区域整体平均份额的一个相对指数，不能反映出该区域专业化在背景区域中的经济地位。如果研究区域的地区生产总值在背景区域的地区生产总值中只占很小的份额，即便它的专业化程度很高，也不能代表它在背景区域中的专业化生产能力很强。因此，基尼专业化指数与区位商指标一样，不能很好地反映研究区域的地区专业化水平在背景区域中的作用，实际应用中，我们需要结合经济规模来进一步考察。

(3) FLQ

Flegg 等(1995,1997)在 LQ 的基础上，将研究区域的经济规模纳入考虑，创建了 FLQ，其表达式为：

$$FLQ_{ij} = LQ_{ij} * \lambda$$

$$\lambda = [\log_2(1 + R_j/T)]\delta \quad (0 \leq \delta < 1)$$

其中，$LQ_{ij}$为 $j$ 地区产业的区位商，$R_j$为 $j$ 城市所有产业的产值(或从业人员)，$T$ 为背景区域的所有产业产值(或从业人员)。

FLQ 方法在区位商和基尼系数的基础上纳入了地区经济规模的考量，使得对专业化的测量向前推进一步，但对于 $\delta$ 的取值存在较强的主观性，对不同地区的取值存在差异，不利于地区间的比较分析，在实际应用中存在局限。

### 5.1.2 多样化指数测度方法

反映产业多样化的指标主要有赫希曼指数、熵指数等，其中赫希曼指数最为常用。而近年来，基于知识溢出、技术关联的经济外部性的研究越来越多，关于产业之间技术相关性的测度方法也得到了进一步的发展和广泛的应用(Farjoun,1994;Teece et al.,1994;Porter,2003;Frenken et al.,2007;Neffke,2011)，主要有邻近指数(Proximity Index)和熵指数(Entropy Index)方法，接下来，我们将着重介绍这两种方法。

(1)邻近指数(Proximity Index)

近年来，大量关于发展与技术多样化的研究都是基于“产业空间”(Industrial Space)来计算地区多样化关联度，比如 Hidalgo 等(2007)，Neffke 等(2011)，Rigby(2012)，Boschma 等(2013,2014)。

Hidalgo 等(2007)使用邻近指数来度量不同国家之间的两种产品的比较优势。根据巴拉萨模型，如果一个国家的某种产品的出口份额大于该种产品全球的出口份额，那么这个国家具有比较优势。那么，如果一个国家的产品 A 具有比较优势，产品 B 也具有比较优势，这表明产品 A 和产品 B 具有同样的技术能力，或者具有彼此接近的技术能力。计算两种产品 $i$ 和 $j$ 的邻近指数的步骤如下：第一，我们需要确定这个国家的 $i$ 产品是否具有比较优势。由此,计算一个国家的出口产品 $i$ 占国家出口的份额与全球出口产品 $i$ 占全球出口份额的比值。如果比值大于等于1,我们就认为这个国家的产品 $i$ 具有比较优势。反之,如果比值小于1,则不具有比较优势。第二,在样本国家中找出产品 $i$ 具有比较优势的国家数量来计算出产品 $i$ 具有比较优势的概率。第三,在样本国家中找出具有产品 $i$ 和产品 $j$ 比较优势的国家数量,计算出同时具有产品 $i$ 和产品 $j$ 比较优势的联合概率。第四,计算出在具有产品 $j$ 比较优势的条件下的产品 $i$ 具有比较优势的概率。在产品 $j$ 具有比较优势的概率下,通过产品 $i$ 和产品 $j$ 比较优势的联合概率,计算出条件概率。按照同样的步骤可以计算出,产品 $j$ 在产品 $i$ 具有比较优势的条件下,具有比较优势的概率。因此,对于每一对产品 $(i,j)$ 都有两个条件概率:一是,在产品 $j$ 具有比较优势的条件下,产品 $i$ 具有比较优势的概率;二是,在产品 $i$ 具有比较优势的条件下,产品 $j$ 具有比较优势的概率。两个产品的接近程度等于这两个条件概率的最低值。因此,我们可以将产品 $i$ 和产品 $j$ 在 $t$ 年的接近指数($\phi$)表示如下:

$$\phi_{ijt} = \min\left\{p(x_{i,j} | x_{j,t}), p(x_{j,t} | x_{i,j})\right\}$$

其中,$p(x_{i,j} | x_{j,t})$ 表示一个国家在产品 j 具有比较优势的条件下,产品 $i$ 具有比较优势的条件概率;$p(x_{j,t} | x_{i,j})$ 表示一个国家在产品 $i$ 具有比较优势的条件下,产品 $j$ 具有比较优势的条件概率。

Hidalgo 等(2007)使用邻近指数来表示具有一定共同技术基础的两种产品的关联度。他认为,在国际贸易中,不同关联度的产品出口贸易网络中存在产品空间。如果这些出口产品来自很多国家,假设他们需要一些共同的技术基础,那么他们很可能被一些国家同时生产出来。之后,Boschma,Minondo 和 Navarro(2011)研究相关多样化与区域经济增长,实证研究结果证实,利用 Hidalgo 等的邻近指数(Proximity Product Index)计算的相关多样化比传统的 Frenken 等(2007)和基于集群的 Porter(2003)的相关多样化的回归结果更为理想。因此,邻近指数在技术关联性研究中的应用很受学者推崇。但该方法最开始的应用源自对不同国家之间产品的比较优势的研究,国家之间的技术关联对比相对比较稳定,而同一个国家的不同地区的这种技术联系以及地区生产结构和产品多元化的发展趋势变化不可同日而语，因此，对于同一个国家的产业之间的相关性研究，采用邻近指数的方法计算量大且过于复杂。

（2）熵指数（Entropy Index）

自从 Frenken（2007）将多样化细分为相关多样化和不相关多样化之后，基于熵指数的特性和分解优势，该指标在多样化研究中的应用也更为广泛。因此，基于对多样性的分解和对本研究的解释力，本研究将使用熵指数来表示产业的多样化特征。根据其分解性，以研究中的所有行业小类的熵表示总体多样化（Total Variety），用 TV 表示；研究中所有行业大类的熵表示不相关多样化（Urelated Variety），用 UV 表示；以每个行业大类中的小类行业的熵的加权和来表示相关多样化（Related Variety），用 RV 表示。为方便起见，由于三者的关系可表示为：$TV=UV+RV$，故可以用 $TV-UV$ 来简单表示 $RV$，可省去繁杂的计算。

因此，总体多样性的具体表达式为：

$$TV=\sum_{i=1}^{g}p_i\ln(1/p_i)$$

不相关多样化的具体表达式为：

$$UV=\sum_{g=1}^{G}p_g\ln(1/p_g)$$

相关多样化则可表示为：

$$RV=TV-UV$$

其中，$G$ 表示大类行业数，$g$ 表示小类行业数，且 $g$ 包括在 $G$ 内。$p_i$ 和 $p_g$ 表示某小类行业和大类行业的产值或就业在研究区域内占所有行业的产值或就业的比重。

熵指数方法虽然能通过技术关联对产业部门内的细分行业从技术层面统一识别关联性的强度，从而为地方产业发展提供更清晰的产业发展方向。但在分工越来越精细化的现代产业发展背景下，《国际标准产业分类（ISIC）》虽然已经竭力跟上国际经济发展形势，于 2008 年进行了第四次修订，但由于各国面临的经济发展阶段和国情各不相同，在此基础上制定的国民行业分类和统计得到的国民经济数据也存在较大差异。比如我们国家的国民经济行业统计数据仍然面临不够细化、分类过于笼统的局面。另外，根据不同的研究目标，行业大类的划分也会面临较多的主观判断，因此，基于此的测度结果难免会与真实情况存在偏差，从而对分析结果造成不可避免的偏误。

## 5.2　民族地区城市专业化、多样化的测度与演化

### 5.2.1　民族地区城市专业化与多样化的测度

本研究主要的研究对象为民族地区城市经济，因此，综合考虑数据可得性和对研究问题的解释力，选择使用基尼专业化系数与熵指数来计算重点研究的 43 个民族地区城市市辖区的专业化与多样化指数。数据来源于 2005—2015 年《中国城市统计年鉴》，主要依据中国国民经济行业统计指标的 19 个一位数行业的从业人数进行相关计算。在多样化计算分类时，将 19 个行业根据知识和技术关联分为 6 个大类，分别为：第一产业、第二产业、生产性服务业、消费性服务业、流通性服务业、公共服务业。计算结果见附表 8。

### 5.2.2　民族地区城市专业化与多样化演化

从总体演变特征来看，民族地区城市专业化与多样化水平均呈现出增长演变趋势，多样化的细分指标中，不相关多样化特征更为明显，但相关多样化呈增长演变态势，而不相关多样化则出现略微降低演变态势。首先，从专业化来看，表 5-1 与图 5-1 显示，2005—2014 年，专业化总体水平没有超过 0.3，呈现出波动上升趋势。其次，从多样化来看，总体多样化水平值均在 2 以上，多样化特征明显，呈现波动上升趋势。再次，从多样化的细分来看，不相关多样化指数均在 1.3 以上，而相关多样化指数均在 1.0 ~ 1.1 的区间，较相关多样化而言，民族地区的不相关多样化特征较显著。但从演变趋势来看，相关多样化基本呈现出稳步上升趋势，而不相关多样化则呈现出略微下降趋势，研究期间呈现出不稳定特质。

表 5－1　2005—2014 年民族地区 43 个城市专业化、多样化年平均值

| 年份 | 专业化 | 总体多样化 | 相关多样化 | 不相关多样化 |
|---|---|---|---|---|
| 2005 | 0.2808 | 2.3535 | 1.0302 | 1.3233 |
| 2006 | 0.2745 | 2.3615 | 1.0269 | 1.3346 |
| 2007 | 0.2715 | 2.3820 | 1.0430 | 1.3390 |
| 2008 | 0.2813 | 2.3768 | 1.0416 | 1.3352 |
| 2009 | 0.2874 | 2.3723 | 1.0479 | 1.3245 |
| 2010 | 0.2850 | 2.3719 | 1.0493 | 1.3226 |
| 2011 | 0.2894 | 2.3622 | 1.0579 | 1.3043 |
| 2012 | 0.2837 | 2.3826 | 1.0739 | 1.3088 |
| 2013 | 0.2913 | 2.3973 | 1.0817 | 1.3155 |
| 2014 | 0.2997 | 2.4024 | 1.0793 | 1.3232 |

数据来源：作者根据历年《中国城市统计年鉴》的行业从业人数数据计算整理得到。

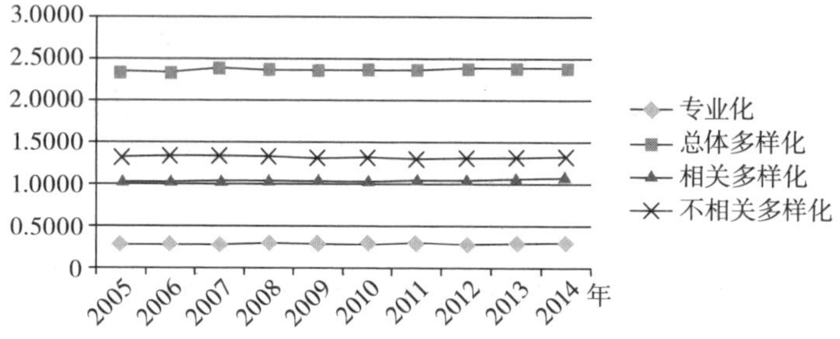


图 5－1　2005—2014 年民族地区 43 个城市专业化、多样化年平均值变化趋势

数据来源：作者整理得到。

从民族地区内部城市间专业化、多样化差异来看，专业化的差异相对较大，二者均呈现下降态势；多样化细分指标中，不相关多样化的差异水平略高，但相关多样化与不相关多样化的差异水平均呈下降态势。首先，从专业化指数差异来看，民族地区城市间产业结构专业化差异较大，总体呈现下降趋势。图 5－2 显示，专业化的加权变异系数从 2005 年的 0.2996 波动上升到最大值 0.3098（2010 年），之后波动下降为 2014 年的 0.2767，总体呈波动性下降趋势。极值比从 2005 年的 3.8430 倍波动性下降为最小值 3.5453（2009 年），之后波动性上升为 2014 年的4.1857倍，总体呈波动性上升趋势。

其次，从总体多样化指数差异来看，民族地区城市间多样化差异较小，

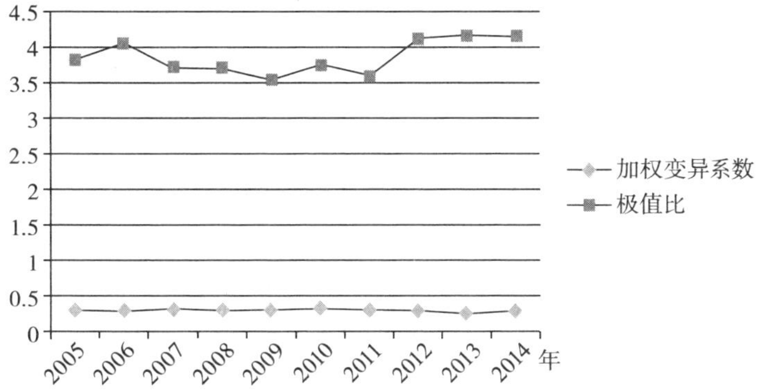


**图 5－2　民族地区城市产业结构专业化指数差异变化趋势**

数据来源：作者整理得到。

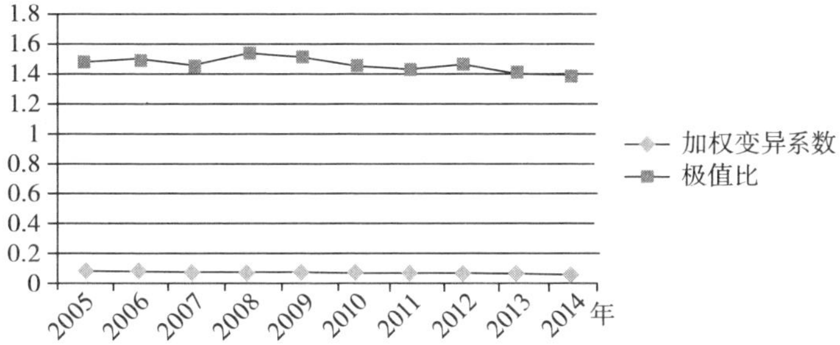


**图 5－3　民族地区城市产业结构总体多样化指数差异变化趋势**

数据来源：作者整理得到。

呈逐渐下降态势。表 5－2 显示，多样化的加权变异系数从 2005 年的0.0845 波动性下降为 2014 年的 0.0631，呈下降趋势；极值比从 2005 年的1.4819上升到最大值 1.5350（2008 年）后波动下降为 2014 年的 1.3926，呈下降趋势。由此可见，民族地区城市产业结构总体多样化指数差异不大，且呈逐渐缩小趋势（见图 5－3）。

再次，从多样化细分来看，民族地区城市间相关多样化与不相关多样化的整体差异水平不大，均呈现出较为明显的下降趋势（见图 5－4、图 5－5）。其中，不相关多样化指数的加权变异系数从 2005 年的 0.1139 波动下降为 2014 年的 0.0944，呈下降趋势；极值比从 2005 年的 1.9342 波动下降为 2014 年的 1.6591，也呈下降趋势。相关多样化指数的加权变异系数从 2005 年的 0.1062 上升到最大值 0.1096（2006 年）后，波动下降为 2014 年的 0.0769，呈下降趋势；极值比从2005年的1.5994增加为最大值1.7126(2006年)后，波动下降为2014年的1.3984，呈下降趋势。由此可见，不相关多样化指数和相关多样化指数的差异水平均偏低，但不相关多样化指数差异略大于相关多样化指数差异。

**表5-2 民族地区城市产业专业化、多样化差异**

| | | 2005年 | 2006年 | 2007年 | 2008年 | 2009年 |
|---|---|---|---|---|---|---|
| 总体多样化指数 | 加权变异系数 | 0.0845 | 0.0781 | 0.0691 | 0.0730 | 0.0714 |
| | 极值比 | 1.4819 | 1.5042 | 1.4522 | 1.5350 | 1.5207 |
| 不相关多样化指数 | 加权变异系数 | 0.1139 | 0.1063 | 0.1001 | 0.0985 | 0.1018 |
| | 极值比 | 1.9342 | 1.8616 | 1.7694 | 1.7577 | 1.8286 |
| 相关多样化指数 | 加权变异系数 | 0.1062 | 0.1096 | 0.1024 | 0.1028 | 0.0961 |
| | 极值比 | 1.5994 | 1.7126 | 1.6824 | 1.6784 | 1.5007 |
| 专业化指数 | 加权变异系数 | 0.2996 | 0.2818 | 0.3045 | 0.3042 | 0.3062 |
| | 极值比 | 3.8430 | 4.0540 | 3.7263 | 3.7210 | 3.5453 |
| | | 2010年 | 2011年 | 2012年 | 2013年 | 2014年 |
| 总体多样化指数 | 加权变异系数 | 0.0683 | 0.0676 | 0.0684 | 0.0621 | 0.0631 |
| | 极值比 | 1.4600 | 1.4235 | 1.4521 | 1.4093 | 1.3926 |
| 不相关多样化指数 | 加权变异系数 | 0.1012 | 0.1036 | 0.0997 | 0.0901 | 0.0944 |
| | 极值比 | 1.7614 | 1.7500 | 1.7516 | 1.6945 | 1.6591 |
| 相关多样化指数 | 加权变异系数 | 0.0999 | 0.0884 | 0.0901 | 0.0804 | 0.0769 |
| | 极值比 | 1.4956 | 1.5249 | 1.4851 | 1.3864 | 1.3984 |
| 专业化指数 | 加权变异系数 | 0.3098 | 0.3009 | 0.2877 | 0.2568 | 0.2767 |
| | 极值比 | 3.7701 | 3.6136 | 4.1303 | 4.1673 | 4.1857 |

数据来源：作者根据43个城市的专业化、多样化指数计算得到。

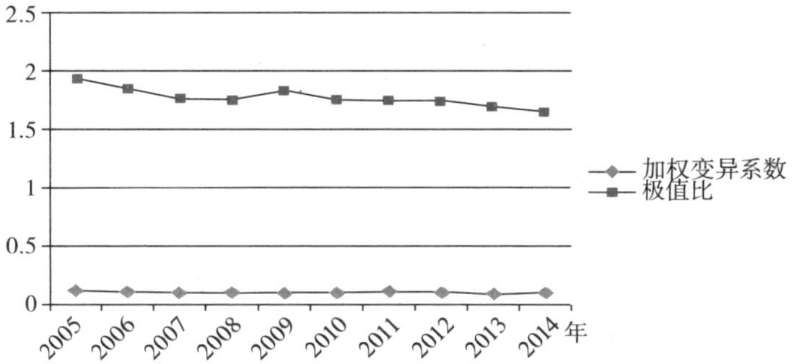


**图5-4 民族地区城市产业结构不相关多样化指数差异变化趋势**

数据来源：作者整理得到。

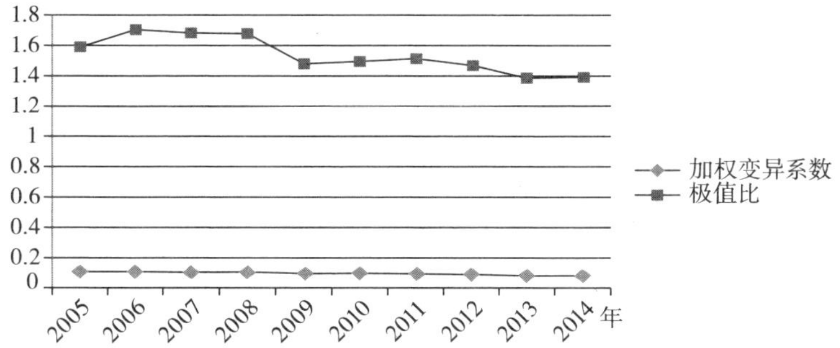


**图 5－5　民族地区城市产业结构相关多样化指数差异变化趋势**

数据来源：作者整理得到。

2005—2014 年，民族地区不同城市的专业化、多样化变化特征各不相同，为此，我们根据专业化、多样化、相关多样化和不相关多样化的变化特征归纳为 12 类，详见表 5－3。总体上看，民族地区大多数城市呈现出专业化增强、多样化增强的显著特征。首先，43 个地级市中，大多数城市呈现出产业多样化增强的势头，共计 26 个城市，占总数的 60.47%，其中近 2/3 城市的专业化程度同时增强。其次，从进一步的多样化细分来看，以相关多样化增强为主，共计 31 个城市，占总数的 72.09%，其中也有近 2/3 的城市专业化同时增强。

**表 5－3　民族地区城市专业化多样化变化分类**

| 指标 | | 专业化变强 | 专业化变弱 |
|---|---|---|---|
| 多样化变强 | 相关多样化变强<br>不相关多样化变强 | 呼和浩特、乌海、鄂尔多斯、六盘水、中卫 | 包头、赤峰、来宾、昭通、临沧、石嘴山、克拉玛依 |
| 多样化变强 | 相关多样化变强<br>不相关多样化变弱 | 呼伦贝尔、乌兰察布、桂林、贵港、玉林、百色、贵阳、普洱、乌鲁木齐 | 防城港、崇左 |
| 多样化变强 | 相关多样化变弱<br>不相关多样化变强 | 巴彦淖尔、昆明 | 丽江 |
| 多样化变弱 | 相关多样化变强<br>不相关多样化变弱 | 南宁、柳州、固原 | 安顺、玉溪 |
| 多样化变弱 | 相关多样化变弱<br>不相关多样化变强 | 河池、遵义、银川 | 通辽、吴忠 |
| 多样化变弱 | 相关多样化变弱<br>不相关多样化变弱 | 梧州、钦州、贺州、曲靖、西宁 | 北海、保山 |

数据来源：作者根据 2005—2014 年民族地区 43 个城市专业化、多样化指数整理得到。

## 5.3 本章小结

本章节对专业化、多样化的测度方法进行了对比研究，结合数据可得性与对本研究问题的解释，选取了基尼专业化系数和熵指数来计算城市产业结构的专业化与多样化水平。通过对城市产业结构的专业化与多样化的分析，得出以下结论：

第一，研究期间，民族地区城市专业化与多样化水平均呈现增长的总体演变趋势；多样化的细分指标中，不相关多样化特征更为明显，但相关多样化呈增长演变态势，而不相关多样化则出现略微降低的演变态势。

第二，本章节研究显示，从民族地区内部城市间专业化、多样化差异来看，专业化的差异相对较大，但二者均呈现下降态势；多样化细分指标中，不相关多样化与相关多样化指数的差异水平总体偏低，二者的差异水平均呈下降态势。

本章节最后根据 2005—2014 年，专业化、多样化与多样化细分指标的变化趋势，将民族地区地级市分为 12 种类型，为今后的城市产业发展提供了发展参考。

# 第6章　民族地区城市全要素生产率量化测度与时空演化

## 6.1　城市全要素生产率的测度方法

从既往的生产率研究文献来看，学者们根据研究对象以及解决问题路径的不同，主要采用了人均GDP、人均劳动产出、平均劳动生产率和全要素生产率等来衡量生产率。基于研究的思路和解决问题的路径导向，本研究将会从知识溢出的视角出发，研究民族地区城市产业结构与生产率的关系，着重关注产业之间的技术关联及其内在关联机制的分析，以及对城市经济发展的影响。因此，根据研究需要，我们选择全要素生产率作为城市生产率的衡量指标更符合本研究的实际需求以及对现实问题的解释。

自从克鲁格曼（1999）依据刘遵义和扬等人的定量研究结果，即对经济高速增长的东亚国家存在的全要素生产率相对较低的现象，提出“东亚无奇迹”的论点后，国内学者开始了对包括全要素生产率的概念内涵（郑玉歆，1999）以及测度方法的研究和比较（郑玉歆，1998；郭庆旺、贾俊雪，2005；易纲、樊纲、李岩，2003）。如郭庆旺和贾俊雪（2005）将全要素生产率测量方法划分为增长会计法和经济计量法。其中，以新古典增长理论为基础，估算过程相对简单、考虑因素相对较少，但估算也较为粗糙的增长会计法主要有Abramvitz（1956）提出的代数指数法、Solow（1957）提出的索洛残差法；而根据各种模型，较为全面地考虑各种影响因素，估算过程较为复杂的经济计量法主要有隐性变量法（Latent Variable Approach，LV）和潜在产出法（Potential Output Approach，PO）。从既有研究来看，经济计量方法中的潜在产出法的应用相对较广。

从潜在产出法的进一步分类来看，主要包括参数随机边界分析（Stochastic Frontier Analysis，SFA）和非参数数据包络分析（Data Envelopment Analysis，DEA）。其中，参数随机边界分析方法能够很好处理度量误差，但需要给出生产函数形式和分布的明确假设，具有较强的理论约束，不适合样本量较少的实证研究，该类方法中 Hildreth & Houck（1968）的随机系数面板模型应用最为广泛。而非参数数据包络分析是直接利用线性优化给出边界生产函数与距离函数的估算，不需要对生产函数的形式和分布做出假设，因此避免了较强的理论约束。虽然以上两类方法只适合于面板数据，且面临不能单独计算某一主体的全要素生产率的局限，但在大数据背景下，却受到越来越多的学者的推崇（颜鹏飞、王兵，2004；杨文举，2006；魏楚、沈满洪，2007；全炯振，2009；吴琦、武春友，2009；王兵等，2010；李涛，2013；赵林等，2016）。

为了寻求经济增长的根源，基于全要素生产率的测度和分解受到了越来越多的学者的重视和广泛应用。其中，较为常用的方法主要有 Luenberger 生产率指数、ISP 生产率指数、Malmquist 生产率指数，以及 Malmquist - Luenberger 生产率指数。由于这些指标具有可分解性，能对全要素生产率进行更好的源泉挖掘，受到学者们的广泛推崇。接下来，我们将着重介绍这几种方法。

### 6.1.1　几种生产率指数的简单介绍

Luenberger 生产率指数法是由 Chambers 等（1998）发展的一种比较一般化的生产率测度方法，该方法可分解为两个部分，技术效率变化和技术变化，该方法的应用在涉及坏产出（如环境污染、不良贷款等）的情况下使用较为广泛。但由于计算结果反映的是加总层面的指数，无法反映出单个投入要素对全要素生产率的贡献和影响，因此不利于挖掘全要素生产率变化的影响因素（张少华、蒋伟杰，2014）。

Malmquist - Luenberger 生产率指数，是 Chung 等（1997）根据 Luenberger（1995）短缺函数思想，将包含坏产出的方向距离函数应用于 Malmquist 模

型,并得出的 Malmquist 指数。

ISP(Input Slack - Based Productivity)生产率指数是 Chang 等(2012)将投入导向型方向性距离函数和 Färe - Lovell 效率测度方法相结合,从而对传统的 Luenberger 生产率指数进行了改进,弥补了 Luenberger 生产率指数无法识别单个要素投入对全要素生产率变化的贡献与影响,有利于识别关键影响因素(张少华、蒋伟杰,2014)。

以上三个指标常被用于测量金融、银行、能源、环境等包含坏产出的全要素生产率的测度,而对城市全要素生产率的测度较为常用的方法为 Malmquist 生产率指数法。本研究对民族地区城市全要素生产率的测度和分解也将采用此种方法,因此,接下来我们将对 Malmquist 生产率指数法的几种分解方法进行介绍。

### 6.1.2　Malmquist 生产率指数

Malmquist 生产率指数是由 Malmquist(1953)提出来的,利用距离函数的比率来计算投入指数。后经 Caves, D. L. & Diew art, E. (1982)应用到生产理论中,并称其为 Malmquist 生产率指数。Arcelus, F. J. & Aro zena, P. (1999)曾指出,与 Tornqvist 指数和 Fisher 指数相比,Malmquist 指数具有以下优点:Malmquist 指数可以把生产率的变化原因分为技术变化与效率变化;不需要价格资料,从而可以避免价格信息不对称所引起的问题;可以利用多数投入与产出变量;不需要成本最小化和利润最大化等条件(金相郁,2006)。

Färe R 等(1992)提出了基于 DEA 模型的 Malmquist 生产率指数方法来研究生产率,由于该种方法能将生产率进行分解,更有利于对生产率的源泉挖掘,在实证应用中得到了学者们的推崇(郭庆旺、赵志耘、贾俊雪,2005;李郇、徐现祥、陈浩辉,2005;金相郁,2006;高春亮,2007;刘建国、李国平,2012,等)。从 Malmquist 生产率指数的分解方法来看,主要有以下四种(成刚,2014):

(1)Färe R 等(1992)的分解方法

Färe R 等(1992)采用 CRS 径向 DEA 模型来进行 Malmquist 指数的分解,即在规模报酬不变的假设下,将其分解为技术效率变化($EC$)和技术变化

（*TC*）。其中，技术效率包含了规模效率成分，因此通常被称为综合技术效率。其表达式为，

$$MI = EC * TC$$

（2）Färe R 等（1994）的分解方法

Färe R 等（1994）在 Färe R 等（1992）分解方法的基础上，通过 VRS Malmquist 和 CRS Malmquist 得出不同的效率变化值，将 Färe R 等（1992）分解方法中的 *EC* 进一步分解为纯技术效率变化（*PEC*）和规模效率变化（*SEC*）。其表达式为，

$$MI = EC * TC = PEC * SEC * TC$$

（3）Ray S C 和 Desli（1997）的分解方法

Ray S C 和 Desli（1997）将 CRS 模型得出的 Malmquist 指数分解为纯效率变化（*PEC*）、纯技术变化（*PTC*）和规模变化因子（*SCH*）。其表达式为，

$$MI = PEC * PTC * SCH$$

（4）Zofio（2007）的分解方法

Zofio（2007）的分解方法可视为在 Färe R 等（1994）的分解方法的基础上，将 *TC* 进一步分解为纯技术变化（*PTC*）和规模技术变化（*STC*）。其表达式为，

$$MI = PEC * SEC * TC = PEC * SEC * PTC * STC$$

以上四种 Malmquist 指数分解方法中，较常用的是 Färe R 等（1992，1994）的分解方法。综合数据可得性、计算软件和可操作性，本研究将借鉴 Färe R 等（1994）的分解方法来研究民族地区城市全要素生产率。

## 6.2 民族地区城市全要素生产率的测度与结果分析

### 6.2.1 民族地区城市全要素生产率的测度结果

根据 DEA 模型对样本的要求，本研究选择民族地区地级市中数据收集完备的 43 个城市的市辖区作为研究对象，作为 DEA 模型中的决策单元。选取的研究期间为 2005—2014 年，研究所涉及的数据主要来自 2005—2015 年的《中国城市统计年鉴》。在民族地区城市全要素生产率的计算中，本研究

采用 Colelli(1996)给出的数据包络分析 DEAP 2.1 计量软件进行计算,并采用投入导向(Input – Orientated)的方式对全要素生产率进行核算。在 DEA 模型中,本研究的投入要素为资本存量和劳动力,产出为地方生产总值(GDP)。其中,资本存量和劳动力投入指标的计算参照张军等(2004)的做法。计算过程中所涉及的固定资产投资和地区生产总值(GDP)则以 2000 年为基期进行了价格指数的调整以及相关计算。

### 6.2.2　民族地区城市全要素生产率及分解指标演变

我们首先对民族地区 43 个城市和全国 285 个城市在 2005—2014 年的全要素生产率进行了算术平均值计算(见表 6 – 1),以期通过与全国整体全要素生产率的比较,使我们更为全面地了解民族地区城市全要素生产率的变化情况。

**表 6 – 1　2005—2014 年城市全要素生产率均值结果对比**

| | 技术效率(*effch*)均值 | 技术变化(*techch*)均值 | 纯技术效率(*pech*)均值 | 规模效率(*sech*)均值 | 全要素生产率(*tfpch*)均值 |
|---|---|---|---|---|---|
| 全国 | 0.9695 | 1.0133 | 0.9731 | 0.9968 | 0.9823 |
| 民族地区 | 0.9726 | 1.0176 | 0.9808 | 0.9923 | 0.9895 |

数据来源:作者根据 285 个城市全要素生产率计算结果整理得到。

总体上看,研究期间,民族地区与全国的全要素生产率水平均呈下降状态,且民族地区的下降幅度低于全国平均水平。我国民族地区 43 个地级及以上城市在 2005—2014 年的全要素生产率(*tfpch*)的动态变化均值为 0.9895,这表明 2014 年较 2005 年城市全要素生产率下降了 1.05%。而全国 285 个城市的同期全要素生产率的变化均值为 0.9823,下降了 1.77%。

从全要素生产率的分解指数均值来看,民族地区和全国的城市技术进步有明显改善,其中民族地区的技术进步略高于全国平均水平,但由于技术效率的下降"拖累",使得全要素生产率呈下降状态。2005—2014 年,不管是民族地区还是全国,技术变化(*techch*)的动态变化均值大于 1,而技术效率及其分解指标的均值均小于 1。这表明,全要素生产率下降的贡献来源于技术效率(*effch*)动态平均值的下降。表 6 – 1 显示,民族地区技术效率动态变化均值为 0.9726,下降了 2.74%,下降幅度低于全国的 3.05%。并且,民族地区的技术效率分解指标均呈下降状态，纯技术效率下降了1.92%，低于全国的下降幅度2.69%；规模效率下降了0.77%，高于全国的下降幅度0.32%。与技术效率的变化方向相反，民族地区技术变化（*techch*）的均值上升了1.76%，高于全国的上升幅度1.33%。

以上分析表明，民族地区在2005—2014年，全要素生产率并未得到改善。技术效率总体呈下降状态，且两个分解指标纯技术效率和规模效率均呈下降状态，这说明我国民族地区的城市市辖区的经济增长仍属于技术粗放使用状态，现有生产能力的利用程度较低，即在现有技术水平下未能对资源进行充分挖掘与合理配置。但技术变化的改善也表明，技术进步是民族地区城市经济发展的真正动力。

### 6.2.3 民族地区城市间全要素生产率差异及演变

本章节所选的43个民族地区城市在2005—2014年的全要素生产率表现特征与总体特征存在差异，这些差异源自技术变化还是技术效率变化，需要我们进一步的研究论证，也是确定民族地区各个城市努力方向的关键。

**表6－2 民族地区43个城市全要素生产率均值的统计特征**

| 指标 | 均值 | 标准差 | 最小值 | 最大值 | 上升个数 | 不变个数 | 下降个数 |
|---|---|---|---|---|---|---|---|
| *effch* | 0.9726 | 0.0357 | 0.867 | 1.064 | 7 | 0 | 36 |
| *techch* | 1.0176 | 0.0213 | 0.985 | 1.064 | 32 | 0 | 11 |
| *pech* | 0.9808 | 0.0432 | 0.877 | 1.122 | 12 | 0 | 31 |
| *sech* | 0.9923 | 0.0302 | 0.889 | 1.098 | 19 | 0 | 24 |
| *tfpch* | 0.9895 | 0.0401 | 0.875 | 1.067 | 16 | 0 | 27 |

数据来源：作者根据43个城市全要素生产率计算结果整理得到。

如表6－2所示，本研究的43个民族地区城市，以全要素生产率下降为主要特征。其中全要素生产率有明显改善的城市为16个，说明研究期间，我国民族地区有不到2/5的城市经济增长伴随着全要素生产率的改善，但有超过3/5的城市的全要素生产率出现下降。我们从城市全要素生产率的均值小于1的统计结果也可以看出民族地区的大多数城市的全要素生产率并未随着城市经济增长而得到改善。从标准差结果显示，民族地区城市之间的生产率增长水平差异不大，标准差仅为0.0401。增长最快的城市是通辽市，其全要素生产率为 1.067，而生产率下降最快的城市是来宾市，其全要素生产率为 0.875。

从全要素生产率的技术变化来看，2005—2014 年，民族地区城市全要素生产率的技术变化以增长为主要特征，43 个城市的技术变化均值达到 1.0176。其中，有 32 个城市实现了技术进步，占研究城市总数的 74.42%。城市之间技术变化的差距相对较小，标准差仅为 0.0213，技术变化最小值为 0.985，最大值为 1.064。其中，石嘴山（1.062）、丽江（1.045）、鄂尔多斯（1.047）和通辽（1.064）的技术进步最快。

从全要素生产率的技术效率来看，2005—2014 年，民族地区城市全要素生产率的技术效率变化以下降为主要特征，43 个城市的技术效率变化均值为 0.9726。其中，有 36 个城市的技术效率变化小于 1，占研究城市总数的 83.72%。城市间个体差异较小，技术效率均值的标准差为 0.0357，最小值为 0.867，最大值为 1.064。

从全要素生产率的技术效率分解来看，民族地区的纯技术效率和规模效率均以下降为主要特征，他们的变化均值分别为：0.9808、0.9923。其中，纯技术效率下降的城市有 31 个城市，占总数的 72.09%；规模效率下降的有 24 个城市，占总数的 55.81%。从表 6 - 2 中的标准差、最大值和最小值的结果来看，城市间的纯技术效率与规模效率差异较小。可以看出，民族地区城市总体的技术使用效率较低，尚未形成一定的规模经济。这与民族地区以中小城市为主的特征相关，“后发优势”的效率有待进一步提高。

为了更好区分不同城市全要素生产率的影响因素，我们根据全要素生产率及其分解指标的变化，对研究期间民族地区城市进行如下分类，共计 12 小类：

（1）全要素生产率提升、技术进步、技术效率提升、纯技术上升、规模效率下降，如通辽、鄂尔多斯、六盘水；

（2）全要素生产率提升、技术进步、技术效率提升、纯技术下降、规模效率上升，如呼和浩特；

（3）全要素生产率生产提升、技术进步、技术效率下降、纯技术上升、规模效率下降，如呼伦贝尔、中卫；

(4)全要素生产率生产提升、技术进步、技术效率下降、纯技术下降、规模效率上升,如乌海、贵阳、遵义、临沧、克拉玛依;

(5)全要素生产率生产提升、技术进步、技术效率下降、纯技术下降、规模效率下降,如丽江、石嘴山;

(6)全要素生产率提升、技术退步,技术效率上升、纯技术效率上升、规模效率上升,如乌鲁木齐、西宁、银川;

(7)全要素生产率下降、技术进步、技术效率下降、纯技术效率下降、规模效率下降,如巴彦淖尔、乌兰察布、防城港、钦州、玉林、百色、河池、来宾、崇左、吴忠;

(8)全要素生产率下降、技术进步、技术效率下降、纯技术效率下降、规模效率上升,如包头、赤峰、南宁、柳州、梧州、北海、贵港、昆明;

(9)全要素生产率下降、技术进步、技术效率下降、纯技术效率上升、规模效率下降,如贺州;

(10)全要素生产率下降、技术退步、技术效率下降、纯技术效率下降、规模效率上升,如桂林、曲靖;

(11)全要素生产率下降、技术退步、技术效率下降、纯技术效率上升、规模效率下降,如保山、昭通、固原;

(12)全要素生产率下降、技术退步、技术效率下降、纯技术效率下降、规模效率下降,如安顺、玉溪、普洱。

从以上分类可以看出,全要素生产率提高的16个城市中,由技术进步推动的有13个城市,占81.25%,只有3个城市,即占18.75%的城市是由技术效率推动的全要素生产率的提高。技术效率推动全要素提高的城市均为省会城市,分别为乌鲁木齐、西宁和银川。全要素生产率下降的城市有27个,单纯由技术效率下降导致全要素生产率下降的城市(这些城市的技术变化大于1)有19个,占70.37%,而占29.63%的城市是由技术退步和技术效率下降共同导致的全要素生产率下降,其中所有分解指标均呈下降状态的城市有3个,分别是安顺、玉溪和普洱。从技术效率分解来看,其中,只有贺州(占3.70%)是由单纯的规模效率下降导致全要素生产率下降,有8个城市(占29.63%)单纯由纯技术效率下降导致全要素生产率下降。由此可见,民族地区的城市全要素生产率，以技术进步推动全要素生产率提高和技术效率下降导致全要素生产率下降为主要表现特征。从技术效率导致的全要素生产率下降的分解来看，又以纯技术效率下降导致全要素生产率下降为主要特征。因此，在今后的民族地区城市经济的发展中，我们要以技术进步为主导，以提升纯技术效率为突破口来解除技术效率对全要素生产率的抑制作用。

### 6.2.4　民族地区全要素生产率年度平均变化趋势分析

我们将从全要素生产率年度均值变化特征来描述2005—2014年民族地区城市全要素生产率的变化趋势，如表6－3、图6－1所示。

**表6－3　2005—2014年民族地区城市全要素生产率年度均值**

| | *effch* | *techch* | *pech* | *sech* | *tfpch* |
|---|---|---|---|---|---|
| 2005年 | 1.0623 | 1.0235 | 1.0401 | 1.0331 | 1.0743 |
| 2006年 | 1.0409 | 0.9616 | 1.0276 | 1.0587 | 0.9982 |
| 2007年 | 1.0724 | 0.9418 | 1.1034 | 0.9884 | 1.0098 |
| 2008年 | 1.0442 | 0.9697 | 1.1264 | 0.9568 | 1.0139 |
| 2009年 | 1.0133 | 0.9765 | 1.0072 | 1.0199 | 0.9893 |
| 2010年 | 0.9093 | 1.0977 | 0.9705 | 0.9446 | 0.9938 |
| 2011年 | 1.1089 | 0.9913 | 1.0749 | 1.0368 | 1.1054 |
| 2012年 | 0.9606 | 0.9531 | 0.9013 | 1.0687 | 0.9134 |
| 2013年 | 0.9837 | 0.9561 | 0.9736 | 1.0131 | 0.9397 |
| 2014年 | 0.6926 | 1.3900 | 0.7996 | 0.9099 | 0.9555 |
| 均值 | 0.9726 | 1.0176 | 0.9808 | 0.9923 | 0.9895 |

数据来源：作者使用DEAP 2.1计算得到。

总体上看，2005—2014年，全要素生产率在2005年的均值为1.0743，降为2006年的0.9982，之后逐步上升到2008年的1.0139，然后降为2009年的0.9893，再逐步上升到2011年的1.1054，最后降为2012的0.9134，之后到2014年仍未突破1，这期间呈现出三个波谷两个波峰的总体特征。

我们可以从时间上分阶段，从全要素生产率的分解指标变化来寻找全要素生产率提高或降低的原因。第一阶段，从2005—2006年来看，全要素生产率指数为0.9982，下降了0.18%，而其分解指标中，只有技术变化的值小于1。因此，这期间的全要素生产率的下降单纯受制于技术退步；第二阶段，从2006—2008年来看，全要素生产率分别提高了0.98%和1.39%，而这期间的技术效率和纯技术效率的值大于1，其他均为负，这说明该阶段的城市效率提升源自技术效率的提升，且单纯由技术效率推动；第三阶段，2008—2010年，2009年和2010年的全要素生产率分别下降了1.07%和0.62%，但原因不同，2009年是由于技术退步导致城市全要素生产率下降，2010年是由于技术效率下降导致城市全要素生产率下降；第四阶段，2010—2011年，全要素生产率提高了10.54%，是研究期间的最高值，因技术变化的值小于1，因此主要是技术效率的提高抬升了全要素生产率；第五阶段，2011—2014年，全要素生产率均呈下降状态，分别降低了8.66%、6.03%和4.45%，2012和2013年是技术退步和技术效率下降共同作用导致全要素生产率下降，2014年，技术进步是研究期间的最大值，提高了39.00%，但由于技术效率的“拖累”，使得全要素生产率仍呈下降状态。

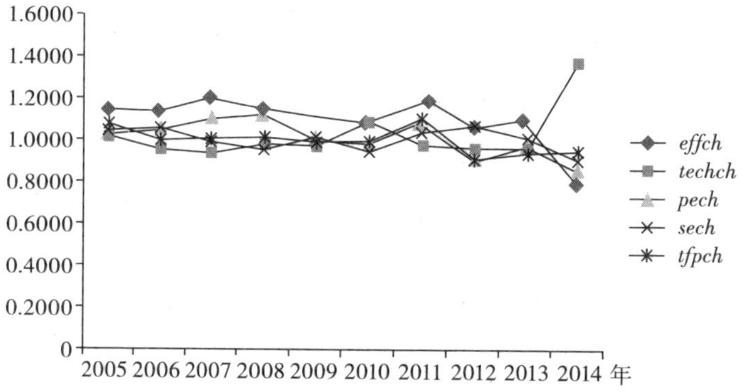


**图6-1　2005—2014年民族地区城市全要素生产率年度均值变化趋势**

数据来源：作者根据2005—2014年民族地区43个城市全要素生产率计算结果整理得到。

将民族地区城市与全国城市全要素生产率的同期年度均值变化进行对比（见图6-1、图6-2），我们可以看出，总体而言，其他指标均围绕全要素生产率上下波动，但与全国的城市全要素趋势图相比，民族地区城市波动较大。从各指标走势曲线来看，亦存在明显差异。首先，从全要素生产率曲线来看，全国的曲线较为平缓，民族地区在2011年和2012年分别出现了一个明显的波峰和波谷。其次,从技术变化曲线来看,民族地区和全国均出现一个明显的波峰,分别在 2010 年和 2009 年,民族地区的波峰滞后于全国地区,但两者的最大值均出现在 2014 年,且民族地区(1.390)的极值大于全国地区(1.334)。其次,从技术效率及其分解来看,全国地区技术效率曲线表现出与全要素曲线趋同态势,纯技术效率与规模效率的走势基本吻合;而民族地区的纯技术效率曲线与规模效率曲线则围绕技术效率曲线呈现较大幅度波动态势。由此可见,与全国相比,民族地区城市总体经济增长相对较快,但也伴随着相对不稳定的全要素生产率水平,其整体的稳定增长特质不如全国整体水平。

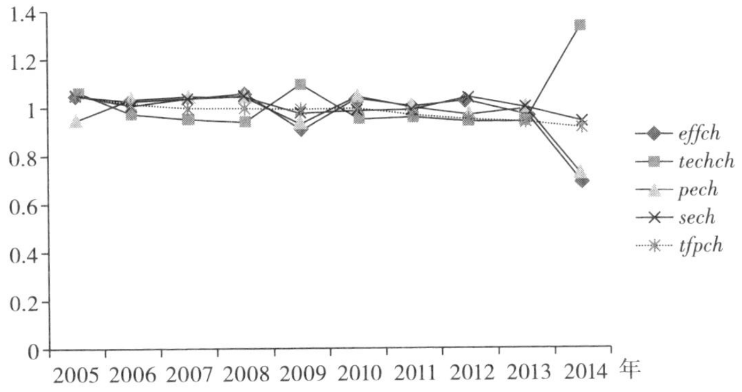


**图 6－2　2005—2014 年全国城市全要素生产率年度均值变化趋势**

数据来源:作者根据 2005—2014 年全国 285 个城市的全要素生产率计算结果整理得到。

## 6.3　本章小结

本章节通过对生产率测度方法的回顾与比较研究,根据对民族地区现实问题解释力的具体需求,本研究选取了 DEA 模型中的 Färe R 等(1994)对生产率的计算与分解方法,通过民族地区生产率的分析以及与全国的对比分析,得出以下结论:

(1)2005—2014 年,民族地区与全国的全要素生产率水平均呈下降状态,且民族地区的下降幅度低于全国平均水平。

(2)2005—2014 年,民族地区城市技术进步有明显改善,略高于全国平均水平，但由于技术效率的下降“拖累”，使得全要素生产率呈下降状态。

可见，民族地区在2005—2014年，全要素生产率并未得到改善，技术效率的利用程度总体呈下降状态，且两个分解指标纯技术效率和规模效率均呈下降状态，这说明我国民族地区的城市市辖区的经济增长仍属于粗放技术使用状态，在现有技术水平下未能对资源进行充分挖掘和合理配置。但技术变化的改善也表明，技术进步是民族地区城市经济发展的真正动力。

(3)通过对全要素生产率的动态分析可以看出，民族地区城市全要素生产率，以技术进步推动全要素生产率提高和技术效率下降导致全要素生产率下降为主要表现特征。从技术效率导致的全要素生产率下降的分解来看，又以纯技术效率下降导致全要素生产率下降为主要特征。因此，在今后的民族地区城市经济的发展中，我们要以技术进步为主导，以提升纯技术效率为突破口来解除技术效率对全要素生产率的抑制作用。

(4)通过对全要素生产率的年均变化趋势的对比分析表明，2005—2014年，民族地区全要素生产率呈现出三个波谷两个波峰的总体特征，不同阶段全要素生产率的变化受不同的分解指标的影响。但总体来看，技术进步是全要素生产率提高的核心推动力，但由于技术效率的“拖累”，使得整体生产率呈下降趋势。从与全国城市的全要素生产率变化的比较来看，民族地区的波动相对较大，各分解指标曲线走势亦存在明显差异。可见，与全国相比，民族地区城市总体经济增长相对较快，但也伴随着相对不稳定的全要素生产率水平，其整体的稳定增长特质不如全国整体水平。

# 第7章　产业结构与民族地区城市经济增长
## ——基于专业化、多样化视角

城市产业发展是民族地区经济增长、就业创造和民生改善的核心支撑，也是民族地区如期实现全面建成小康社会和实现“两个一百年”奋斗目标的内生动力来源。针对民族地区产业发展的方向问题，2014年中央民族工作会议明确提出“民族地区要大力发展特色优势产业，把优势资源开发好、利用好，推动产业结构上水平”。同时，“五个发展”理念也对民族地区产业结构变迁路径提出了要求。针对民族地区的产业发展问题，现有的政策设计思路主要体现为“本地禀赋”加“外部承接”，该种思路面临两个困难：一方面，基于本地禀赋的产业设计是否具有足够的市场需求，并且在本地需求规模有限的情况下，比较优势导向的专业化发展容易受到外部市场波动的影响；另一方面，基于外部承接的产业选择不仅面临移植产业的本地匹配问题，而且还面临着发达地区迁出产业普遍存在的能耗和污染问题。以民族地区普遍设定为支柱产业的旅游产业为例，受限于民族地区本地产业要素供给能力的缺失，民族地区旅游产业发展面临着较为严重的旅游漏损问题，并且旅游需求波动也给本地旅游发展带来了风险，从而导致政策层面大力推动旅游小城镇建设，但本地民众参与不足的现象的出现。因此，在“五个发展”理念下，如何借由产业政策引导和市场能动选择，综合权衡本地禀赋和市场需求，实现城市产业结构变迁，是民族地区当前面临的重要现实问题。本章将通过既往城市产业结构与民族地区经济增长和就业改善关系的实证研究，识别民族地区城市产业政策选择的可操作策略。

结合民族地区经济社会发展的实际情况和新背景下融入“一带一路”倡议的目标要求，可以将民族地区在“十三五”期间的产业发展策略界定为：基于对内对外开放和打造外向型经济的发展思路,积极提升开放型经济在软件和硬件层面互联互通的连接能力和保障能力,创建本地禀赋优势融入外向型经济的有效关联,体现经济发展方式转型,实现经济健康可持续发展和民生改善。为此,"十三五"期间,如何实现民族地区本地现有产业和禀赋优势的外向型发展,是民族地区"协调发展"和"开放发展"的核心问题,该问题在经济学中的科学表述是"市场要素自由流动、政府干预与要素本地集聚和经济发展"。基于要素在本地集聚的动力机制,当地政府通常采取两类介入机制。一是降低要素在本地集聚并进行生产活动的成本,这既涉及税收、地租、水电、物流等生产经营的直接支出,也涉及行政审批、市场准入门槛等的交易成本。二是提高要素本地集聚的盈利能力,这主要涉及企业从要素集聚中获得规模经济的能力,如知识溢出、劳动力市场窖藏等。针对第一种介入机制,民族地区在地租等费用上具有一定优势,通过改善基础设施的互联互通能力降低了本地企业的交通运输成本,并且凭借内陆开放型经济试验区和综合保税区等开放载体,有效扩大了能降低企业经营成本的政策空间。但第一类政策面临着激烈的区际竞争,在着眼于需求管理的区域发展政策阶段,各地区在企业的税负政策、环境准入政策方面,以及国家政策方面展开激烈竞争。因此,第一类介入要素集聚的政策在未来将是不可持续的,并且即便在当前阶段,民族地区的此类政策相对于其他地区也不具备显著的优势。针对第二类政策,当地政府着眼于提升要素集聚的规模经济。理论研究结论显示,要素集聚与规模经济和区域经济发展之间并非简单的线性关联,而是体现为"马歇尔外部性"和"雅各布斯外部性"的争论(Beaudry C & Schiffauerova A,2009),并且在此基础上又衍生为"相关多样化""不相关多样化"还是"专业化"的讨论。因此,民族地区在促进要素本地集聚以推动经济增长的政策实践中,需要意识到依靠政策优势降低要素生产成本的介入思路是不可持续的,同时也需要明确并非所有的外部要素在本地的集聚都有助于获得规模经济和经济发展。基于此,本章着力解决的问题是如何基于民族地区当前的禀赋优势,通过政策精准介入,在"一带一路"倡议背景下实现适宜的本地集聚,实现经济发展和民生改善。具体而言,本书将通过分析相关多样化、不相关多样化、专业化与民族地区经济发展的关系,确定民族地区城市产业发展政策层面的介入策略。

## 7.1 专业化、多样化与民族地区经济增长的理论机制分析

### 7.1.1 产业结构与地区经济增长的理论研究背景

从产业结构与民族地区经济增长的理论研究来看,既往研究主要沿着三次产业结构划分展开分析三次产业结构与就业、城市化、经济增长的关系。马子量和麻建学(2016)利用PVAR模型实证检验了民族地区产业结构与城市化的互动过程,其研究结论认为第二产业和第三产业发展能够有效推动民族地区城市化进程。杨霞和单德朋(2012)利用三次产业就业弹性指数分析了民族地区产业结构与就业吸纳力的关系,发现第二产业的就业吸纳能力相对不足,民族地区就业改善对第一产业发展倚重较大。也有学者研究了某一特殊行业部门对民族地区经济增长的影响,如钱力和管新帅(2012)分析了农业特色优势产业与民族地区经济发展的关系,认为发展本地特色产业以及培育具有较好市场前景的产业更有助于民族地区产业结构变迁和经济发展。从三次产业角度或者某一行业部门角度展开的相关研究能够对产业发展和民族地区经济增长的相关关系进行有效识别,但其主要不足在于政策指向性不明确。无论是宽泛的第一产业,还是具体的某一特色优势行业部门,都无法在缺乏前后产业链和内外部需求支撑的情况下单独发展。因此,考虑到行业部门间的关联,本章基于要素集聚理论,使用专业化、相关多样化和不相关多样化指数来反映产业结构变迁。该范式不仅可以有效体现行业部门间的关联,更重要的是该范式能够使用"认知距离"概念,体现行业部门结构变迁的递进演化路径。

产业结构的专业化和多样化的区别主要体现为集聚外部性的差异。"马歇尔外部性"认为相似行业有助于产业间的知识转移,降低投入和产出的交易成本,并且能够使企业从更有效的劳动力市场中受益,这将导致产业的专业化集聚,即同类企业在地理空间上的集聚。而"雅各布斯外部性"认为多样性是实质性创新的主要驱动力,因为产品和劳动力越多样化,经济体创造新产品和服务的能力越强。Glaeser 等(1992)将 Marshall(1890),Arrow

(1962)和Romer(1986)对于要素专业化集聚的分析归纳为Marshall-Arrow-Romer(MAR)模型,MAR模型认为区域产业集聚能够推动区内相同产业企业之间的知识溢出和创新活动。这种专业化鼓励知识、信息、创意以及产品和生产流程通过模仿、商业往来、技术人员交流等非货币沟通形式进行交换(Saxenian,1994)。然而,企业间的知识溢出仅发生在同类或者相似企业之间,因此知识溢出仅在具有同类企业集聚的地区出现。相似产业的地理集聚也会使得劳动力更有能力规避商业不确定和需求波动对就业的负面影响。Gläeser等(1992)进一步指出,本地垄断比本地竞争的市场结构更有利于经济增长,因为本地垄断能够有效限制创意的外流,并将集聚的正外部性内部化。因此,MAR模型认为由于垄断能够保护创意,并且允许企业获得创新所带来的成本加成能力,本地垄断的市场结构要优于本地竞争。此类产业间的溢出被称为专业化外部性或者马歇尔外部性。Marshall还给出了地理集聚的另外两种好处,即劳动力市场集中和降低交易成本。地理集聚的同类企业能够共享基础设施和劳动力装备,从而产生规模经济和马歇尔外部性(Krugman,1991)。劳动力的市场集中则主要体现为同类企业的地理集聚会产生大量的就业机会,从而有助于规避劳动力的失业风险,而这些劳动力的流动也产生了知识溢出。

然而Jacobs(1969)则认为知识溢出的最大来源并非发生于同类企业的集聚,而是源于不同行业间企业的交互。Jacobs强调了多样化行业的地理集聚能够推动知识溢出,从而促进创新和经济增长。一个更为多样化的行业网络的地理接近能够推动不同行业进行相互模仿,共享和重构互补的知识和创意。更多多样化的经济体有助于不同行业间的知识交换,从而构成产生创造新行业和新产品的必要条件(Harrision et al.,1996)。Combes(2000)认为该种说法假定知识交互的各个部门在技术上相互接近,一个行业的创新能够影响另外一个行业的产品生产。Jacobs将多样化而非专业化看作是经济增长的主要机制。多样化的本地生产结构能够带来雅各布斯外部性,有利于经济增长。Jacobs还进一步认为竞争性的市场结构更为有利于城市和企业的经济增长,因为市场竞争能够激励企业进行创新,并加速技术吸收和产品转化过程。

马歇尔外部性和雅各布斯外部性都认为企业的地理集聚有助于经济增长,但对于地理集聚影响经济增长的机制有着不同的看法。马歇尔外部性认为,知识溢出产生于同类行业之间,而雅各布斯外部性则认为多样化行业的集聚更有助于行业间的知识溢出,从而推动经济增长。同时雅各布斯外部性认为竞争性的行业结构更有助于经济增长,而 MAR 模型则认为竞争将会增加企业创新被其他企业模仿的可能性,从而不利于企业的主动创新。因此,马歇尔外部性、雅各布斯外部性与经济增长和创新的关联机制较为复杂,“经济活动多样化、专业化与技术变迁和经济增长的关系”关乎区域发展政策的制定。

从实证研究的结论来看,专业化集聚、多样化集聚与经济增长的关系并没有形成统一的看法。即便控制了样本的差异、测度指标和实证方法的差异,依然不能得出马歇尔外部性还是雅各布斯外部性更有利于创新和经济增长的有力结论,这也给区域政策的制定带来了困扰。基于上述争论,有学者开始考虑构建新的理论框架来统一不同的实证结论。目前的主要做法是在专业化和多样化之外,引入相关多样化和不相关多样化,从而对集聚外部性的类型和功能进行更为细致的刻画。引入相关多样化和不相关多样化之后,相关多样化更有利于新产品创新、新市场开拓和就业增长,而不相关多样化则体现出分散投资的作用,对部门间失业的溢出进行有效规避。相关多样化和不相关多样化将既往多样化的类型和影响效果进行了进一步细分。同时,现有观点依然认为同类要素的专业化集聚有利于改善企业的生产效率。

### 7.1.2　基于专业化、多样化产业集聚的理论机制解析

从前文综述部分对集聚与经济发展的理论和影响机制来看,集聚外部性对城市经济的影响主要有专业化外部性和多样化外部性,其传导机制主要是通过知识溢出带来的创新,影响城市经济发展。具体影响机制如下:

(1)专业化对城市经济发展的影响机制

对于城市而言,首先在有限的地理区位上,同类企业的集聚能共享基础设施和劳动力市场,可以产生规模经济和规避劳动力的失业风险,从而有利

于城市整体经济的发展。其次，城市产业的专业化集聚促进了知识、信息的交换，产品的生产模仿、公司企业之间的生意往来，以及公司内部的技术人才的循环，加速了企业之间的合作与思想的碰撞，从有利于创新的视角推动了城市经济的发展。但是，随着城市规模的扩大，城市专业化带来的利好将被专业化本身的认知锁定和城市的拥挤效应冲淡甚至逆转。

(2)多样化对城市经济的影响机制

多样化的产业集聚有利于行业间互通有无，不同行业的公司企业由于地理上的邻近，将会使他们有更多的机会相互模仿和相互学习，能有更多的机会进行技术交流，并激发创新，从而实现对城市经济的推动。但是多样化产业集聚要实现对城市经济的正向促进，需要在具有一定规模的城市经济活动的基础上实现，因为经济活动越多，越有利于不同行业之间的知识交互，从而激发创新，促进城市经济发展。

由于多样化产业集聚对经济的实证影响并不统一，因此，Frenken 等(2007)借鉴了 Nooteboom(2000)的"认知距离"概念，将多样化划分为相关多样化和不相关多样化，与最初的专业化 - 多样化的二分法相比，为集聚外部性提供了更细致的理论机制解释。他们认为，知识溢出只会出现在一系列能力互补的产业部门之间，因此，只有相关多样化产业的公司企业之间由于能力互补、产业链的联系，才更有利于多样化的知识交互，有利于实现创新，促进城市经济增长。而不相关多样化的产业集聚则由于公司、企业之间不存在能力互补和产业链联系，在面临经济冲击时，不易波及其他行业，使整个城市经济面临危机。因此，从组合效应规避风险的视角来看，不相关多样化是有利于整体经济的稳定与发展的。Castaldi 等(2013)从创新推动经济发展的视角出发，将不相关多样化与相关多样化对经济发展的影响机制进行了进一步的梳理。他们将创新分为一般创新和完全创新，认为相关多样化的企业集聚可以使他们在管理、技术等方面相互学习、互补，从而重组出新的东西，即一般创新，这种创新只是在稍微改变、改进或重组原有的技术、管理等基础上实现的，企业之间只要互利合作即可实现，相互承担的风险较小，可行性较大。而在技术层面完全不相关的企业的集聚，由于某种机缘巧合相互碰撞，偶然产生的一些新东西，这种创新具有彻底性，要实现这种创新风险较大,且创新成功的可能性较小,不过一旦成功,将会带来丰厚的利润。因此,技术的相关性有利于且较容易促进创新,因为相关的技术更容易结合起来并产生新的技术,而不相关多样化有利于技术的突破创新或者根本性的创新。因此,不相关多样化除了在组合效应层面有利于城市经济的发展以外,不同行业、企业之间通过碰撞交互实现的创新亦可推动城市经济发展。

### 7.1.3　专业化、多样化产业集聚对城市经济增长的研究假说

通过上述专业化、多样化产业集聚对城市经济发展影响机制的分析,我们可以得出以下假设推论。

推论1:专业化产业集聚对城市经济增长的影响存在非线性,当城市规模相对较小时,其对城市经济增长具有积极的正向作用,但随着城市规模的扩大,专业化对城市经济增长的影响不断减弱,甚至具有阻碍作用。多样化对城市经济发展的影响作用受城市规模的影响,多样化可能不利于规模较小的城市经济发展,但有利于较大规模城市经济的发展。

推论2:从知识溢出的视角来看,由于不相关多样化与相关多样化对城市经济发展的影响机制存在差异,因此它们对城市经济发展的作用方向、程度也存在差异。

作为民族地区,首先从地理单元来看,族群多样性、文化多样性和消费多样性的特征足以将其视为一个研究整体;其次,在西部大开发战略和少数民族文化传统保护、生态环境保护的政策限制下,民族地区的产业结构布局相较于其他地区具有其独特性;再者,民族地区"地广人稀"的地域特点使得集聚经济的发展呈现出更为复杂的情况。目前国内关于相关多样化和不相关多样化的研究相对较少(苏红键、赵坚,2012;孙晓华、柴玲玲;2012),关于民族地区的产业相关多样化、不相关多样化对民族地区经济的影响的研究相对缺失,而民族地区经济发展对实现全面小康又具有决定性的作用,因此,在经济新常态及多样性是民族地区一大优势等经济发展背景下,对民族地区进行产业多样性与区域经济发展的研究更是迫在眉睫,这也是本书研究的意义所在。因此,本书接下来将以民族地区43个地级市作为地域研究

单元,利用第5章对专业化多样化的测度结果,使用固定效应模型和门限面板模型对民族地区城市产业结构和经济增长的关系进行实证检验,并使用就业规模作为经济增长的代理变量,对民族地区城市产业结构和经济增长的关系进行稳健性检验,以期为集聚经济理论机制提供实证支持。

## 7.2 产业结构与经济增长的实证模型设计

鉴于现有实证研究认为专业化、相关多样化、不相关多样化与经济增长的关系在短期和长期存在差异,并且因经济发展阶段而不同,也因各地区的背景差异而不同。本书使用门限面板模型对现有实证框架进行逻辑统一,该模型的初始设定和检验方法由Hansen(1999)给出。模型的初始设定为:

$$y_{it} = \alpha_i + \beta_1 ' x_{it} I(q_{it} \leqslant \gamma) + \beta'_2 x_{it} I(q_{it} > \gamma) + \varepsilon_{it} \tag{7.1}$$

其中,下标 $i$ 表示某个样本,在本书中表示43个民族地区市辖区之一,下标 $t$ 表示某个时间点。$y_{it}$表示被解释变量,$q_{it}$表示门限变量,$x_{it}$表示由解释变量构成的 $k$ 维向量。$I(.)$为示性函数,$\varepsilon_{it}$为随机扰动项,且服从均值为0,方差为 $\sigma^2$ 的独立正态分布,即 $\varepsilon_{it} \sim iid(0,\sigma^2)$。如果存在门槛效应,则当 $q_{it}$ 小于或大于某个特定值 $\gamma$ 时,解释变量的参数估计值 $\beta_1 \neq \beta_2$。在本书模型中,门限变量为民族地区城市产业专业化或者多样化情况,并且待检验的假定为:在不同阶段,专业化、相关多样化、不相关多样化与经济增长的关系存在差异。此外,为了反映专业化、多样化与经济增长关系的动态表现,本章还将时间作为备选门限变量。

利用门限面板模型进行实证分析,必要的参数估计和检验包括:一是对解释变量进行参数估计;二是对是否存在门限效应进行显著性检验;三是对门限个数进行显著性检验;四是对门限估计值进行真实性检验。

Hansen(1999)使用固定效应方法对式(7.1)进行估计,在去除个体固定效应 $\alpha_i$ 后,在给定门限值 $\gamma$ 的情况下,使用最小二乘法对 $\beta$ 进行参数估计。在参数估计时,将式(7.1)重写为:

$$y_{it} = \alpha_i + \beta' x_{it}(\gamma) + \varepsilon_{it} \tag{7.2}$$

其中，$\beta=(\beta'_1\beta'_2)'$，$x_{it}(\gamma)=\begin{pmatrix} x_{it}I(q_{it}\leqslant\gamma) \\ x_{it}I(q_{it}>\gamma) \end{pmatrix}$。$\beta$ 的参数估计值可以由下式得到：

$$\hat{\beta}(\gamma)=(X^*(\gamma)'X^*(\gamma))^{-1}X^*(\gamma)'Y^* \tag{7.3}$$

$X^*$ 和 $Y^*$ 表示去除了个体效应之后的数据集，回归之后的残差为 $\hat{\varepsilon}(\gamma)=Y^*-X^*(\gamma)\hat{\beta}(\gamma)$，相应的残差平方和可以表示为：

$$S_1(\gamma)=\hat{\varepsilon}^*(\gamma)'\hat{\varepsilon}^*(\gamma)=Y^{*\prime}(I-X^*(\gamma)'(X^*(\gamma)'X^*(\gamma))^{-1}X^*(\gamma)')Y^* \tag{7.4}$$

Hansen(2000)认为使上述残差平方和最小的 $\gamma$ 为最接近实际的门限值，即 $\hat{\gamma}=\text{argmin}S_1(\gamma)$，从而解释变量的参数估计值 $\hat{\beta}=\hat{\beta}(\gamma)$，残差 $\hat{\varepsilon}^*=\hat{\varepsilon}^*(\hat{\gamma})$，误差项的方差为 $\hat{\sigma}^2=\frac{1}{N(T-1)}\hat{\varepsilon}^{*\prime}\hat{\varepsilon}^*=\frac{1}{N(T-1)}S_1(\hat{\gamma})$。

利用残差平方和最小的原则确定了单一门限值之后，还需要检验门限效应是否统计显著。其原假设为不存在门限效应，即 $H_0:\beta_1=\beta_2$。由于常规检验并非标准分布，因此在无门限效应的原假设下无法识别门限值。对此，Hansen(1996)使用 bootstrap 方法来模拟固定效应模型似然率检验的渐进分布。在无门限效应的原假设下，检验模型为 $y_{it}=\alpha_i+\beta'x_{it}+\varepsilon_{it}$，经过固定效应转换后可以写为 $y_{it}^*=\beta'x_{it}^*+\varepsilon_{it}^*$。$\beta_1$ 的最小二乘参数估计值为 $\tilde{\beta}_1$，残差为 $\tilde{\varepsilon}_{it}^*$，残差平方和为 $S_0=\tilde{\varepsilon}^{*\prime}_{it}\tilde{\varepsilon}_{it}^*$。原假设的检验统计量可以表示为 $F_1=\frac{S_0-S_1(\hat{\gamma})}{\hat{\sigma}^2}$。

如果在常用显著性水平上拒绝无门槛效应的原假设，接下来就需要检验门限值的参数估计值 $\hat{\gamma}$ 是否是真实门限值 $\gamma$ 的一致估计。由于门限估计值 $\hat{\gamma}$ 的渐进分布也非标准分布，Hansen(2002)利用 $\gamma$ 的似然比率检验统计量来计算 $\gamma$ 的置信区间。原假设为 $H_0:\gamma=\gamma_0$，且似然比率统计量为 $LR_1=\frac{S_1(\gamma)-S_1(\hat{\gamma})}{\hat{\sigma}^2}$，Hansen(2002)证明如果将显著性水平设定为 $\alpha$，则进行统计推断的似然比率检验统计量临界值为 $c(\alpha)=-2\ln(1-\sqrt{1-\alpha})$。当

$LR_1(\lambda) > c(\alpha)$时，可以在 $\alpha$ 的显著性水平上拒绝门限估计值为实际门限值一致估计量的原假设。

根据专业化、多样化与经济增长关系的理论分析，产业结构与经济增长的关系也存在双重甚至多重门槛值的可能。因此，在门限模型设定的基础上，我们还引入了多门限模型，将单门限模型扩展为：

$$y_{it} = a_i + \beta'_1 x_{it} I(q_{it} \leqslant \gamma_1) + \beta'_2 x_{it} I(\gamma_1 < q_{it} \leqslant \gamma_2) + \beta'_3 x_{it} I(\gamma_2 < q_{it}) + \varepsilon_{it} \tag{7.5}$$

其中，$\gamma_1$ 和 $\gamma_2$ 分别表示两个门限值，且 $\gamma_1 < \gamma_2$。双门限模型的门限值估计与单门限模型相同，在识别出第一个门限值之后，计算两门限的残差平方和 $S(\gamma_1, \gamma_2)$，使得联合残差平方和最小的 $\gamma_2$ 即为最接近真实值的第二个门限 $\hat{\gamma}_2^r = \text{argmin} S_2^r(\gamma_2)$，其中 $S_2^r(\gamma_2) = \begin{cases} S(\hat{\gamma}_1, \gamma_2) if(\hat{\gamma}_1 < \gamma_2) \\ S(\gamma_2, \hat{\gamma}_1) if(\gamma_2 < \hat{\gamma}_1) \end{cases}$。Bai（1997）认为利用该思路，第二个门限的估计值虽然是渐进有效的，但模型是在忽略第二个门限的情况下，基于残差平方和最小原则估计的 $\hat{\gamma}_1$。因此，如果证明确实存在第二个门限，那么初始对 $\hat{\gamma}_1$ 的估计是存在偏误的。为此，Bai（1997）认为应该在识别了第二个门限值之后对 $\hat{\gamma}_1$ 进行再次估计。其残差平方和为 $S_1^r(\gamma_1) = \begin{cases} S(\gamma_1, \hat{\gamma}_2^r) if(\gamma_1 < \hat{\gamma}_2^r) \\ S(\hat{\gamma}_2^r, \gamma_1) if(\hat{\gamma}_2^r < \gamma_1) \end{cases}$，$\gamma_1$ 的估计值为 $\hat{\gamma}_1 = \text{argmin} S_1^r(\gamma_1)$。

识别了两个门限值之后，同样需要对门限效应的显著性以及门限值的真实性进行检验，并需要对是否存在更多门限值进行推断。如果 $F_1$ 拒绝了不存在门限效应的原假设，接下来要进一步检验是否存在第二个门限，检验方法同样是计算似然比率统计量 $F_2 = \frac{S_1(\hat{\gamma}_1) - S_2^r(\hat{\gamma}_2^r)}{\hat{\sigma}^2}$。在对两个门限值的真实性进行检验时，需要计算两个似然比率统计量 $LR_2^r(\gamma) = \frac{S_2^r(\gamma) - S_2^r(\hat{\gamma}_2^r)}{\hat{\sigma}^2}$和 $LR_1^r(\gamma) = \frac{S_1^r(\gamma) - S_1^r(\hat{\gamma}_1^r)}{\hat{\sigma}^2}$。如果 $LR_2^r(\gamma) \leqslant c(\alpha)$，并且 $LR_1^r(\gamma) \leqslant c(\alpha)$，则无法在显著性水平 $\alpha$ 下拒绝门限估计值为实际值的原假设。之后可以重复上述步骤对更多门限值的可能进行识别和判定。

基于上述门限面板模型的构建，本书使用的基准模型为：

$$economy_{it} = \alpha_i + \beta'_1 x_{it} I(indurstry_{it} \leqslant \gamma_1) + \beta'_2 x_{it} I(\gamma_1 < indurstry_{it} \leqslant \gamma_2) + \beta'_3 x_{it} I(\gamma_2 < indurstry_{it}) + \varepsilon_{it} \quad (7.6)$$

其中，*economy* 表示民族地区43个市辖区的经济发展指标，*indurstry* 表示市辖区的产业结构情况，产业结构用专业化和多样化程度来表征。$x$ 表示其他解释变量，包括经济密度、金融发展、贸易开放度等。在引入变量时，对所有产值变量取自然对数以便于经济含义解释。

## 7.3　指标选择、数据来源与变量统计描述

### 7.3.1　指标选择与数据来源

(1)主要被解释变量

民族地区市辖区经济增长是核心被解释变量，本章从经济总量和就业两个方面来反映经济增长。其中，经济总量使用人均GDP表示，就业使用就业总人数和就业增长率分别表示就业规模和就业增长。经济总量和就业数据均来源于2006—2015年《中国区域经济统计年鉴》和历年相应省区的统计年鉴。所有货币单位指标均以2000年作为不变价格进行了价格平减处理。

(2)主要解释变量

实证检验的核心解释变量为产业结构，具体从专业化、相关多样化和不相关多样化三个维度来表征产业结构情况。研究表明不同产业的专业化、多样化与经济增长的关系存在差异，为了体现该种异质表现，在稳健型检验中，我们还在总体多样化和专业化的基础上，重点区分了民族地区产业结构的相关多样化和不相关多样化。测度方法和数据来源详见前章所述。

(3)控制变量

引入控制变量的目的在于规避民族地区市辖区背景异质性对产业结构与经济增长关系的扰动。基于该目的，引入的控制变量包括金融发展、贸易开放度和经济密度。用存贷款余额表示金融发展情况，用外商直接投资规模反映贸易开放度，用单位面积的地区生产总值表示经济密度。

### 7.3.2 主要变量的统计描述

核心解释变量、被解释变量和控制变量的统计描述见表7-1所示。为了体现解释变量和被解释变量的相关性，并对解释变量的独立外生性进行初步检验，表7-2中给出了各变量的相关系数值。从各解释变量的相关系数来看，总体多样化、相关多样化和不相关多样化的相关系数较大，原因在于总体多样化为相关多样化和不相关多样化之和。为了防止多重共线性，后续在引入产业结构变量时，不会在模型中同时纳入这三个产业结构指标。产业结构指标（专业化、总体多样化、相关多样化、不相关多样化）与经济增长变量的散点图见图7-1所示。

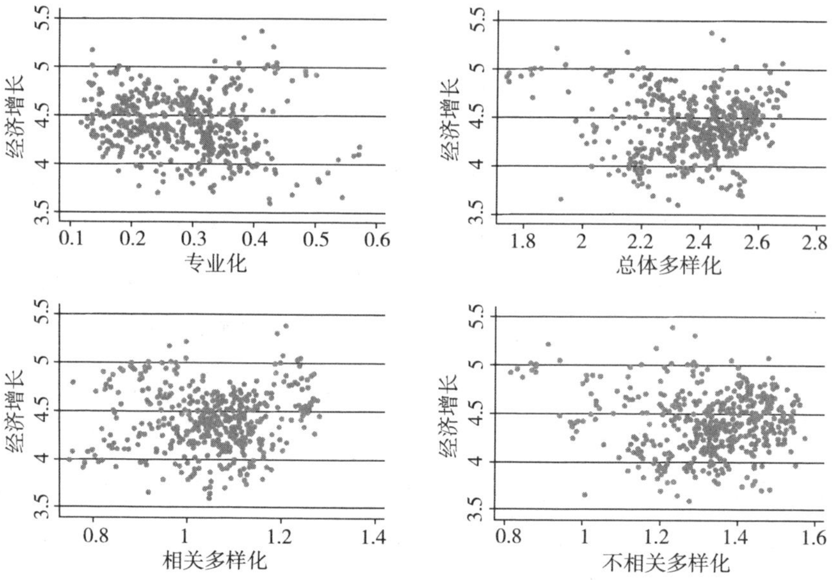


**图7-1　产业结构与经济增长散点图**

资料来源：作者根据原始数据绘制。

**表7-1　变量统计描述（样本量 $N=430$）**

| 变量 | 均值 | 标准差 | 最小值 | 最大值 |
|---|---|---|---|---|
| 专业化 | 0.2844 | 0.0908 | 0.1195 | 0.5733 |
| 总体多样化 | 2.3763 | 0.1786 | 1.7426 | 2.7000 |
| 不相关多样化 | 1.3231 | 0.1489 | 0.8152 | 1.5767 |
| 相关多样化 | 1.0532 | 0.1120 | 0.7489 | 1.2825 |

续表

| 变量 | 均值 | 标准差 | 最小值 | 最大值 |
|---|---|---|---|---|
| 人均地区生产总值 | 4.3988 | 0.3161 | 3.5858 | 5.3764 |
| 经济密度 | 1742.43 | 2206.24 | 50.15 | 11582.90 |
| 就业增长率 | 0.0830 | 0.2346 | -0.8092 | 1.9086 |
| 金融发展 | 15.2914 | 1.2181 | 12.7859 | 18.7327 |
| 就业规模 | 27.1709 | 33.0317 | 1.8697 | 213.1022 |
| 外商直接投资 | 1.8763 | 3.6949 | -4.0000 | 5.6917 |

数据来源：作者根据原始数据整理计算得到。其中人均地区生产总值、金融发展、外商直接投资和基础设施均为自然对数形式。

**表 7-2　变量相关系数表（$N=430$）**

| | lnper_gdp | employment | g | tv | rv | uv | lnfinance | lnfdi | eco_density |
|---|---|---|---|---|---|---|---|---|---|
| lnper_gdp | 1 | | | | | | | | |
| employment | 0.41 | 1 | | | | | | | |
| g | -0.18 | -0.33 | 1 | | | | | | |
| tv | -0.03 | 0.13 | -0.15 | 1 | | | | | |
| rv | 0.09 | 0.03 | 0.06 | 0.56 | 1 | | | | |
| uv | -0.10 | 0.13 | -0.23 | 0.78 | -0.09 | 1 | | | |
| lnfinance | 0.67 | 0.83 | -0.36 | 0.23 | 0.24 | 0.09 | 1 | | |
| lnfdi | 0.22 | 0.33 | -0.37 | 0.13 | 0.03 | 0.14 | 0.36 | 1 | |
| eco_density | 0.50 | 0.45 | -0.38 | 0.06 | 0.03 | 0.05 | 0.58 | 0.19 | 1 |

数据来源：作者根据原始数据计算得到。

## 7.4　产业结构与经济增长关系的实证分析与结果解释

### 7.4.1　基于固定效应模型的分析

为了区别总体多样化、相关多样化和不相关多样化与经济增长关系的差异，我们将其分别纳入计量模型，结果见表 7-3 模型一、模型二和模型三。从中可以看出，专业化比多样化对经济增长的促进作用更强，三个模型中专业化的参数估计值分别为：0.268、0.301 和 0.240，且均在 1% 的显著性水平上统计显著。从多样化的细分来看，相关多样化对经济增长具有更为显著的促进作用，参数估计值为 0.104，且在 10% 的显著性水平上统计显著。总体多样化参

数估计值为负值 -0.012，且无法在常用显著性水平上统计显著。不相关多样化的参数估计值为 -0.07，在5%的显著性水平上统计显著。

**表7-3　产业结构影响经济增长的固定效应模型（$N=430$）**

| | 模型一 | 模型二 | 模型三 |
|---|---|---|---|
| 专业化 | 0.268***<br>(0.093) | 0.301***<br>(0.091) | 0.240***<br>(0.091) |
| 总体多样 | -0.012<br>(0.042) | | |
| 相关多样化 | | 0.104*<br>(0.060) | |
| 不相关多样化 | | | -0.07**<br>(0.054) |
| 金融发展 | 0.141***<br>(0.014) | 0.136***<br>(0.014) | 0.141***<br>(0.014) |
| 经济密度 | 0.444***<br>(0.038) | 0.446***<br>(0.038) | 0.443***<br>(0.038) |
| 外商直接投资 | -0.001<br>(0.010) | -0.001<br>(0.001) | -0.001<br>(0.001) |
| 截距项 | 0.900***<br>(0.147) | 0.816*<br>(0.125) | 1.028***<br>(0.144) |
| $R^2$ | 0.86 | 0.86 | 0.86 |

数据来源：作者计算得到，*、**和***分别表示在10%、5%和1%的显著性水平上统计显著。

专业化比多样化更有助于民族地区经济增长的原因在于：由于民族地区距离技术前沿距离较远，民族地区要素集聚外部性主要以马歇尔外部性形式展现。这意味着民族地区在产业政策设定上应该主要基于本地禀赋优势谋求专业化发展，而非在产业转移承接中有转必接，此外，为了增强要素集聚对本地经济的溢出效应，应在专业化发展的基础上，着力塑造知识距离相近的行业部门集聚，构建相关多样化关联。

不相关多样化与民族地区经济增长体现为显著负相关关系，但既往理论和实证研究表明不相关多样化能够在经济波动中体现经济稳定器的作用，从而表现为有益经济增长的可能。本书实证结论与既往理论研究有所不同的原因在于:受益于中国总体经济的持续快速发展,民族地区基础设施投资和本地产品的消费需求也随之快速发展,经济以上行波动为主,并没有真正经受经济大幅下行波动的考验。但值得注意的是,2012年以来,随着中国总体经济步入新常态,增速放缓和发展动力切换叠加,很多资源产业密集的民族地区面临着外部经济放缓和大宗产品价格波动的剧烈冲击。因此,虽然表7-3的结论表明不相关多样化由于不能带来有效的产业互动而无法有助于民族地区经济增长,但该结论仅反映了不相关多样化与经济增长关系的阶段性表现,着眼于长期,两者的关系存在其他可能。因此,接下来我们将使用门限面板模型对专业化、相关多样化、不相关多样化与经济增长关系的动态表现进行识别。

### 7.4.2　基于门限面板模型的分析:产业结构影响经济增长的非线性效应

为了识别产业结构影响经济增长的非线性表现,本书使用门限面板模型依次以专业化、相关多样化和不相关多样化作为核心解释变量,以时间为门限变量进行了实证检验,门限回归结果见表7-5模型四、模型五和模型六所示。在使用门限面板模型对参数估计结果进行分析之前,需要对门限效应是否存在以及门限值的真实性进行检验。本书首先基于残差平方和最小原则依次确定两个门限值,然后使用Bootstrap方法模型F统计量的渐进分布及其在各个常用显著性水平上的临界值,从而对不存在门限效应的原假设进行检验,检验结果见表7-4所示。

从门限效应检验结果来看,三个模型均能在1%的显著性水平上拒绝不存在门限效应,以及只有一个门限值的原假设,似然比率统计值则无法在常用显著性水平上拒绝门限估计值为真实值的原假设。按照门限面板模型的实证过程,理论上还应该对是否存在更多门限的可能进行检验。本书的确也对三重门限以及更多重门限进行了检验,检验结果显示确实存在更多重门限,但在双重门限之后,产业结构的参数估计值差别较小。因此,即便在统计检验中我们无法拒绝更多重门限的可能,本书在研究产业结构影响经济增长的门限效应时,依然以双重门限模型作为基准模型。

第一，专业化影响经济增长的非线性表现。从模型四的结果来看，专业化与经济增长的关系体现出显著的动态性，2006 年和 2012 年是两个显著的门限值。在 2006 年之前，专业化的参数估计值为 0.091，无法在常用显著性水平上统计显著；2006—2012 年，专业化参数估计值为 0.225，且在 5% 的显著性水平上统计显著；2012 年之后专业化的参数估计值为 0.345，且在 1% 的显著性水平上统计显著。专业化对经济增长的正向影响随着时间而增强，且统计更为显著。

第二，相关多样化影响经济增长的非线性表现。从模型五的结果来看，相关多样化与经济增长的关系也存在两个门限值，三个阶段相关多样化的参数估计值分别为 0.034、0.076 和 0.112，且第三阶段的参数估计值能够在 10% 的显著性水平上统计显著，前两阶段未能在常用显著性水平上统计显著。相关多样化对经济增长的影响虽然不如专业化影响显著，但体现出随着时间而增强的态势。

第三，不相关多样化影响经济增长的非线性表现。从模型六的结果来看，不相关多样化对经济增长的影响同样也体现为双重门限效应。2006 年之前不相关多样化的参数估计值为 -0.130，且在 5% 的显著性水平上统计显著；2006—2012 年之间不相关多样化的参数估计值为 -0.097，且在 10% 的显著性水平上统计显著；2012 年之后的参数估计值为 -0.066，但无法在常用显著性水平上统计显著。

通过对产业结构影响经济增长的动态表现分析来看，专业化和相关多样化对经济增长的积极影响随时间趋于增强，而不相关多样化对经济增长的负向影响随着时间而趋于不显著，该结论与既往研究一致。专业化对经济增长的影响趋于增强的原因在于，随着西部大开发战略的持续实施，西部地区要素集聚强度趋于增强，从而使得专业化集聚的正外部性体现得更为充分。相关多样化的经济影响递增的原因在于，随着民族地区技术水平改善，相关多样化带来的知识溢出逐渐成为推动经济增长的重要力量。而不相关多样化参数估计值的减小则意味着，随着时间推移，不相关多样化开始逐渐发挥经济增长稳定器的作用，从而与既往研究结果一致。专业化比相关多样化更有助于民族地区经济增长，该结论与固定效应模型的实证结果相同。

**表 7－4　门限检验（N＝430）**

| 模型 | 门限检验 | F 统计量 | 门限值 | 各显著性水平 F 统计量临界值 | | |
|---|---|---|---|---|---|---|
| | | | | 1% | 5% | 10% |
| 模型四 | 单一门限 | 10.5448*** | 2012 | 7.7904 | 4.0359 | 2.8079 |
| | 双重门限 | 16.2326*** | 2006 | 7.1526 | 4.0230 | 2.6676 |
| 模型五 | 单一门限 | 11.0517*** | 2006 | 6.1062 | 3.9207 | 2.6891 |
| | 双重门限 | 17.2479*** | 2012 | 6.8332 | 3.9764 | 2.7833 |
| 模型六 | 单一门限 | 11.7609*** | 2006 | 6.5576 | 3.7683 | 2.6532 |
| | 双重门限 | 19.5647*** | 2012 | 6.4566 | 3.9955 | 2.5680 |

数据来源：作者计算得到，*、**和***分别表示在 10%、5%和 1%的显著性水平上统计显著。

**表 7－5　以时间为门限变量的产业结构对经济增长的动态影响（N＝430）**

| | 模型四 | 模型五 | 模型六 |
|---|---|---|---|
| 产业结构指标 | 专业化 | 相关多样化 | 不相关多样化 |
| 专业化 | | 0.1796**<br>(0.0886) | 0.1499*<br>(0.0873) |
| 相关多样化 | 0.0801<br>(0.0572) | | |
| 金融发展 | 0.1039***<br>(0.0148) | 0.1065***<br>(0.0146) | 0.1091***<br>(0.0144) |
| 经济密度 | 0.4539***<br>(0.0410) | 0.4356***<br>(0.0415) | 0.4284***<br>(0.0415) |
| 外商直接投资 | 0.0000<br>(0.0011) | 0.0000<br>(0.0011) | 0.0001<br>(0.0011) |
| *industry*_(01) | 0.0908<br>(0.0928) | 0.0340<br>(0.0581) | −0.1302**<br>(0.0527) |
| *industry*_(02) | 0.2251**<br>(0.0890) | 0.0756<br>(0.0573) | −0.0970*<br>(0.0522) |
| *industry*_(03) | 0.3453***<br>(0.0906) | 0.1116*<br>(0.0570) | −0.0660<br>(0.0523) |

数据来源：作者计算得到。其中 *industry*_(01)、*industry*_(02)和 *industry*_(03)分别表示产业结构影响经济增长在不同时间段上的不同，模型四、五、六的产业结构变量分别为专业化、相关多样化和不相关多样化，*、**和***分别表示在 10%、5%和 1%的显著性水平上统计显著。

## 7.5 产业结构与经济增长的稳健性检验

为了对产业结构与经济增长关系的稳健性进行检验，我们使用就业作为经济增长的代理变量进行实证检验，实证结果见表 7-6 所示。进行稳健性检验的更重要作用在于识别产业结构对不同经济增长维度的可能差别，就业增长是链接经济增长和民生改善的关键变量，这也是本书选择将就业作为经济增长代理变量的主要原因。

根据既往理论和实证研究，要素集聚和行业部门结构能够通过集聚外部性的效率改进来促进经济增长，但生产效率改进的同时意味着就业减少或者原有行业部门的创造性毁灭。因此，产业结构与就业增长的关系有待进一步实证检验。

表 7-6 实证结果显示，专业化对就业增长具有显著负向影响，专业化的参数估计值在模型七、模型八和模型九中，均能在 1% 的显著性水平上统计显著。从多样化与就业的关系来看，总体多样化和不相关多样化的参数估计值均为负值，而相关多样化对就业改善具有正向作用，但无法在常用显著性水平上统计显著。专业化参数估计值为负和相关多样化参数估计值为正的实证结果意味着，民族地区专业化集聚的外部性主要体现为同类企业专业化集聚带来的生产过程的效率改进和就业减少，而相关多样化则体现出通过行业部门间"和而不同"的知识交互，创造出新的产品和行业部门，从而产生就业创造。该结论与理论机制分析一致，其对民族地区的政策启示在于，民族地区经济增长和民生改善并非"水涨船高"，主要原因为民族地区"产业政策—经济增长—就业增长—民生改善"的链条并非线性关联，经济增长和就业减少可能同时存在。因此，在民族地区产业发展战略上，仍然要在总体上把握增长和分配的关系。专业化导向的产业方略能够解决民族地区普遍经济不发达的主要矛盾，但为了体现民生改善的构建性目标，民族地区要着力利用专业化发展导致的经济增长，增强相关多样化与就业改善的关联。根据相关多样化影响新产品和行业部门创造的理论机制，民族地区未能充分发挥相关多样化的就业促进作用的主要短板在于距离技术前沿较

远。因此，民族地区产业发展的当期方略应是着力放大专业化对经济增长的显著促进作用，但长期应盯住相关多样化对经济增长和就业改善的作用。民族地区实现长期可持续的城市经济发展的核心在于对本地教育和人力资本积累的持续投入，以避免短期专业化红利可能导致的技能低水平锁定。

**表7－6　产业结构影响就业的固定效应模型（$N=430$）**

| | 模型七 | 模型八 | 模型九 |
|---|---|---|---|
| 专业化 | －0.937***<br>（0.272） | －0.876***<br>（0.267） | －0.956***<br>（0.269） |
| 总体多样 | －0.004<br>（0.124） | | |
| 相关多样化 | | 0.151<br>（0.179） | |
| 不相关多样化 | | | －0.111<br>（0.161） |
| 金融发展 | 0.339***<br>（0.036） | 0.326***<br>（0.037） | 0.335***<br>（0.036） |
| 经济密度 | 0.293***<br>（0.097） | 0.303***<br>（0.098） | 0.294***<br>（0.098） |
| 外商直接投资 | 0.008**<br>（0.004） | 0.008**<br>（0.004） | 0.008**<br>（0.004） |
| 截距项 | －2.987***<br>（0.422） | －2.993***<br>（0.355） | －2.788***<br>（0.411） |
| $R^2$ | 0.81 | 0.81 | 0.81 |

数据来源：作者计算得到，*、**和***分别表示在10%、5%和1%的显著性水平上统计显著。

## 7.6　本章小结

产业发展是民族地区城市经济发展和民生改善的核心支撑，产业结构与经济增长关系的理论研判有助于民族地区城市产业发展策略的制定。本章将产业结构细分为专业化、相关多样化和不相关多样化，基于2005—2014年民族地区43个市辖区面板数据，使用固定效应模型和门限面板模型对民族地区城市产业结构和经济增长的关系进行了实证检验。并且使用就业规模作为经济增长的代理变量，对民族地区城市产业结构和经济增长的关系进行了稳健性检验。本章的主要结论和政策启示如下：

第一，专业化比多样化更有助于民族地区城市经济发展，并且专业化对民族地区城市经济的影响存在非线性特征，且正向影响趋于增强。该结论表明，专业化对民族地区既往城市经济发展具有最为重要的作用。围绕本地禀赋比较优势和市场需求，塑造更为专业化的要素集聚，应该是民族地区当前产业策略的盯住策略。因此，民族地区在承接中东部地区产业转移时，并非有转必接，而是围绕专业化要素集聚针对性选择。

第二，相关多样化比总体多样化和不相关多样化更有助于民族地区城市经济增长，并且相关多样化对民族地区经济增长的积极影响随着时间趋于增长。专业化对经济增长的影响趋于增强的原因在于，随着西部大开发战略的持续实施，西部地区要素集聚强度趋于增强，从而使得专业化集聚的正外部性体现得更为充分。相关多样化的经济影响递增的原因在于，随着民族地区技术水平改善，相关多样化带来的知识溢出逐渐成为推动经济增长的重要力量。

第三，专业化和不相关多样化对民族地区市辖区就业增长具有负向影响，相关多样化更能兼顾民族地区经济增长和就业改善。因此，在民族地区产业发展战略上，要在总体上把握增长和分配的关系。专业化导向的产业方略能够解决民族地区普遍经济不发达的主要矛盾，但为了体现民生改善的构建性目标，民族地区要着力利用专业化发展导致的经济增长，增强相关多样化与就业改善的关联。根据相关多样化影响新产品和行业部门创造的理论机制，民族地区未能充分发挥相关多样化就业促进作用的主要短板在于距离技术前沿较远。因此，民族地区产业发展的当期方略应是着力放大专业化对经济增长的显著促进作用，但长期应盯住相关多样化对经济增长和就业改善的作用。民族地区城市经济实现可持续增长长期目标的核心在于对本地教育和人力资本积累的持续投入，以规避短期专业化红利可能导致的技能低水平锁定。

# 第8章 产业结构专业化、多样化与民族地区城市全要素生产率

集聚在既往经济增长阶段对中国的经济发展起着至关重要的作用，我国学者从不同的研究单元和不同的集聚视角均证实了集聚对经济增长的正向促进作用（吴利学等，2008；刘修岩，2009；刘修岩等，2012）。但经济新常态背景下，中国尤其是民族地区发展的关键在于长期增长潜力的提高，而非同质性产品的规模扩大，因此，生产率的改进是经济增长的关键。因此，既往引导集聚对经济增长的模式亟须转型，以提升生产率应对需求结构转变和中等收入陷阱的可能。那么，何种集聚将更有助于生产率的提升呢？该问题对于确定当前阶段政府主导集聚的思路与方向至关重要。但遗憾的是，既往的研究重点关注了集聚与经济增长和就业增长的关系，而集聚与生产率的关系未能得到很好的关照。为数不多的研究也仅仅从集聚表现的三次产业层面或单一产业部门展开集聚对生产率的影响研究（柯善咨等，2014；潘文卿等，2012；于斌斌，2015），且研究结果存在异质性。因此，学者们也试图从经济规模、产业特性、地理区位、政府政策、基础设施等方面寻求解释，使产业集聚对生产率的影响在集聚外部性理论框架下得到统一。而对三次产业内部更为细分的行业关联、产业结构组成等对生产率的影响研究相对较少，这不利于产业集聚对生产率影响机制的深度挖掘。因此，在经济新常态语境下，厘清产业集聚与生产率的内在影响机制对于中国实现经济持续增长至关重要。

我们从集聚的动机出发，分析产业集聚影响生产率异质性表现的成因：第一，成本节约的集聚无助于生产率的提升；第二，专业化分工有助于生产率的提升，重在影响中短期；第三，知识溢出更能在整个生命周期内提升生

产率，有助于实现长期的、持续的经济增长。因此，本章将着重从知识溢出视角入手，分析产业集聚对生产率的影响。然而，已有的实证研究主要从专业化外部性、多样化外部性和波特外部性这三个方面对生产率的影响进行研究，不利于地方政府在制定具体产业政策时做出更为可行的具体决策。产业集聚通过知识溢出对生产率产生影响的过程中，知识溢出起着关键的链接作用，而这种链接在更为细分的行业中表现得更为突出，需要我们进一步挖掘其更为细致的理论机制。事实上，政府在制定地方政府的产业发展规划时，往往也会从比三次产业更为细分的行业层面来考虑产业决策，并且会从现有的产业结构基础上的行业内部关联来进行思考。一般而言，在基于本地现有产业基础上，从产业技术、资源禀赋等方面的关联程度出发，在短期政绩利益的驱动下，经济体较小的地方政府会倾向于选择生产率水平高且利于当地总体经济发展的产业或者行业，从而优先发展风险相对较小的相关性产业，这一选择又会促进该产业或行业的发展与壮大，从而进一步改变已有的产业组合结构。地方政府这种情理之中的选择，却有可能不利于长期稳定的经济发展，尤其是当遭遇经济冲击时，这种产业关联较强的产业将会面临全面崩盘的可能，因此，经济体较大的地方政府往往在持续稳定的可观增长的情况下更多倾向于居安思危的选择，会较少关注产业的生产率水平，转而可能会从产业或行业的关联性较弱或不相关性角度制定产业规划。因此，政府的产业发展选择对产业集聚与生产率之间产生了反向因果关系的可能，而政府的这种干预往往也是在更为细分的行业基础上得以实现的。因此，以往仅从较为宽泛的三次产业层面或某一产业部门研究其产业集聚与生产率的关系不能很好地解释产业集聚与生产率的内在机制，所以本研究将基于知识溢出视角，从更为细分的行业出发，即在集聚作用下形成的专业化、相关多样化与不相关多样化的产业结构对生产率的影响以及在政府政策干预下生产率对产业结构的反向因果关系进行统一（图 8 - 1），从而为产业结构对生产率的影响提供更为细致的理论机制解释。因此，本章节的主要贡献在于：第一，从知识溢出视角出发，在更为细分的行业结构关联基础上考察集聚作用下的产业结构对城市全要素生产率的影响，有助于深度挖掘其内在的影响机制；第二，将政府干预纳入了生产率对产业结构的反向因果影响的理论框架,使研究更有现实价值;第三,在分析视角上,分别从时间层面考察了产业结构对城市全要素生产率的动态影响,从城市规模层面考察了产业结构对城市全要素生产率的规模异质性影响,并从技术前沿距离出发,将样本分为不同类别进行了稳健型检验。

本章节接下来的内容安排为:第一部分内容为民族地区产业结构与城市全要素生产率的理论机制与假设,第二部分为计量模型设定、变量选择与数据来源,第三部分为实证检验与结果分析,第四部分为章节小结。

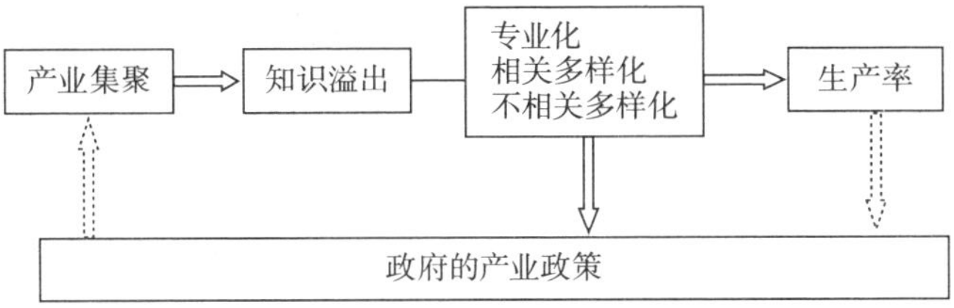


**图 8－1　产业集聚、知识溢出与生产率的影响机制**

资料来源:作者绘制。

## 8.1　产业结构专业化、多样化与城市生产率的理论分析与经验假说

第 2 章的理论综述部分对产业集聚与生产率的理论机制表明,专业化产业结构因为规模经济、基础设施与劳动力市场共享等特征,能促进专业化分工与生产,以及资金的集中投入研发,有利于推动技术进步,从而有利于全要素生产率的改善;多样化产业结构由于不同行业之间的多样化知识交互,通过知识溢出效应,在不同的行业或企业间促进合作和扩大合作空间,从而导致更多的生产组织与管理等方面的创新,以此推动城市全要素生产率的提高。

民族地区作为全国经济的欠发达地区,在产业发展上如何处理好对中东部地区的产业转移承接与民族地区生态环境保护的关系,充分发挥“后发优势”,实现经济增长模式的转变与产业结构升级是民族地区亟待解决的重要问题。对于民族地区的城市发展,从国家到地方均有不同力度的政策支持和区域之间的对口支援,在国家科学技术水平得到极大改善的背景下,为了实现民族地区经济的"跳跃式"发展,难免会面临着以产业或具体项目为载体的技术植入。地方政府为了短期的政绩效益,往往会选择生产率水平相对较高的技术植入。当城市自有的技术系统基础太差时,植入的技术与自有技术基础之间的"认知距离"较大,则会从不相关多样化层面实现短期城市全要素生产率的提高,与此同时可能面临长期持续发展的困境。当城市自有技术系统基础相对较好时,技术的植入会较多考虑在与现有技术相关的基础上实现技术植入,如此将会从相关多样化层面实现短期的全要素生产率的提高,当然也有利于长期持续的技术进步。因此,基于专业化与多样化的产业结构分析,引入相关多样化与不相关多样化的产业结构细分,将更有助于我们对产业结构与生产率的理论机制挖掘和对现实问题的解释。

因此,本章节将从知识溢出视角研究更为细分行业的产业专业化、相关多样化和不相关多样化与城市全要素生产率的影响关系,并利用门限面板模型从产业结构对城市全要素生产率的动态表现和规模异质性表现进行实证检验,以期为城市产业结构对城市全要素生产率的内在影响机制提供实证依据。

根据以上的分析,我们从专业化、多样化、不相关多样化与相关多样化对城市全要素生产率的影响机制得出以下几点理论假设。

假设1:专业化产业结构将有利于短期的生产率改进,但不利于长期改善

专业化的产业结构源自大量的同行企业在同一个地区的集中,以共享专业技术知识外溢和熟练的劳动力市场为特征,从降低成本的视角提升生产率。根据专业化产业结构的特征,专业化对处于城市经济周期的初期或城市经济规模较小的城市全要素生产率的改善具有促进作用,但随着经济周期中后期的到来和城市经济规模的增大,专业化本身的锁定效应将不利于城市全要素生产率的改善。

假设2:多样化在短期内无法凸显对民族地区城市全要素生产率的改进,却有助于长期的改善

多样化的产业结构源自多种行业的企业在一个地区的集聚,这种集聚

使得不同行业间的技术知识进行了交互、学习与溢出，从而为创新提供了更多的空间与可能，从而对生产率起到促进作用。但是不同行业的集聚往往是在城市经济发展周期的中后期，城市规模较大的情况下，才会表现得较为明显，有助于长期改善。而在城市经济发展初期，因为公共基础设施不够完善，城市经济规模较小，以及市场本身的局限不利于更大规模的要素集聚，无法形成规模经济，将无助于多样化对城市全要素生产率的提升。因此，多样化产业结构虽然无助于短期民族地区城市全要素生产率改进，但可能有助于城市全要素生产率的长期改善。

假设 3：专业化与多样化产业结构对城市全要素生产率的影响存在规模异质性表现

由于专业化产业结构本身的特征，专业化对中小城市的全要素生产率具有显著的促进作用，但对于大城市而言，专业化的自我锁定效应或专业化的水平集聚过度引发的“拥挤效应”会给城市全要素生产率的提高带来阻力。与之相反，多样化结构效应的实现对城市经济规模有要求，因此，多样化对于尚未形成较大规模的中小城市的生产率具有负向影响，而对规模较大的城市的全要素生产率的提高具有正向促进作用。

假设 4：多样化细分的不相关多样化与相关多样化产业结构对城市全要素生产率的影响差异

多样化的细分是在“认知距离”的基础上进行的划分，因此，不相关多样化与相关多样化对城市全要素生产率的影响受到城市经济规模和所处的发展阶段的影响。因为城市规模越大，科学技术知识的交互作用越强，将更有利于技术创新，从而有利于全要素生产率的提高。然而民族地区城市规模以中小城市为主、经济发展水平总体较低，自身科学技术水平受限，因此，通过自我研发的技术进步推动城市全要素生产率提高成本太高，风险太大。所以，通过技术植入是民族地区城市经济发展的现实选择。因此，在面临城市的具体发展时，地方政府往往通过引进具有较高水平的生产率的技术来实现跨越式的城市经济发展，而如果引进的技术与原本的技术系统基础的“认知距离”较大而体现为不相关多样化，这种技术植入在短期内体现出对全要素生产率的促进作用，但长期无法确定；如果引进的技术与原有技术基础的“认知距离”较小而体现为相关多样化，则有助于对城市全要素生产率产生正向影响，长期同样受益。因此，城市产业在受政府政策干预和产业自发关联发展的双重影响下，不相关多样化与相关多样化对不同规模的城市，对短期和长期的全要素生产率的作用均存在差异。

## 8.2 计量模型设定、变量选择与数据来源

### 8.2.1 计量模型

从产业结构对城市全要素生产率的影响来看，本章节可以从两个层面进行研究。第一，从产业内部的行业或企业之间通过知识溢出的产业专业化，和不同产业或行业之间的相关多样化和不相关多样化层面寻求产业结构对全要素生产率的影响；第二，利用门槛检验，分别以时间和城市规模作为门限变量寻求产业结构对城市全要素生产率的动态影响及规模异质性表现。因此，我们将初始模型设定为：

$$MI = \alpha + \alpha g + \beta tv + \delta uv + \lambda rv + b\ln eco\_density + c\ln fdi + dpopu\_under + eindustry\_2\_3 + f\ln finance + hc\_gdp + \varepsilon$$

其中，$MI$ 表示生产率，$\alpha$、$\beta$、$\delta$、$\lambda$ 为常数项，分别为专业化（$g$）、总体多样化（$tv$）、不相关多样化（$uv$）、相关多样化（$rv$）的参数估计值；$b$、$d$、$e$、$f$、$h$ 分别为控制变量经济密度（$\ln eco\_density$）、进出口贸易（$\ln fdi$）、人力资本（$popu\_under$）、第二、第三产业产值比（$industry\_2\_3$）、金融发展（$\ln finance$）、政府干预（$c\_gdp$）的参数估计值；$\varepsilon$ 为扰动项，且服从均值为零，方差为 $\sigma^2$ 的独立正态分布。

根据我们的理论机制及假设，产业结构与城市全要素生产率可能存在渐进关系，因此，我们将双门限模型设定为：

$$MI_{it} = \alpha_i + \sum_{k=1}^{K}\beta_k x_{kit} + \delta_1 inindustry_{it}(q_{it} \leqslant \gamma_1) + \delta'_1 inindustry_{it}(\gamma_1 < q_{it} \leqslant \gamma_2) + \delta''_1 inindustry_{it}(q_{it} > \gamma_2) + \varepsilon_{it}$$

公式中的 $i$ 和 $t$ 分别表示研究的城市和时间点，$MI_{it}$表示被解释变量（包括了城市全要素生产率及其分解指标），即为城市 $i$ 在 $t$ 时期的生产率；$inindustry_{it}$为城市 $i$ 在 $t$ 时期的产业结构（包括了专业化、多样化及其细分指标不相关

多样化和相关多样化），是本书的主要解释变量；$x_{kit}$ 为控制变量构成的 $K$ 维向量，包括经济密度、进出口贸易、人力资本、第二、第三产业产值比、金融发展、政府干预等影响城市全要素生产率的其他因素。$q_{it}$ 表示门限变量，$\gamma_1$ 和 $\gamma_2$ 为两个门限值，如果存在双重门限，则 $\delta_1 \neq \delta'_1 \neq \delta''_1$。$\alpha_i$ 为固定效应，$\varepsilon_{it}$ 为服从均值为 0，方差为 $\sigma^2$ 独立正态分布的随机扰动项，$\varepsilon_{it} \sim iid(0, \sigma^2)$。鉴于篇幅限制，关于如何检验存在门限效应以及确定门限值的思路过程，本章节将不再赘述。

### 8.2.2　研究范围与数据来源

由于县级市数据收集受限，本章节以代表民族地区经济的地级市作为研究对象，由于市辖区是城市经济活动的主要区域，因此本研究将城市的市辖区设定为具体的研究对象。本章节的数据主要来源于 2006—2015 年的《中国城市统计年鉴》。研究期间，民族地区地级市共 49 个。其中，2011 年国务院将贵州省的毕节区设为毕节市，县级市铜仁市升为地级市，2013 年青海海东撤地设市。由于上述所涉及城市中，毕节市、铜仁市和海东市部分年份数据缺失，拉萨、日喀则和昌都的全部数据缺失，无法进行相关计算。因此，本章节将在 49 个城市中剔除上述 6 个城市，只对 43 个地级市的产业结构与城市全要素生产率的关系进行研究。

### 8.2.3　主要变量的选择

（1）主要变量选择

本章节主要研究城市产业结构与城市全要素生产率的关系，且将产业结构分为专业化、相关多样化和不相关多样化，因此选择全要素生产率及其分解指标作为被解释变量，基尼专业化指数、多样化指数、相关多样化指数、不相关多样化指数作为主要解释变量。以上指标的计算如前章所述。

（2）控制变量与门限变量

本章主要的被解释变量为全要素生产率及其分解指标，解释变量为产业专业化指数、相关多样化指数和不相关多样化指数。除此之外，城市全要素生产率还受本身的城市经济密度、城市经济规模、进出口贸易、人力资本（每万人大学生在校人数）、第二、第三产业结构、金融发展（存贷款余额）以及政府的产业政策干预（财政支出占 GDP 比重）等因素的影响，因此将它们纳入控制变量进行考察。

**表 8-1　主要变量的描述性统计（$N=430$）**

| 变量符号 | 变量说明 | 均值 | 标准差 | 最小值 | 最大值 |
|---|---|---|---|---|---|
| *tfpch* | 全要素生产率指数 | 1.00 | 0.16 | 0.30 | 2.81 |
| *effch* | 效率变动指数 | 0.99 | 0.19 | 0.36 | 2.33 |
| *techch* | 技术变动指数 | 1.03 | 0.15 | 0.74 | 1.70 |
| *pech* | 纯技术效率变动指数 | 1.00 | 0.23 | 0.31 | 2.76 |
| *sech* | 规模效率变动指数 | 1.00 | 0.18 | 0.41 | 3.65 |
| *g* | 专业化 | 0.28 | 0.09 | 0.12 | 0.57 |
| *tv* | 总体多样化 | 2.38 | 0.18 | 1.74 | 2.70 |
| *uv* | 不相关多样化 | 1.32 | 0.15 | 0.82 | 1.58 |
| *rv* | 相关多样化 | 1.05 | 0.11 | 0.75 | 1.28 |
| ln*eco_density* | 经济密度 | 2.92 | 0.56 | 1.70 | 4.06 |
| ln*fdi* | 进出口贸易 | 1.88 | 3.69 | -4.00 | 5.69 |
| *popu_under* | 每万人大学生在校人数 | 373 | 423 | 0 | 3422 |
| *industry_2_3* | 第二、第三产业产值比值 | 1.33 | 1.22 | 0.25 | 10.60 |
| ln*finance* | 存贷款余额 | 2.53 | 0.08 | 2.35 | 2.75 |
| *c_gdp* | 财政支出占 GDP 比重 | 0.11 | 0.07 | 0.02 | 0.54 |
| ln*gdp* | 经济规模 | 6.26 | 0.47 | 5.12 | 7.35 |

数据来源：作者计算得到。

为了识别产业结构对城市全要素生产率的异质性表现，我们以时间、经济规模为代理变量作为门限变量进行了动态、规模异质性的实证检验。本章节所涉及的变量统计描述见表 8-1。

## 8.3　实证检验与结果分析

首先，我们基于面板数据固定模型对产业结构对城市全要素生产率的影响进行了实证检验，为了细分不同的产业结构关系对城市全要素生产率的影响，模型一至模型二十分别呈现了主要解释变量专业化、总体多样化、不相关多样化与相关多样化与被解释变量全要素生产率指数（*tfpch*）及其分解指数技术进步变动指数（*techch*）、技术效率变动指数（*effch*）、纯技术效率指数（*pech*）和规模效率指数（*sech*）的回归结果（见表 8 -2），并将其作为后续门限回归结果的参照。

其次，为了在理论框架下对产业结构与生产率的关系进行动态异质性的统一，我们的模型二十一至模型四十将时间作为门限变量，分别对专业化、总体多样化、不相关多样化和相关多样化与城市全要素生产率及其分解指标（*tfpch*、*techch*、*effch*、*pech*、*sech*）的关系进行了实证检验（见表 8 -3），以识别产业结构对生产率的动态影响；模型四十一至模型六十将城市经济规模作为门限变量，以 GDP 的对数作为代理变量，分别对产业的专业化、总体多样化、不相关多样化、相关多样化与全要素生产率及其分解指标（*tfpch*、*techch*、*effch*、*pech*、*sech*）的关系进行了实证检验（见表 8 -4），以识别产业结构对城市全要素生产率的规模异质性表现。

最后，将民族地区产业结构对城市全要素生产率的影响与同期全国和东、中、西部城市样本的回归结果进行了横向对比，分析民族地区城市经济发展在横向区域层面与其他地区的差距，为政府制定城市发展规划提供参考（见表 8 -5）。

### 8.3.1　固定效应检验

由于本研究所涉及的研究时间段相对较短，不适合对随机效应的观察，使用固定效应模型更贴合研究实际，因此我们选用了固定效用模型进行回归检验。从表 8 -2 显示可知，我们分别将全要素生产率指数（*tfpch*），及其分解指数如技术进步变动指数（*techch*）、技术效率变动指数（*effch*）、纯技术效率指数（*pech*）和规模效率指数（*sech*）作为被解释变量，分别从产业结构的专业化、总体多样化、不相关多样化和相关多样化进行了回归。总体来看，专业化对城市全要素生产率具有正向影响，但不显著，而多样化、相关多样化和不相关多样化对城市全要素生产率均具有显著的负向影响。实证结果中相关多样化、不相关多样化与城市生产率的结论分别与 Frenken 等（2007）、Wixe and Andersson（2016）和 Aarstad、Kvitastein and Jakobsen（2016）的研究一致。实证结果表明，既往民族地区城市全要素生产率水平处于专业化主导下的规模经济阶段，但处于专业化的影响已不显著而多样化尚未发挥潜在作用的产业结构转变升级的阶段。

从全要素生产率的分解指标来看,相较于技术效率,民族地区全要素生产率的提高得益于产业专业化的技术进步,产业相关多样化对技术进步有正向推动作用,但不显著。与此同时,专业化、多样化产业结构均不利于民族地区城市的技术效率提高。从技术生产率的分解来看,专业化产业结构有利于纯技术效率提高,不利于规模效率改善,均不显著;多样化产业结构不利于纯技术效率提升,却有利于规模效率改善,在常用显著性水平上统计显著。

由此可见,我国民族地区的城市经济整体发展水平较低,专业化形成的规模经济有利于城市全要素生产率的提高,而多样化的产业结构则显著妨碍了城市全要素生产率的提高。我国民族地区城市产业规模尚处于经济生命周期的初始阶段,虽然还未形成比较成熟的产业发展的配套环境,但初具规模的专业化的分工协作从技术进步和纯技术效率指标中体现了对全要素生产率的促进作用。而多样化的产业结构只有在经济密度和城市规模相对较大的情况下,才能通过知识交互、学习效应来激发创新或组织管理水平的提高,来促进全要素生产率的提高,显然民族地区还不具备如此条件,这也使得多样化不利于该地区城市全要素生产率改进。然而,针对同样的生产率指标,不相关多样化与相关多样化对民族地区的影响存在差异,比如不相关多样化与相关多样化对技术进步的参数估计值的分别为:-0.1730 和 0.0416,该回归结果与前面理论机制一致,即经济体较小的地方政府在引入多样化的产业时,为了减少政策失败的风险,往往会引入与本地产业技术相关的产业,从而使得相关多样化更有利于城市全要素生产率水平的提高。综合以上回归结果的分析,我们可以看出,与已有研究相比,不同的产业结构尤其是相关多样化与不相关多样化的划分,以及来自不同的全要素进步尤其是技术进步和技术效率的进步,确实对民族地区城市产业结构和全要素生产率的关系做了更为深入的诠释。总体上看,专业化对全要素生产率(*tfpch*)的促进作用虽不显著,但专业化的技术进步却体现明显,这说明我国民族地区的技术进步得益于专业化产业结构,但这种势头会一直保持不变吗?这需要我们从动态层面进一步观测。

表 8－2　固定效应模型估计结果（$N=430$）

| 被解释变量 | 模型 | *g* | *tv* | *uv* | *rv* |
|---|---|---|---|---|---|
| *tfpch* | 模型一—三 | 0.0693<br>(0.2302) | －0.5121***<br>(0.1012) | －0.6976***<br>(0.1364) | －0.2710*<br>(0.1508) |
| *techch* | 模型五—八 | 0.4441**<br>(0.2004) | －0.0751<br>(0.09157) | －0.1730<br>(0.1233) | 0.0416<br>(0.1326) |
| *effch* | 模型九—十二 | －0.3455<br>(0.2520) | －0.3592***<br>(0.1132) | －0.4503***<br>(0.1531) | －0.2351<br>(0.1657) |
| *pech* | 模型十三—十六 | 0.1372<br>(0.3235) | －0.4311***<br>(0.1452) | －0.5063***<br>(0.1966) | －0.321<br>(0.2122) |
| *sech* | 模型十七—二十 | －0.4094<br>(0.2584) | 0.1984*<br>(0.1173) | 0.2425<br>(0.1584) | 0.1369<br>(0.1704) |

数据来源：作者计算得到，*、**和***分别表示在10%、5%和1%的显著性水平上统计显著。

### 8.3.2　门限面板模型检验

（1）产业结构对城市全要素生产率的动态影响

表 8－3 将时间作为门限变量，将全要素生产率（*tfpch*）、技术变动指数（*techch*）和技术效率指数（*effch*）、纯技术效率（*pech*）和规模效率（*sech*）作为被解释变量，对产业结构对城市全要素生产率的影响进行了门限回归。我们可以看出，专业化、多样化、不相关多样化与相关多样化对城市全要素生产率的影响均呈现出显著的双门限特征和动态表现，但因被解释变量的不同，门限值也存在一定的差异，这也体现出产业结构对全要素生产率及其分解指标的技术进步与技术效率的影响在时间变量上具有不一致性，这与技术突破及其实现技术效率的时间先后关系是相吻合的。总体来看，不同的产业结构对不同的生产率指标的动态影响存在差异，接下来我们将分别从专业化、多样化以及多样化的细分视角（不相关多样化和相关多样化）三个方面来分析产业结构对生产率的动态影响。

首先，从专业化来看，专业化对生产率的影响因生产率指标的不同而不同。从专业化对 *tfpch* 的影响来看，三阶段的参数估计值分别为 0.0403、0.4619、－0.0468，只有第二阶段在常用的显著性水平上统计显著。由此可见，2005—2014年，专业化产业结构对民族地区城市全要素生产率（*tfpch*）呈现倒“U”形影响。第一、第二阶段呈现出对生产率的正向影响不断加强，当专业化达到一定程度之后，随着专业化的自我锁定效应的增强而降低甚至阻碍城市全要素生产率的提高。从专业化对技术进步（*techch*）和技术效率（*effch*）的影响来看，民族地区的产业专业化有利于技术进步，呈现出“U”形的正向波动，而不利于技术效率的改进，呈现出倒“U”形波动。不利于技术效率的改进源自技术效率分解指标规模效率（*sech*）的扰动，即在民族地区，虽然专业化技术的推广有利于技术效率提升，但尚未形成规模经济。

**表8-3　固定效应下以时间为门限变量的回归结果（*N*=430）**

| 被解释变量 | 时间段 | *g* | *tv* | *uv* | *rv* |
|---|---|---|---|---|---|
| | | 模型二十一 | 模型二十二 | 模型二十三 | 模型二十四 |
| *tfpch* | *time*_(1) | 0.0403<br>(0.2246) | -0.4376***<br>(0.0992) | -0.6095***<br>(0.1348) | -0.2221<br>(0.1463) |
| | *time*_(2) | 0.4619**<br>(0.2333) | -0.4776***<br>(0.0981) | -0.6760***<br>(0.1321) | -0.1195<br>(0.1480) |
| | *time*_(3) | -0.0468<br>(0.2282) | -0.5249***<br>(0.0980) | -0.7631***<br>(0.1330) | -0.2638*<br>(0.1457) |
| | | 模型二十五 | 模型二十六 | 模型二十七 | 模型二十八 |
| *techch* | *time*_(1) | 0.5031**<br>(0.1962) | -0.1192<br>(0.0836) | -0.2241**<br>(0.1125) | 0.0082<br>(0.1222) |
| | *time*_(2) | 0.1747<br>(0.1875) | -0.1533*<br>(0.0843) | -0.2863**<br>(0.1147) | -0.0679<br>(0.1223) |
| | *time*_(3) | 0.6093***<br>(0.1910) | -0.0787<br>(0.0840) | -0.1507<br>(0.1144) | 0.0943<br>(0.1220) |
| | | 模型二十九 | 模型三十 | 模型三十一 | 模型三十二 |
| *effch* | *time*_(1) | -0.4156*<br>(0.2428) | -0.3096***<br>(0.1087) | -0.4072***<br>(0.1471) | -0.1913<br>(0.1590) |
| | *time*_(2) | 0.1635<br>(0.2521) | -0.2487**<br>(0.1102) | -0.3046**<br>(0.1507) | -0.0424<br>(0.1608) |
| | *time*_(3) | -0.4417*<br>(0.2467) | -0.3229***<br>(0.1091) | -0.4374***<br>(0.1494) | -0.2154<br>(0.1583) |

**续表**

| 被解释变量 | 时间段 | g | rv | uv | rv |
|---|---|---|---|---|---|
| | | 模型三十三 | 模型三十四 | 模型三十五 | 模型三十六 |
| pech | time_(1) | -0.0343<br>(0.3347) | -0.4467***<br>(0.1441) | -0.5622***<br>(0.1947) | -0.3279<br>(0.2128) |
| | time_(2) | 0.3205<br>(0.3199) | -0.4092***<br>(0.1430) | -0.4985**<br>(0.1929) | -0.2444<br>(0.2099) |
| | time_(3) | 0.0560<br>(0.3303) | -0.4433***<br>(0.1427) | -0.5656***<br>(0.1945) | -0.3209<br>(-0.3209) |
| | | 模型三十七 | 模型三十八 | 模型三十九 | 模型四十 |
| sech | time_(1) | -0.4416*<br>(0.2591) | 0.2598**<br>(0.1162) | 0.3239**<br>(0.1573) | 0.2413<br>(0.1698) |
| | time_(2) | -0.1337<br>(0.2648) | 0.2186*<br>(0.1154) | 0.2517<br>(0.1557) | 0.1515<br>(0.1681) |
| | time_(3) | -0.4097<br>(0.2626) | 0.1835<br>(0.1153) | 0.1904<br>(0.1565) | 0.0756<br>(0.1684) |

数据来源：作者计算得到，*、**和***分别表示在10%、5%和1%的显著性水平上统计显著。

其次，从多样化对生产率指标的回归结果来看，均存在双门限特征，但针对不同的被解释变量，随着时间推移呈现出不同的特征。多样化对全要素生产率（tfpch）的三阶段参数估计值为：-0.4376、-0.4776、-0.5249，均在1%显著性水平上统计显著。可以看出，多样化对全要素生产率的负向影响随着时间日趋增长，这源自多样化对技术变动指数和技术效率指数的综合影响，主要体现为技术效率指数日趋增长的负向影响。多样化对技术变动指数（techch）的三阶段参数估计值为负，日趋减小，且均不显著；技术效率指数（effch）的三阶段参数估计值分别为：-0.3096、-0.2487、-0.3229，均显著。可以看出，多样化产业集聚对民族地区的技术进步的负向影响越来越弱，而对技术效率指数（effch）存在显著的负向影响，且日趋增长。这些特征均与民族地区整体城市经济发展水平较低、规模较小和技术基础薄弱的特征表现一致。

最后，从多样化的细分来看，不相关多样化和相关多样化的参数估计值在不同的时间段呈现出正负属性不一致，且对生产率的作用大小存在明显差异。从对全要素生产率（*tfpch*）的影响来看，不相关多样化与相关多样化的三阶段参数估计值分别为：-0.6095、-0.6760、-0.7631 和 -0.2221、-0.1195、-0.2638，不相关多样化均在1%的显著性水平上统计显著，而相关多样化只有第三阶段显著。由此可见，不相关多样化、相关多样化对全要素生产率的负向影响作用均有增长趋势。从全要素生产率细分来看，不相关多样化对技术进步与技术效率和纯技术提升均有显著的负向影响，而相关多样化则主要体现出对技术效率和纯技术效率的负向影响，均不显著。以上的统计结果显示，不相关多样化与相关多样化对全要素生产率（*tfpch*）的负向影响源自其分解指标的综合表现，这种表现与控制变量的政府干预的参数估计值的正负方向是一致的，这是因为民族地区整体发展水平较低，政府的产业选择向相关产业倾斜，从而改善了专业化主导背景下相关多样化对全要素生产率具有的负作用，但民族地区城市经济发展尚未突破多样化发挥主体作用的规模，无法扭转总体多样化对全要素生产率的影响方向。

综上所述，我们在制定产业政策时，在考虑专业化短期对城市经济增长以及生产效率方面的主体作用的同时，还应重视多样化的产业关联对长期技术进步的引导，以规避可能存在过度专业化的红利锁定。

（2）产业结构对城市全要素生产率的规模异质性影响

为了检验产业结构影响生产率的异质表现，我们以城市经济规模作为门限变量，以GDP的对数值作为代理变量，对产业结构与城市全要素生产率的关系进行了门限回归。回归结果显示，均存在显著的双门限效应，产业结构对生产效率的影响因城市规模而异，但针对不同的被解释变量与核心解释变量，影响方向和影响强度存在差异。

首先，从产业结构与城市全要素生产率（*tfpch*）的门限回归结果来看，随着城市规模扩大，专业化对城市全要素生产率存在倒“U”形特征；在民族地区中小城市特征没有得到突破的情况下，多样化对城市全要素生产率存在日益增强的阻碍作用。三阶段专业化的参数估计值分别为：0.0474、0.2440、-0.0060，均在常用显著性水平上统计不显著。该结论与理论结论一致，要素不可分性导致的效率损失在经济规模较大的地区得到更好约束，从而体现为规模经济，而随着经济规模进一步增大，拥挤效应和专业化的自我锁定效应日益增强后将不利于生产率的改进。该结论与孙晓华和郭玉娇（2013）的研究结论一致，他们的研究结论认为专业化产业集聚对中小规模的城市全要素生产率具有一定促进作用，会在某种程度上阻碍大规模的城市的城市全要素生产率的提高。三阶段多样化的参数估计值分别为 -0.5289、-0.5097、-0.5510，在 1% 的显著性水平上统计显著，多样化对全要素生产率具有较强的负向影响，在没有突破一定城市经济规模门槛之前，随着城市规模的增大，负向作用的总体趋势是逐渐减弱，然而我们的研究结论却是呈波动增强趋势，这可能与选取的时间段相对较短，不利于总体趋势的观察有关。这也进一步证实了在整个民族地区的城市样本规模普遍较小的阶段，多样化在经济规模不足的地区无法有效改善生产效率，其原因在于：根据科研套利方程，多样化带来的知识交互和产品创新依然需要依托 R&D 支出来进行商业化转化，在经济规模较小的地区，商业创新的潜在利润较小，无法抵消研发的沉没成本，从而导致在经济规模较小的地区，即便存在多样化带来的知识溢出效应，但企业依然缺乏将知识转化为商业生产效率的动机，从而无法表现出积极效应。从相关多样化和不相关多样化的进一步细分来看，不相关多样化与相关多样化的三阶段的参数估计值分别为：-0.7100、-0.7577、-0.6855 和 -0.3341、-0.2884、-0.3728。鉴于民族地区整体城市规模较小，不相关多样化与相关多样化对全要素生产率的提高均有阻碍作用。但同样经济规模的样本，不相关多样化对城市全要素生产率的影响程度明显强于相关多样化。

**表 8－4　固定效应下以城市经济规模（ln*gdp*）为门限变量的回归结果（*N*＝430）**

| 被解释变量 | 时间段 | *g* | *tv* | *uv* | *rv* |
|---|---|---|---|---|---|
| | | 模型四十一 | 模型四十二 | 模型四十三 | 模型四十四 |
| *tfpch* | *scale*_(1) | 0.0474<br>(0.2390) | −0.5289***<br>(0.1003) | −0.7100<br>(0.4464) | −0.3341*<br>(0.1925) |
| | *scale*_(2) | 0.2440<br>(0.2370) | −0.5097***<br>(0.1014) | −0.7577<br>(0.4641) | −0.2884<br>(0.1893) |
| | *scale*_(3) | −0.0060<br>(0.2514) | −0.5510***<br>(0.1038) | −0.6855<br>(0.4547) | −0.3728*<br>(0.1971) |
| | | 模型四十五 | 模型四十六 | 模型四十七 | 模型四十八 |
| *techch* | *scale*_(1) | 0.4577**<br>(0.2288) | −0.1005<br>(0.0923) | −0.2209<br>(0.1426) | −0.0037<br>(0.1647) |
| | *scale*_(2) | 0.7144***<br>(0.2550) | −0.0750<br>(0.0907) | −0.1801<br>(0.1392) | 0.0520<br>(0.1640) |
| | *scale*_(3) | 0.4118*<br>(0.2360) | −0.0431<br>(0.0918) | −0.1213<br>(0.1411) | 0.1241<br>(0.1721) |
| | | 模型四十九 | 模型五十 | 模型五十一 | 模型五十二 |
| *effch* | *scale*_(1) | −0.3432<br>(0.2665) | −0.3623<br>(0.1145) | −0.3960***<br>(0.1526) | −0.3129*<br>(0.1663) |
| | *scale*_(2) | −0.1178<br>(0.2610) | −0.3941<br>(0.1127) | −0.4601***<br>(0.1514) | −0.2484<br>(0.1691) |
| | *scale*_(3) | −0.4065<br>(0.2683) | −0.4469*<br>(0.1157) | −0.5465***<br>(0.1539) | −0.3323*<br>(0.1791) |
| | | 模型五十三 | 模型五十四 | 模型五十五 | 模型五十六 |
| *pech* | *scale*_(1) | 0.4291<br>(0.3477) | −0.4651***<br>(0.1454) | −0.4918**<br>(0.2031) | −0.2594<br>(0.2271) |
| | *scale*_(2) | 1.1620***<br>(0.4209) | −0.4203***<br>(0.1468) | −0.3202<br>(0.2017) | −0.0496<br>(0.2278) |
| | *scale*_(3) | 0.1608<br>(0.3217) | −0.4550***<br>(0.1511) | −0.5047***<br>(−0.5047) | −0.2819<br>(0.2108) |

续表

| 被解释变量 | 时间段 | g | tv | uv | rv |
|---|---|---|---|---|---|
| | | 模型五十七 | 模型五十八 | 模型五十九 | 模型六十 |
| *sech* | *scale_*(1) | -0.5757** (0.2798) | 0.2057* (0.1230) | 0.2716 (0.1652) | 0.1258 (0.1829) |
| | *scale* _(2) | -0.9771*** (0.3213) | 0.1387 (0.1220) | 0.1507 (0.1635) | -0.0155 (0.1833) |
| | *scale* _(3) | -0.4168 (0.2589) | 0.1889 (0.1177) | 0.2420 (0.1575) | 0.0957 (0.1705) |

数据来源：作者计算得到，*、**和***分别表示在10%、5%和1%的显著性水平上统计显著。

其次，从产业结构与技术变动指数（*techch*）的门限回归结果来看，随着城市经济规模的扩大，专业化对城市技术改进的正向影响呈倒“U”形特征。多样化、不相关多样化与相关多样化均不利于城市技术改进，但随着城市规模的增大，其对生产率的负向影响强度存在差异。其中，多样化与不相关多样化对技术进步的负向影响随着城市规模的增大而不断减小，而相关多样化对技术进步的阻力随着城市经济规模的增大而增大。这与民族地区城市偏小，且普遍存在技术引进的现实情况相关，为了寻求城市经济的跨越式发展，政府在引进技术时比较关注其现实的生产力而较少考量与现有技术基础的垂直关联，因此导致不相关多样化对技术进步的负向影响有所改善，在城市经济规模越大的城市样本中体现得更明显。

最后，从产业结构与技术效率指数（*effch*）及其分解指标的门限回归结果来看，只有不相关多样化对技术效率存在显著增大的负向影响。从技术效率分解指标的回归结果看，专业化对纯技术效率的正向影响和规模效率的负向影响呈倒“U”形模式，而多样化、不相关多样化与相关多样化则对纯技术效率的负向影响和对规模效率的正向影响强度均呈波动变化。由此可见，专业化产业结构有利于民族地区较小经济规模城市的技术改进，却不利于技术效率改进。而在整体城市规模不足的民族地区，虽然具有一定的多样化规模，但鉴于未能从知识溢出的规模门槛上得以突破，依然扭转不了多样化既不利于技术进步也不利于技术效率改进的局面。

综上所述，由于民族地区城市的经济规模普遍偏小，且城市经济发展水平普遍较低，专业化的动态异质性表现较为明显，而多样化的动态异质性受限于民族地区城市样本规模，将不利于我们对问题的一般理论分析，因此，引入较大规模样本或其他区域的样本将更有利于我们对民族地区的城市经济发展情况的全面了解。

### 8.3.3 民族地区与其他区域的横向对比研究

为了使民族地区的城市经济发展情况更为立体地呈现出来，我们将从全国、东、中、西部城市的划分来与民族地区的城市回归结果进行比对，以多方位认识民族地区城市经济与其他地区的差距，进而有利于政府部门做出决策判断。我们选取了同样的时间段2005—2014年作为研究时段，选取了285个城市来进行研究，将所有的城市按照省份的东、中、西来划分城市样本进行研究。一共2850个样本，其中东部地区城市有1010个样本，中部1000个样本，西部840个样本，民族地区430个城市样本。通过对全国、东、中、西部城市的回归检验，我们将其结果整理于表8－5中。

第一，从产业结构对全要素生产率的影响来看，民族地区城市与全国总体城市的回归结果的正负属性一致，专业化、多样化的参数估计值分别为：0.0331、－0.0623和0.0693、－0.5121，但民族地区的产业结构的参数估计值的绝对值均大于全国总体水平，专业化无法在一般显著性水平上统计显著，而多样化统计显著。这表明民族地区的产业结构中，专业化产业结构有利于城市全要素生产率的改进且略高于全国整体水平，但低于西部城市水平（专业化的参数估计值为0.1026）。而多样化产业结构对城市全要素生产率的负向影响远大于全国整体和西部城市（西部城市多样化参数估计值－0.1872），表明民族地区城市的经济规模明显低于全国平均水平和西部平均水平。从东中部城市的专业化与多样化的参数估计值的属性来看，均不利于东部和中部城市的全要素生产率的改善，统计不显著。这表明，2005—2014年，中国东中部城市的经济发展已然迈过了专业化分工有利于短期生产率提高的阶段以及其所对应的小城市规模，而多样化的知识溢出有助于长期生产率增长尚未到来而亟须转型升级的阶段。从多样化的细分来看，全国城市与民族地区城市的不相关多样化与相关多样化的参数估计值分别为：-0.0580、-0.1018 和 -0.6976、-0.2710，均统计显著。从正负属性来看，相关多样化与不相关多样化均不利于全国和民族地区城市全要素生产率的提高；从参数估计值的绝对值来看，民族地区的多样化产业结构对生产率提高的阻力更大。这表明城市经济发展水平落后于全国平均水平的民族地区，除了整体城市经济规模是实现多样化对生产率的积极影响的瓶颈之外，还面临着本身产业结构单一亟须转型升级和生态环境保护的双重压力。

第二，从全要素的分解指标技术变动指数（*techch*）来看，中西部城市的专业化对生产率的改善与全国总体结果是一致的，不利于技术创新改进，这源于中部城市经济不断发展，专业化产业结构已经显现出明显的拥挤效应和自我锁定效应，推行专业化不利于城市全要素生产率的提高；西部地区在技术层面处于低技能专业化过渡时期从而不利于技术升级更新，妨碍了生产率的提升空间，而东部城市位于整个中国的技术前沿地区或高科技地区，不管是与世界技术的接轨、人力资源的匹配，还是技术的资金投入方面，都占有绝对优势，因此在专业化技术的精尖领域，由创新推动生产率的进步仍表现显著。这与 Handerson（2003）的研究是一致的，高科技行业的劳动生产率受该行业专业化的影响较为明显。民族地区的城市本身面临规模和技术基础的限制，不断扩大的城市发展与专业化分工带来的成本节约和不断扩大的规模经济显现出对城市全要素生产率显著的促进作用。随着时代的进步，网络技术的发展大大缩短了地理距离带来的技术知识交互障碍，因此对于知识交互频繁的城市，东中西部的地理格局并未在多样性的知识交互溢出中形成障碍，多样化对东中西部的城市技术创新都具有显著的正向促进作用。而民族地区几乎位于我国的老少边穷地区，除了本身面临恶劣的自然环境以外，地处边境的城市也充满了政治上的不稳定因素，在自然环境和政治环境双重影响下，还面临市场规模的瓶颈，因此多样化的产业结构无力集中有限资金、资源进行生产，因此不利于多样化对生产率的提高。从多样化的细分来看，只有在城市经济发展相对较好的东部地区，城市产业的不相关多样化与相关多样化结构对技术进步具有促进作用。

表 8-5　产业结构对生产率影响的区域对比($N=2850,1010,1000,840,430$)

| 生产率 | 产业结构 | 全国城市(模型六十一—七十二) | 东部城市(模型七十三—八十四) | 中部城市(模型八十五—九十六) | 西部城市(模型九十七——百零八) | 民族地区城市模型——十二 |
|---|---|---|---|---|---|---|
| tfpch | g | 0.0331<br>(0.0767) | -0.0226<br>(0.1817) | -0.0122<br>(0.0812) | 0.1026<br>(0.1426) | 0.0693<br>(0.2302) |
| | tv | -0.0623**<br>(0.0296) | -0.0410<br>(0.0514) | -0.0011<br>(0.0381) | -0.1872***<br>(0.0686) | -0.5121***<br>(0.1012) |
| | uv | -0.0580<br>(0.0435) | 0.0128<br>(.0814) | 0.0862*<br>(0.0522) | -0.3560***<br>(0.0928) | -0.6976***<br>(0.1364) |
| | rv | -0.1018**<br>(0.0503) | -0.1743*<br>(0.0998) | -0.1161*<br>(0.0598) | 0.0111<br>(0.0974) | -0.2710*<br>(0.1508) |
| techch | g | -0.0931<br>(0.0641) | 0.0144<br>(0.1334) | -0.0782<br>(0.0859) | -0.1558<br>(0.1275) | 0.4441**<br>(0.2004) |
| | tv | 0.0899***<br>(0.0247) | 0.1240***<br>(0.0375) | 0.2030<br>(0.0403) | 0.0698<br>(0.0616) | -0.0751<br>(0.09157) |
| | uv | 0.1136***<br>(0.0363) | 0.2050***<br>(0.0594) | -0.0368<br>(0.0554) | 0.1338<br>(0.0837) | -0.1730<br>(0.1233) |
| | rv | 0.1071**<br>(0.0420) | 0.1587**<br>(0.0732) | 0.0988<br>(0.0634) | -0.0053<br>(0.0871) | 0.0416<br>(0.1326) |
| effch | g | 0.0808<br>(0.0815) | -0.0334<br>(0.1756) | 0.0376<br>(0.1022) | 0.1705<br>(0.1562) | -0.3455<br>(0.2520) |
| | tv | -0.1349***<br>(0.0314) | -0.1501***<br>(0.0494) | -0.0160<br>(0.0479) | -0.2095***<br>(0.0752) | -0.3592***<br>(0.1132) |
| | uv | -0.1535***<br>(0.0461) | -0.1875**<br>(0.0784) | 0.1095*<br>(0.0658) | -0.3971***<br>(0.1016) | -0.4503***<br>(0.1531) |
| | rv | -0.1831***<br>(0.0533) | -0.2839***<br>(0.0962) | -0.1835**<br>(0.0753) | 0.0110<br>(0.1067) | -0.2351<br>(0.1657) |

数据来源:作者计算得到,*、**和***分别表示在10%、5%和1%的显著性水平上统计显著。

第三,从全要素分解的另一个指标技术效率(*effch*)来看,技术效率的作用主要来自水平集聚效应,而技术进步则主要依靠垂直集聚效应实现。因此,从各区域城市的产业专业化的参数估计值来看,民族地区与东部城市的参数估计值的影响方向一致：-0.0334、-0.3455，但东部地区的多样化是高精尖技术上的专业化的产业结构为投资、技术高门槛阻挡而不利于产业的水平集聚，从而不利于专业化的技术效率提升；而民族地区的专业化属于低技术的水平集聚规模不足而妨碍技术效率的提高。从多样化的参数估计值来看，我国各区域城市的多样化的水平规模的集聚都不足，这也与我们城市经济发展仍处于相对较低的水平相关。从参数估计值的绝对值的排序来看，这也证实了民族地区城市经济发展的欠发达事实。多样化的细分指标的参数估计值再次印证了不相关多样化对不同发展水平、不同发展规模的城市全要素生产率的影响存在差异，证实了我们从不相关多样化与相关多样化的视角来分析产业结构对城市全要素生产率影响的必要性。

正如我国著名的经济学家林毅夫、任若恩（2007）曾指出的，一个国家经济发展要长期可持续，重要的是技术的不断创新，而不在于全要素生产率的高低。因此，如果只是从全要素生产率的表现来看，不能对城市经济发展的总体走向和影响因素做出深入而客观的评价，其实不利于政府决策参考。因此，把握住生产率提高源自技术进步这一主要问题后，从我们的回归结果中，依然能看到，不管是从总体样本来看，还是从东中西区域划分的样本回归结果来看，多样化产业结构的技术进步对全要素生产率具有主导作用，其参数估计值分别为：0.0899、0.1240、0.2030、0.0698，其中总体城市和东部地区城市的参数估计值在 1% 的显著水平上统计显著。从多样化的细分来看，东部地区城市由于几乎处于中国的技术前沿地区，因此，不相关多样化与相关多样化均体现出对生产率的强势改进作用；但对于不断崛起的中部城市，相关多样化有利于技术进步；而经济发展相对落后的西部城市则表现为不相关多样化更有利于技术的进步。这与现实相符，西部地区正是由于经济的落后，自身发展的系统能力不足，正在通过直接引进先进技术，跳跃式发展以实现整体经济的发展，因此样本体现为不相关多样化对生产率的促进作用，但在一般显著水平上统计不显著。因此，我们也不得不思考，如果民族地区被动接受产业转移，短期的利好是否有利于长期的城市全要素生产率提高。因此，我们将全要素生产率进行分解也旨在更清楚更全面立体地认识研究期间城市全要素生产率发展的情况，以便更有利于政府进行相关的政策制定。而民族地区城市与东中西部城市在多样化及分解指标中的异质表现，除与其特殊的自然、政治环境有关以外，与其自身民族关系复杂，经济发展方式与自身文化习俗的融合等方面也有莫大的关系，这也是本研究需要拓展的地方。

## 8.4 本章小结

我们对中国 43 个地级市 2005—2014 年的全要素生产率进行了计算及分解，从更为细致的专业化、多样化、不相关多样化与相关多样化对城市全要素生产率影响的回归分析，以及基于时间和城市经济规模为门限变量对产业结构进行了动态、规模异质性的门槛检验，为了更为客观立体地展现民族地区城市经济发展的情况，我们将全国 285 个城市、东部 101 个城市、中部 100 个城市和西部 84 个城市的回归结果进行了对比分析。主要的结论如下：

第一，不管是对民族地区的城市产业结构与城市全要素生产率的回归结果，还是全国、东中西部城市的回归结果均表明：从更为细分的不相关多样化与相关多样化的产业结构划分，更利于我们从知识溢出层面的产业集聚视角，对产业结构与城市全要素生产率的理论机制的深度挖掘和提高集聚对城市经济发展的解释力；城市全要素生产率的高低并不能完全代表其生产率的高低，通过对全要素生产率的分解有利于我们寻找城市全要素生产率变化的根源。实证结果表明，与技术效率相比，技术进步是推动全要素生产率改善的关键，且在不同区域样本中得到了证实。

第二，从产业的专业化、多样化、不相关多样化与相关多样化产业结构对全要素生产率的动态规模异质性影响分析表明，随着时间推移，专业化对全要素生产率促进作用呈现倒“U”形趋势，当城市规模达到一定程度后，受限于专业化的“自我锁定效应”和城市的“拥挤效应”，专业化产业结构将不利于全要素生产率的提高。相反，多样化则呈现出越来越显著的促进作用，而且这种促进作用在城市经济规模较大的样本中表现得更为明显。但民族地区的城市样本研究结果显示多样化不利于城市全要素生产率的提高。这是因为民族地区局限于有限的城市经济发展水平、城市规模和技术基础，如果以有限的资金、资源分散多样化来发展城市经济，无异是杯水车薪，将会阻碍整个城市全要素生产率的提高。

第三，从多样化的细分产业结构对生产率的分析来看，针对不同的生产率指标呈现出较大的差异，不相关多样化与相关多样化对技术进步均具有显著的促进作用，而对技术效率均体现出显著的阻碍作用。不管是从以时间为门限变量的三阶段回归结果，还是从以城市经济规模为门限变量的三阶段回归结果来看，不相关多样化与相关多样化对技术进步的促进影响均在一般显著性水平上统计显著，且参数估计值逐渐增大，相关多样化的参数估计值的增速较大，且均在第二个门限值之后，超过不相关多样化的参数估计值，相关多样化代替不相关多样化在第三阶段体现出对技术进步影响的主导作用。不相关多样化与相关多样化对城市全要素生产率影响作用的交替关系，与我国的科学技术的跳跃式发展分不开，由于发展初期的技术基础的不足，技术的植入难免与已有技术之间表现出明显的不相关多样化，植入技术为我所用，由此形成系统性的城市技术基础后，技术基础上的相关多样化产业结构便体现出对生产率更大的推动作用。不相关多样化与相关多样化对技术进步的影响作用也通过了东中西部城市的区域稳健性检验。相对于东中部城市，西部城市基本处于技术植入尚未形成系统的技术基础阶段，不相关多样化处于对生产率具有正向促进作用阶段。而东中部城市相对而言则基本形成基础技术系统，因此，相关多样化体现出对生产率的正向促进作用。而民族地区城市规模与经济发展水平尚未达到多样化对生产率的正向影响的门槛，因此在不相关多样化和相关多样化均表现出对城市全要素生产率的负向作用，鉴于政府对产业发展的选择更倾向于与本地技术相关的产业，因此，不相关多样化对城市全要素生产率提高的阻碍作用大于相关多样化。

基于以上的研究，我们在考虑生产率时，不能单从全要素生产率指标来判研城市经济的发展潜力，而应立足于全要素生产率的分解指标，尤其基于技术进步的考量更利于地方政府在政策制定时作出理性选择。我们在制定相关产业政策时，在考虑产业的专业化与多样化的基础上，不仅要考虑城市经济规模和发展周期，还应从更为细分的不相关多样化与相关多样化的技术关联层面进行权衡。

# 第9章　产业结构对民族地区贫困减缓的影响
## ——基于专业化、多样化视角

城市作为要素集聚的核心载体，不仅应该实现城市自身发展，而且应体现出对民族地区总体经济发展的有力带动。因此，为了刻画民族地区城市产业结构通过城乡关联产生的溢出效应，本章使用民族地区农村贫困情况作为代理变量来识别该种溢出效应，从而体现共享发展的诉求。

"十三五"期间，贫困问题是民族地区全面建成小康社会的重要制约因素。与其他地区的"插花式"贫困不同，民族地区最大的贫困事实是经济不发达，最大的致贫原因则是经济不发达导致的经济机会不足。经济增长依然是民族地区实现自生减贫的最重要动力来源，也是新一轮大规模减贫的关键所在。民族地区贫困主要表现为农村贫困，但致贫原因却表现为民族地区城市经济机会的匮乏和城乡产业关联的不足。因此，何种产业结构更有助于构建民族地区城乡产业关联和实现农村贫困减缓，是民族地区城市经济产业发展政策的重要着力点。然而，截至目前，无论是理论层面还是实证层面都尚无统一结论说明何种产业结构对贫困的增长弹性起到决定性作用。何种产业发展策略更有助于减贫，是民族地区政府层面制定减贫策略时争论的重点所在，从政策层面研究民族地区城市产业结构与贫困减缓的关系具有重要现实意义。

## 9.1　产业结构减贫效应问题的研究背景

针对产业结构与贫困减缓的关系，现有研究主要从三次产业的角度识别了贫困增长弹性在农业和非农部门的区别，这样的研究通常认为农业部门比非农部门具有更强的减贫绩效，第三产业比第二产业更有助于贫困减缓。然而，现有研究对不同行业部门减贫效应的细致考察还有所不足。从三次产业角度展开的研究至少存在三点不足：第一，第一产业和第三产业都与第二产业的发展密切相关，因此非农部门减贫弹性更低的现有结论低估了非农产业尤其是第二产业的减贫绩效；第二，从三次产业角度展开的研究不能解释产业结构与减贫的关系在不同时期和不同地区的差异问题，非农产业内部增长是不平衡的，某些行业部门占经济增长的份额更大，三次产业结构掩盖了细分行业部门的结构差异；第三，三次产业与减贫的关系对减贫政策制定的操作性建议不足，即便我们知道何种产业更有助于减贫，也无法知道该发展何种行业部门，更无法解析行业部门间的产业关联。目前很少有研究分析非农部门内部的减贫弹性差异，Thirtle 等（2003）细分了非农部门，但没有发现制造业和服务业减贫弹性的差异，而 Loayza 等（2010）对工业部门进行的细分研究却表明，劳动密集度高的制造业和建筑业具有更强的减贫弹性。这些细分行业部门层面的研究表明确实有必要在分析产业结构与贫困减缓的关系时，进行更为细致的研究。

但值得注意的是，虽然减贫弹性更大的行业部门通常是那些使用大规模低技能劳动力的部门（如旅游业、建筑业、物流业等），但这些行业部门无法孤岛式存在，而是因相关行业部门的发展而生，或者依赖关联行业部门的发展而扩张。因此，能够促进低技能劳动力需求部门发展的行业部门（如房地产行业），或者能够改善贫困人口人力资本的行业部门（如教育、健康等行业）也具有显著的减贫效应。Dorosh 等（2014）的研究表明房地产行业虽然是一个包括很多知识密集型活动的行业，但该行业表现出的减贫作用意味着与知识溢出有关的就业增长给减贫带来的乘数效应。因此，在细分研究产业结构与贫困减缓的关系时，应从产业结构影响减贫的内在机理出发，并考虑到行业部门间的交互影响。本章将集聚作为产业结构形成和演化的内生动力，研究了专业化、相关多样化以及不相关多样化与贫困减缓的关系，既细致考察了不同产业结构减贫效应的差异，又能够为政策层面制定何种产业发展政策提供明确启示，这也是本章研究视角的创新所在。与既往研究产业结构与减贫的文献相比，该视角的优点在于：第一，产业结构的专业化和多样化是影响就业的更根本所在。专业化导致的马歇尔外部性能够获得专业化要素集聚优势，而多样化导致的雅各布斯外部性能够导致多样化部门间的知识溢出，这些均能够影响低技能劳动力的就业和贫困减缓。第二，产业结构的专业化和多样化分解能够识别不同产业结构减贫弹性在不同地区的差异和动态演化。受技术距离和既有产业的影响，城市地区和农村地区、处于工业化不同阶段的地区的就业和贫困减缓受益于不同的多样化和专业化程度，并且多样化和专业化对同一地区就业和减贫的影响也存在时间不一致性，专业化在产品生命周期的初期和中期阶段更能体现出产业扩张的积极效应，但在后期则可能因锁定效应而不利于就业和减贫。

如何识别专业化、相关多样化、不相关多样化与贫困减缓的非线性表现和区际差异是本章在研究方法上的主要创新，既往研究很少关注产业结构减贫效应的非线性特征，如门限效应、边际递增效应或者边际递减效应等。但无论是从三次产业的角度，还是从专业化与多样化的角度，产业结构的减贫弹性都是规模扩张带来的正外部性，以及效率改进和产业锁定带来的劳动力需求减少等负外部性的净效应，而正负两方面外部性都随产业结构演化而不断变动，因此产业结构的减贫弹性应体现出非线性特征。现有研究之所以较少关注该非线性特征，其原因在于既往研究方法在应对非线性时的假设过强，从而失却了实证结果的稳健性。现有实证模型在处理非线性效应时，通常在水平值的基础上引入二次项或者三次项，并采取线性回归，但这些方法引入的水平值、二次项或者三次项存在较强相关性，较少的异常值即可导致参数估计值的显著差异，在没有明确理论支撑的情况下使用明确的线性设定来识别非线性问题，无法捕捉模型设定之外的非线性效应。为此，本章使用了门限面板模型来分析专业化、相关多样化以及不相关多样化对贫困减缓的非线性影响。通过设定不同的门限变量，能够识别产业结构减贫弹性的地区特性和动态变迁。

在产业结构测度时，本章使用 Frenken(2007)的方法量化测度了中国省级层面的专业化、相关多样化和不相关多样化指数，不仅能够识别专业化与多样化减贫效应的区别，而且能够就相关多样化和不相关多样化的减贫弹性差异进行分析。在贫困指标的选择上，现有研究倾向于使用低收入群体收入数据或者恩格尔系数等消费指标作为贫困状况的代理变量，这导致无法基于参数估计值对减贫效应进行直接经济解释，对贫困人口收入或者消费的影响并不意味着贫困减缓。为此，本章使用FGT贫困指数测度了贫困发生率、贫困距和平方贫困距，使用FGT贫困指数的优点在于不仅可以分析产业结构与贫困发生率的关系，而且可以有效分析产业结构对贫困人口收入分布的影响，实证结果的可解释性更强，且政策内涵更为丰富。

## 9.2　产业结构影响贫困减缓的理论分析

产业结构与贫困减缓的关系是相关实证研究广泛关注的问题，Thorbecke & Jung(1996)，Ravallion & Datt(1996)最早对该问题进行了实证研究。但之后的大量研究(Khan，1999；Ravallion & Chen，2004；Loayza & Raddatz，2006；Montalvo & Ravallion，2010；Christiaensen et al.，2011；张萃，2011；单德朋，2012；汪三贵、胡联，2014)却没有得出连贯统一的结论，相关研究结论因数据来源、指标选择、研究区域和研究方法等的差异而不同。从研究结果的普遍表现来看，更多的研究认为农业部门比非农部门具有更强的减贫关联，且第三产业比第二产业减贫弹性更大。其原因在于农业部门的劳动力需求与贫困人口劳动力禀赋更为匹配，且能够吸纳更多的贫困人口就业。但最近的研究中，章元和许庆(2011)，Collier & Dercon(2014)等对农业部门的减贫效应进行了质疑。Collier & Dercon(2014)指出农业部门的发展依赖于经济体中其他部门的需求增长，农业部门发展与贫困减缓更多地体现为相关关系而非因果关联。为此，在减贫政策的产业导向上，他们鼓励增强农业部门与非农部门的关联，而非强调农户农业发展的减贫效应。总之，简单使用三次产业或者农业与非农部门的产业划分来制定推动贫困减缓的产业发展政策时，很难得到协调一致的政策启示。为此，相关研究的一个趋势是从产业结构影响贫困的机理出发，更细致考察不同行业部门之间和内部的减贫弹性差异。

从产业结构与贫困减缓的理论关联来看，现有研究认为产业结构的减贫效应主要通过对不平等、就业以及低技能劳动力回报的影响来完成。但不平等程度的变化内生于不同劳动力的就业结构和劳动回报，因此贫困人口的就业和低技能劳动力劳动报酬是不同产业减贫弹性差异的根源。Loayza & Raddatz(2010)，单德朋(2012)以及汪三贵和胡联(2014)利用劳动密集度分析了不同部门减贫弹性的差异，认为劳动密集度大的行业部门具有更强的就业吸纳能力，从而具有更为显著的减贫效果。利用劳动密集度对产业结构进行的分解，比三次产业划分更贴近产业结构影响贫困减缓的内在机理，但依然忽略了不同行业部门之间的内外部关联。以互联网产业为例，互联网产业本身对低技能劳动力的就业吸纳能力较弱，但"互联网+"背景有效促进了物流行业等劳动力密集度较大的行业部门，从而产生了行业部门间的减贫溢出效应。但与此同时，某些新行业部门的产生也可能会导致原有行业的创造性毁灭，从而产生减贫挤出效应。现有研究也忽略了同一行业部门减贫效应自身的动态演化，某行业部门的就业吸纳能力将随着产品生命周期和就业波动发生变化。

虽然现有研究未能就上述的减贫溢出效应、减贫挤出效应以及减贫效应的动态性进行研究，但集聚理论中对于专业化、多样化与就业关系的研究与该问题类似，且能够对产业结构的上述减贫效应进行逻辑一致的解释。Glaeser 等(1992)将要素专业化集聚归纳为 Marshall - Arrow - Romer(MAR)模型，MAR 模型认为区域产业结构的专业化集聚能够推动区内相同产业企业之间的知识溢出和创新活动。专业化鼓励知识、信息、创意以及产品和生产流程通过模仿、商业往来、技术人员交流等非货币沟通形式进行交换，使得专业化行业部门在扩张阶段实现劳动力边际产出递增，从而有助于就业改善和劳动报酬总量增加，同时产业结构的专业化也会导致产业锁定效应，从而在需求波动时对就业产生负面影响。然而 Jacobs(1969)认为知识溢出的最大来源并非同类企业的集聚，而是源于不同行业间企业的交互。Jacobs 强调了多样化行业部门的地理集聚能够推动知识溢出，从而促进创新和就业改善。一个更为多样化行业网络的地理接近能够推动不同行业进行相互模仿，共享和重构互补的知识和创意，这构成了创造新行业和新产品的必要条件。Frenken 等(2007)在马歇尔外部性和雅各布斯外部性的基础上，对产业结构的多样化进行了解析，相关多样化有利于知识在不同但是相互补充的部门分支之间的溢出，不相关多样化对于增长的可能优势在于该种产业结构下，经济增长将体现更低的波动性，从而缓解经济波动对增长和就业的负面影响（Portfolio Effect，组合效应）。因此，相关多样化和不相关多样化都可能对就业增长具有正向影响，但只有相关多样化能够反映知识扩散中的动态优势，不相关多样化对就业的影响主要体现为缓冲器作用（Cushioning Effect）。Bishop（2010），Van Oort 等（2014）和 Cortinovis 等（2015）的研究均对专业化、相关多样化、不相关多样化与就业的关系进行了实证检验。本章虽然借鉴了集聚理论中对于专业化、多样化与就业的研究视角，但研究贫困减缓和就业问题有两点核心区别：一方面，鉴于贫困人口的禀赋特征，贫困减缓更为关注低技能劳动力的就业以及自我雇佣劳动力的就业问题；另一方面，基于新古典分配理论，贫困问题结合了就业和劳动力要素回报，既考虑了产业结构对就业规模的影响，又综合体现了生产效率改进和劳动力边际产出变动对劳动报酬的影响。

产业结构专业化、多样化的减贫效应体现在如下方面：

（1）贫困主体收入提升的微观机制

普通家庭收入可以分为工资性收入、经营性收入、资产性收入和转移支付收入，但基于贫困主体的禀赋特征，贫困人口收入可持续提升主要依赖低技能劳动供给形成的工资性收入增加。根据新古典分配理论，工资报酬取决于劳动力市场的均衡工资和企业利润最大化决策下的劳动力需求。因此，在低技能劳动力工资竞争性决定的背景下，贫困人口收入提升和贫困减缓取决于企业低技能劳动力的需求。从要素投入的角度来看，企业根据边际产品收益等于边际要素支出做出利润最大化选择，即 $MR * MP_L = w$，其中 $MR$ 为产品边际收益，$MP_L$ 为劳动力边际产出，$w$ 为工资率水平。企业低技能劳动力需求和产业结构的减贫效应与 $MR$、$MP_L$ 和 $w$ 的变动有关，具体存在如下三种情形。

第一，如果 $MR$ 不变或者增加，生产效率提升带来的低技能劳动力 $MP_L$ 增加，使得企业在工资黏性的情况下，会扩大劳动力要素投入，体现为显著的减贫效应。因此，产业结构影响贫困人口投入提升的关键在于低技能劳动力 $MP_L$ 的变动，即产业结构的减贫弹性依赖于何种产业结构更有助于生产效率改进，尤其是低技能劳动力的边际产出提高。产业结构是否改善了低技能劳动力的生产效率构成了产业结构减贫效应动态异质表现的第一个来源。

第二，如果 $MR$ 递减，且 $MR$ 递减幅度大于生产效率改进带来的低技能劳动力 $MP_L$ 增加，则企业将会通过降低劳动力的需求使得边际产品收益等于边际支出。因此，产业结构的减贫效应受到 $MR$ 变动的扰动。并且，产品市场结构的垄断势力或者竞争激烈程度将通过改变产品 $MR$，影响产业结构的减贫效应，这也是产业结构减贫效应异质表现的第二个来源。

第三，在经济下行波动的情况下，劳动力需求系统性下降，导致劳动力市场均衡 $w$ 的下降，从而不利于贫困人口收入提升。不同产业结构在不同地区和不同时期的稳健程度不同，这形成了产业结构减贫效应动态异质表现的第三个来源。

（2）专业化影响贫困减缓的理论机制与动态异质表现

Glaeser 等（1992）认为专业化鼓励知识、信息、创意以及产品和生产流程通过模仿、商业往来、技术人员交流等非货币沟通形式进行交换。区域产业结构的专业化集聚能够推动区内相同产业企业之间的知识溢出和创新活动。因此，行业部门的专业化有助于部门内的知识溢出，从而导致对现有产品和生产流程进行改进的补充性创新的出现，提升劳动力的边际产出和真实劳动回报，但专业化的减贫效应存在时间不一致性和组间异质性。

①专业化减贫效应的时间不一致性。在初始阶段，$MR$ 不变，专业化导致的生产效率提升带来低技能劳动力 $MP_L$ 增加，使得专业化行业部门在扩张阶段实现了劳动力边际产出递增。企业会因为低技能劳动力生产效率的改进而扩大生产规模，提高行业部门的低技能劳动力的就业吸纳能力，有助于就业改善和劳动报酬总量增加。但同时，产业结构的专业化也会在长期产生产业锁定效应，从而在需求下行波动时对就业产生负面影响，而就业下行波动对贫困人口的负面影响更大。

②专业化减贫效应的组间异质性。在 $MP_L$ 增加的同时，$MR$ 因产品供给竞争的加剧而下降，专业化生产率的改进也会体现为就业减少和不利于减贫的可能。产品供给竞争程度受区域市场规模的影响，专业化在市场规模较大的地区带来更强的竞争，企业边际收益更低，若专业化带来的生产效率

提高无法抵消产品边际收益的递减，则表现为就业吸纳力的下降，从而降低减贫绩效。但与此同时，经济规模较小的区域，专业化导致的产业结构锁定在外部需求波动时受到的负面影响更大。因此，行业部门专业化在短期和中期同时存在就业吸纳减贫效应和就业减少的负向减贫效应，专业化的综合减贫效应有待于实证，而长期则主要体现为就业波动的负向减贫效应。

（3）多样化影响贫困减缓的理论机制与动态异质表现

马歇尔外部性强调了要素专业化集聚的经济影响，然而 Jacobs（1969）则认为知识溢出的最大来源并非发生于同类企业的集聚，而是源于不同行业间企业的交互。Jacobs 强调了多样化行业部门的地理集聚能够推动知识溢出，从而促进创新和就业改善。一个更为多样化行业网络的地理接近能够推动不同行业进行相互模仿，共享和重构互补的知识和创意，这构成了创造新行业和新产品的必要条件。Frenken 等（2007）在马歇尔外部性和雅各布斯外部性的基础上，对产业结构的多样化进行了解析，相关多样化有利于知识在不同但是相互补充的部门分支之间的溢出，不相关多样化对于增长的可能优势在于该种产业结构下，经济增长将体现更低的波动性，从而缓解经济波动对增长和就业的负面影响（Portfolio Effect，组合效应）。

①相关多样化的减贫效应和异质表现。相关多样化的行业部门之间认知距离较短，存在相容的知识基础，相关多样化能够通过知识溢出的正外部性，在相关的行业部门间共享和重构互补知识与创意，从而有助于新产品和新生产部门的出现。如果新出现的生产部门具有较强的低技能劳动力吸纳能力，或者扩大了既有部门的就业吸纳能力，则相关多样化有助于贫困减缓，体现出减贫溢出效应。但新产品和新生产部门的出现也可能通过创造性毁灭，使得既往低技能劳动密集型的行业部门就业规模缩小，从而体现为相关多样化的减贫挤出效应。相关多样化与贫困减缓的关系还与样本区域与技术前沿的距离有关，对于距离技术前沿较远的区域，其生产效率改进主要源于生产过程的投入产出效率改进，而非新产品和新部门的创造。对于技术更高的区域，多样化尤其是相关多样化更有助于通过相关部门的知识溢出体现新行业部门的创造。因此，在距离技术前沿较远的地区，生产效率的改进主要依靠的是专业化而非相关多样化，从而导致在低技术区域，专业

化比相关多样化更有助于贫困减缓，而在高技术区域专业化和相关多样化的区域，减贫绩效取决于减贫溢出效应和减贫挤出效应的比较。

②不相关多样化的减贫效应和动态异质表现。不相关多样化能够在经济下行波动时降低低技能劳动力就业的敏感性，从而有助于就业稳定和贫困减缓，使得不相关多样化体现为贫困减缓的缓冲器效应。但不相关多样化的减贫缓冲器作用受区域市场规模的影响，经济规模较小的区域，专业化导致的产业结构锁定在外部需求波动时受到的负面影响更大，不相关多样化带来的减贫缓冲器效应对市场规模较小的区域更为重要。而市场规模较大地区的贫困减缓则主要受益于相关多样化带来的减贫溢出效应，而非相关多样化的减贫缓冲器效应。同时，不相关多样化的减贫效应也存在时间不一致性，在经济上行波动阶段，不相关多样化程度的提升，反映了专业化和相关多样化程度的不足，从而削弱了专业化和相关多样化通过生产率改进和就业吸纳产生的减贫效果。而在经济下行阶段，不相关多样化将更多体现为缓冲器作用，从而有助于贫困减缓。

集聚理论中对于专业化、多样化与就业关系的研究与本章的理论机制类似，Bishop（2010），Van Oort 等（2014）和 Cortinovis 等（2015）的研究均对专业化、相关多样化、不相关多样化与就业的关系进行了实证检验。本章虽然借鉴了集聚理论中对于专业化、多样化与就业的研究视角，但研究贫困减缓和就业问题有两点核心区别：一方面，鉴于贫困人口的禀赋特征，贫困减缓更为关注低技能劳动力的就业以及自我雇佣劳动力的就业问题；另一方面，基于新古典分配理论，贫困问题结合了就业和劳动力要素回报，既考虑了产业结构对就业规模的影响，又综合体现了生产效率改进和劳动力边际产出变动对劳动报酬的影响。

与本章相近的是丁建军等（2016）的研究，他们研究了美国阿巴拉契亚地区经济多样性的减贫效应，认为多样化的生计方式有助于就业创造和经济稳定，从而有助于贫困减缓。他们从产业多样性、功能多样性、职业多样性和知识多样性等方面对多样化与减贫的关系进行了细致研究。他们的研究忽略了对专业化的分析，而多样化与贫困存在反向因果的可能，即便明确了知识多样化的减贫效应，贫困地区也能因为贫困本身而无法形成该种多样化的生计。另外，他们也没有考虑产业结构减贫效应的动态异质表现，他们的研究对于同质样本是合宜的，但却很难应对民族地区贫困地区差异化的贫困事实和"精准滴灌""因地施策"的政策需要。

## 9.3　计量模型设定、变量选择与数据来源

### 9.3.1　计量模型设定

由于民族地区城市产业结构专业化、相关多样化与不相关多样化与民族地区贫困减缓的关系在短期和中长期有所不同，并且不同产业结构的减贫弹性受市场规模和技术前沿距离的影响，为此，本章使用多门限面板模型进行实证检验，以识别产业结构减贫弹性的动态异质表现。既往研究之所以较少关注该非线性特征，其原因在于既往研究方法在应对非线性时的假设过强，从而失却了实证结果的稳健性。在没有明确理论支撑的情况下使用明确的线性设定来识别非线性问题，无法捕捉模型设定之外的非线性效应。通过设定不同的门限变量，能够识别产业结构减贫弹性的地区特性和动态变迁。模型的初始设定为：

$$pov_{it} = \alpha_0 + \sum_{k=1}^{K}\beta_k x_{kit} + \delta_1 industry_{it}(q_{it} \leqslant \gamma) + \delta'_1 industry_{it}(q_{it} > \gamma) + \alpha_i + \varepsilon_{it} \tag{9.1}$$

其中，下标 $i$ 和 $t$ 分别研究区域和时间点，$pov_{it}$ 表示被解释变量，在本章中为区域 $i$ 在 $t$ 时期的贫困状况。$industry_{it}$ 表示区域 $i$ 在 $t$ 时期的产业结构，也是本章的主要解释变量。$x_{kit}$ 为由控制变量构成的 $K$ 维向量，包括经济增长、对外开放程度等影响贫困的其他因素。$q_{it}$ 表示门限变量，$I(.)$ 为示性函数，$\gamma$ 为门限值，如果存在门限效应，则在门限值前后主要解释变量 $industry_{it}$ 的参数估计值显著不一致，即 $\delta_1 \neq \delta'_1$。$\alpha_0$ 为常数项，$\alpha_i$ 为固定效应，$\varepsilon_{it}$ 为服从均值为0，方差为 $\sigma^2$ 独立正态分布的随机扰动项，$\varepsilon_{it} \sim iid(0, \sigma^2)$。

根据本章的理论机制分析，产业结构与贫困减缓存在渐进关系，即存在多门限的可能。以双门限为例，我们可以将式(9.1)的双门限扩展形表示为：

$$pov_{it} = \alpha_i + \sum_{k=1}^{K}\beta_k x_{kit} + \delta_1 industry_{it}(q_{it} \leqslant \gamma_1) + \delta'_1 industry_{it}(\gamma_1 < q_{it} \leqslant \gamma_2) +$$

$$\delta''_1 industry_{it}(q_{it} > \gamma_2) + \varepsilon_{it} \tag{9.2}$$

$\gamma_1$ 和 $\gamma_2$ 分别表示两个门限值，如果存在两重门限，则 $\delta_1 \neq \delta'_1 \neq \delta''_1$。基于式（9.2），我们还可以给出多重门限的模型设定。接下来在进行门限面板模型实证分析时，需要利用残差平方和最小的思路确定门限值 $\gamma$，检验门限效应显著性，并对门限值的参数估计值与真实值进行一致性检验。如果存在多个门限，则需要对上述过程重复进行。

### 9.3.2 变量选择与数据来源

由于民族地区 43 个市辖区贫困数据无法得到，故本章在分析民族地区城市产业结构与民族地区贫困减缓的关系时，基于 2005—2014 年的民族八省区面板数据进行实证检验。计量模型使用贫困作为被解释变量，专业化、相关多样化、不相关多样化等作为主要解释变量，使用经济发展、经济密度、贸易开放度、受教育年限、固定资产投资、R&D 支出等作为控制变量。

（1）被解释变量

本章使用 FGT 贫困指数测度了各省区历年的农村贫困状况，FGT 指数被定义为：$P_\alpha = \int_0^z \left[\frac{z-x}{z}\right]^\alpha f(x)\,\mathrm{d}x, \alpha \geqslant 0$。其中，$x$ 表示农村居民家庭收入；$f(x)$ 为农村居民家庭收入分布函数；$z$ 表示贫困线，我们以 2010 年不变价格的 2300 元对历年贫困线进行了动态调整；$\alpha$ 表示对贫困人口收入分配的调整参数，$\alpha$ 越大表示对距离贫困线更远的贫困人口赋予更大权重，当 $\alpha = 0, 1, 2$ 时，FGT 指数分别代表贫困发生率指数（$H$），贫困距指数（$PG$）和平方贫困距指数（$SPG$）（单德朋，2013）。现有研究在进行贫困指标选择时，通常使用农村居民收入甚至农村居民恩格尔系数来替代农村贫困，这样处理有其合理性，但模糊了农村居民和农村贫困人口的区别，并且不能有效反映贫困深度。本章分别将贫困发生率、贫困距和平方贫困距作为被解释变量，不仅能够识别产业结构与贫困人口比重的关系，而且有助于分析产业结构对贫困人口收入分布的影响，从而使得政策启示更为丰富。具体而言，如果产业结构体现了对贫困发生率指标的积极改善，而未能体现对平方贫困距的改善，则可以认为产业结构主要对贫困线附近的贫困人口具有显著减贫作用，而无法体现对深度贫困群体的益贫性。为了对产业结构影响贫困人口收入分布的情况进行稳健性检验，本章在稳健性检验中还是用了基尼系数作为被解释变量。在进行 FGT 贫困指数和基尼系数测度时，使用了世界银行的 POVCAL 计算平台，该指数测度依赖于洛伦兹曲线估计，原始数据源于历年各省区统计年鉴中农村居民收入五等分数据①。

(2) 主要解释变量

本章的主要解释变量是产业结构的专业化、相关多样化和不相关多样化程度。我们借鉴了专业化基尼系数方法来测度专业化，多样化则使用熵指数法来测量，第 5 章已对这两种测度方法进行了详细的阐述，此处不再赘述。多样化测度中，小类行业为第一产业的农、林、牧、渔及农林牧渔服务业等 5 个小类行业，农业 1 个大类；第二产业根据潘文卿等（2011）的研究成果，将 27 个工业小类分为 4 个大类，将建筑业的 3 个小门类视为 1 个大类；将第三产业的 14 个小类归纳为 4 个行业大类。因此，本章在《国民经济行业分类》选取了与研究相关的 49 个二位数行业作为行业小类，一共 10 个大类。数据来源于各省区历年统计年鉴、《中国工业统计年鉴》和《中国第三产业统计年鉴》。

(3) 门限变量和控制变量

为了体现产业结构减贫效应的动态演化，本章设定时间作为门限变量，同时为了反映产业结构减贫弹性与经济规模和前沿技术距离的关系，还分别使用经济规模和技术前沿距离作为门限变量，对样本类型进行区分。

① 有五个省份部门年份在统计年鉴中没有给出按收入五等分的农村居民收入数据，我们利用地级市数据进行了拟合。我们测度的 FGT 贫困指数已经推算到 2014 年，如果需要可以跟作者索取。

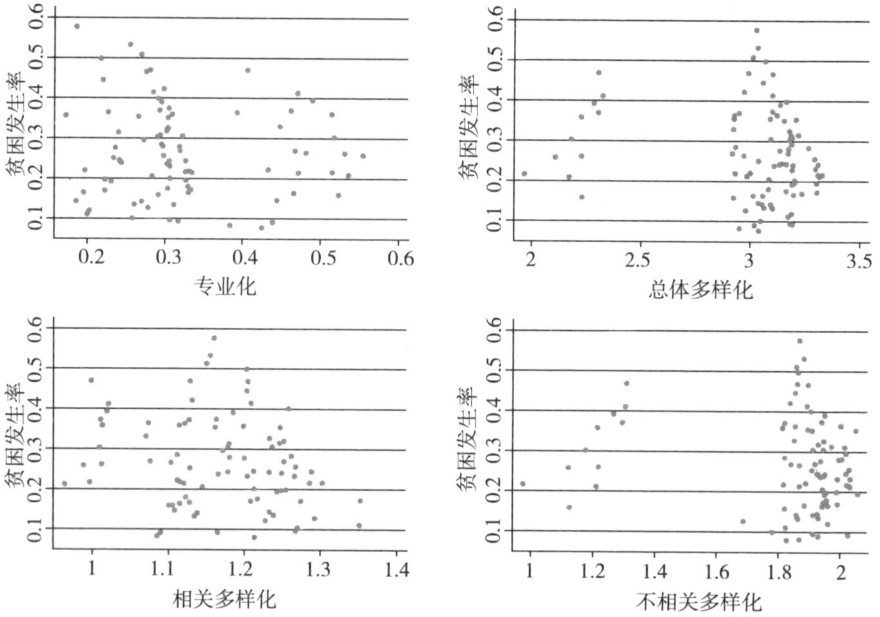


**图 9－1 民族地区产业结构与贫困发生率散点图**

资料来源：作者根据原始数据绘制。

**表 9－1 主要变量的描述性统计（$N=80$）**

| 变量符号 | 变量说明 | 单位 | 均值 | 标准差 | 最小值 | 最大值 |
|---|---|---|---|---|---|---|
| *h* | 贫困发生率 | % | 0.27 | 0.11 | 0.08 | 0.58 |
| *pg* | 贫困距 | % | 0.09 | 0.04 | 0.02 | 0.20 |
| *spg* | 平方贫困距 | % | 0.05 | 0.06 | 0.01 | 0.54 |
| *specialization* | 专业化 | | 0.33 | 0.10 | 0.17 | 0.56 |
| *variety* | 多样性 | | 3.00 | 0.32 | 1.97 | 3.33 |
| *re_variety* | 相关多样化 | | 1.17 | 0.09 | 0.96 | 1.35 |
| *un_variety* | 不相关多样化 | | 1.83 | 0.25 | 0.98 | 2.06 |
| *gdp_per* | 人均 GDP | 元 | 21902 | 13896 | 4317 | 71046 |
| *eco_density* | 经济密度 | 亿元/万平方千米 | 148 | 159 | 2 | 664 |
| *education* | 受教育年限 | 年 | 7.51 | 1.33 | 3.74 | 9.23 |
| *invest* | 固定资产投资 | 十亿元 | 3710 | 3833 | 168 | 17592 |
| *traderatio* | 贸易依存度 | % | 0.00 | 0.00 | 0.00 | 0.00 |
| *research* | R&D 支出 | 亿元 | 29 | 32 | 0 | 135 |

资料来源：作者计算得到。

本章使用经济密度来反映经济规模，经济密度的计算方法为各省区地区生产总值除以行政面积，数据来源于历年《中国统计年鉴》。选取研究与发展内部经费支出作为技术前沿距离的代理变量，根据科研套利方程，技术产出与研发投入的资本总量有关，为此我们选择了 R&D 支出总量，而非 R&D 支出占 GDP 比重指标。该数据来源于历年《中国科技统计年鉴》中的“各地区研究与试验发展（R&D）经费内部支出”，包括了所有单位在基础研究、应用研究以及试验发展上的内部经费支出。同时，模型还包括了地区生产总值、进出口贸易总额、固定资产投资三个控制变量，进出口贸易总额利用当年平均汇率折算为人民币，且所有货币计价指标均以 2003 年为基期进行了价格平减控制变量，数据均来源于各省区历年统计年鉴。主要变量的描述性统计见表 9－1 所示，专业化、总体多样化、相关多样化、不相关多样化与贫困发生率的散点图见图 9－1 所示，从散点图可以明显看出民族地区产业结构与贫困发生率的关系存在非线性特征。

## 9.4　民族地区城市产业结构与贫困减缓的实证检验与结果分析

### 9.4.1　实证检验思路

首先在不引入门限效应的情况下，使用面板数据固定效应模型对产业结构与贫困减缓的关系进行了实证检验，表 9－2 模型一至模型四分别展示了将贫困发生率作为被解释变量时，专业化、总体多样化、相关多样化、不相关多样化与贫困减缓的关系，并将该结果作为后续门限回归结果的参照。

**表 9－2　民族地区城市产业结构与贫困减缓关系的固定效应结果（*N*＝80）**

| | 模型一 | 模型二 | 模型三 | 模型四 |
|---|---|---|---|---|
| 产业结构指标 | *specialization* | *variety* | *re_variety* | *un_variety* |
| ln*rgdp* | 0.316***<br>(0.032) | 0.292***<br>(0.034) | 0.344***<br>(0.031) | 0.278***<br>(0.036) |
| ln*rinvest* | −0.303***<br>(0.025) | −0.289***<br>(0.027) | −0.329***<br>(0.025) | −0.277***<br>(0.028) |

续表

| | 模型一 | 模型二 | 模型三 | 模型四 |
|---|---|---|---|---|
| lnrtrade | -0.020<br>(0.014) | -0.014<br>(0.014) | -0.029**<br>(0.014) | -0.012<br>(0.014) |
| *education* | -0.070***<br>(0.011) | -0.077***<br>(0.012) | -0.055***<br>(0.010) | -0.077***<br>(0.012) |
| *industry* | -0.379***<br>(0.112) | 0.154***<br>(0.053) | -0.099<br>(0.102) | 0.204***<br>(0.064) |
| *constant* | 0.816***<br>(0.103) | 0.339***<br>(0.053) | 0.488***<br>(0.120) | 0.448***<br>(0.109) |
| $R^2$ | 0.75 | 0.80 | 0.77 | 0.81 |

数据来源：作者计算得到，其中 *industry* 为核心解释变量，在模型一至模型四中分别为专业化、总体多样化、相关多样化和不相关多样化。*、**和***分别表示在10%、5%和1%的显著性水平上统计显著。

其次，以时间作为门限变量，对民族地区专业化、多样化与贫困减缓的关系进行实证检验，识别产业结构减贫效应的动态表现。在门限回归之前需要进行门限效应检验，对门限是否存在以及存在几个门限进行判定。我们分别针对无门限、单门限和双门限设定进行了门限效应检验，栅格化水平为0.005，计算 $F$ 统计值，并使用自举法计算 $p$ 值。由于门限效应模型较多，因篇幅所限检验结果未列出。根据门限效应检验结果，对专业化、总体多样化、相关多样化、不相关多样化与贫困减缓的关系进行了门限回归，结果见表9-3所示。

**表9-3　时间作为门限变量时的门限模型估计结果（$N=80$）**

| | 模型五 | 模型六 | 模型七 | 模型八 |
|---|---|---|---|---|
| 产业结构指标 | 专业化 | 总体多样化 | 相关多样化 | 不相关多样化 |
| lnrgdp | 0.283***<br>(0.036) | 0.280***<br>(0.035) | 0.277***<br>(0.037) | 0.262***<br>(0.036) |
| lnrinvest | -0.255***<br>(0.032) | -0.256***<br>(0.031) | -0.245***<br>(0.032) | -0.241***<br>(0.031) |
| lnrtrade | -0.018<br>(0.014) | -0.012<br>(0.015) | -0.024<br>(0.015) | -0.012<br>(0.015) |
| *education* | -0.098***<br>(0.015) | -0.089***<br>(0.015) | -0.100***<br>(0.015) | -0.092***<br>(0.015) |

续表

| | 模型五 | 模型六 | 模型七 | 模型八 |
|---|---|---|---|---|
| *industry_*(01) | -0.202<br>(0.220) | 0.225 * *<br>(0.087) | -0.089<br>(0.107) | 0.244 * * *<br>(0.092) |
| *industry_*(02) | -0.058<br>(0.166) | 0.199 * *<br>(0.085) | -0.025<br>(0.105) | 0.202 * *<br>(0.091) |

数据来源：作者计算得到，*industry_*(01)和 *industry_*(02)分别表示在第一阶段和第二阶段产业结构的减贫效应。

### 9.4.2　专业化、多样化与减贫的实证结果分析

从固定效应模型的检验结果来看，专业化的减贫效应强于多样化，并且不相关多样化不利于贫困减缓的结果更为显著。专业化、总体多样化、相关多样化以及不相关多样化的参数估计值分别为：-0.379、0.154、-0.099 和 0.204，专业化是民族地区实现贫困减缓的最主要动力来源，而不相关多样化则显著不利于减贫。

从产业结构减贫效应的动态表现来看，专业化的减贫效应递减，两阶段的参数估计值分别为 -0.202 和 -0.058；总体多样化两阶段的参数估计值分别为 0.225 和 0.199，且在 5% 的显著性水平上统计显著；相关多样化两阶段的参数估计值分别为 -0.089 和 -0.025，不相关多样化的参数估计值在两阶段分别为 0.244 和 0.202，且均在 5% 的显著性水平上统计显著。

(1)民族地区城市产业结构专业化的减贫效应

专业化减贫效应随着时间递减的原因在于：初始阶段，随着专业化程度的加强，能够通过生产过程的效率改进，提升企业利润，一方面使得劳动力边际产出增加，另一方面也会促进企业扩大生产规模，提升劳动力的就业吸纳能力。但随着市场竞争程度的加剧，专业化程度的加强将带来成本节约导向的技术进步，从而导致就业减少。该结论与 Loayza 等(2010)对于产业结构、劳动密集度和贫困减缓关系的研究结论一致，但未能对专业化减贫效应在长期可能无效甚至体现出负面作用的理论推导上提供实证佐证。其可能的原因在于，文章研究时间段相对较短，且专业化减贫效应在产品生命周期末端，并面临需求波动时才会出现产业结构的锁定效应和负向减贫作用。但既往无论是出口导向的专业化还是国内大规模需求下的生产专业化，都

有效满足了市场需求,体现了生产的比较优势,既往专业化对应产品生命周期的初期和中期。因此,专业化的负向减贫效应在本章研究时间段内并没有体现,但随着经济新常态背景下需求结构的变化,专业化因产业锁定而导致减贫效应趋减或者负向减贫效应都有可能出现。

(2)民族地区城市产业结构多样化的减贫效应

相关多样化并没有表现出显著的减贫效应,其原因在于:相关多样化实现贫困减缓需要有两个先决条件,一是相关多样化带来的知识交互,能够创造新产品和新行业部门,二是新行业部门的出现对于低技能劳动力就业吸纳能力的提升,大于“创造性毁灭”导致的就业吸纳能力下降。在产品创新固定成本相同的情况下,民族地区由于经济密度较小,企业基于相关多样化的共同知识基础主动寻求知识交互的动机不足。因此,同等的相关多样化程度在发达地区导致生产效率提高的可能性更大。同时,民族地区相关多样化减贫效应随时间递减的结果表明,相关多样化带来的效率提高对贫困人口就业的“挤出效应”大于“溢出效应”。这意味着新行业部门的创造并不能自动地更有效地推动减贫进程,而改善民族地区贫困人口的就业技能和经济机会是借“互联网 +”背景改善减贫绩效的关键。实证结果还显示不相关多样化并没有体现出贫困减缓的稳定器效应,民族地区产业结构多样化的产业发展策略应盯住相关多样化水平的提升。

(3)控制变量与民族地区贫困减缓的关系

模型一至模型八均显示固定资产投资、进出口总额以及平均受教育年限具有显著减贫效应,尤其是固定资产投资具有更强的减贫效果,其参数估计在 -0.2 附近,且均在5%的显著性水平上统计显著,固定资产投资每增加10%,能够使贫困发生率降低 2 个百分数。固定资产投资的减贫效应不仅体现为直接投资导致的低技能劳动力吸纳能力增加,而且会通过基础设施的改善体现出间接而持久的减贫表现。本章对于投资、贸易和教育减贫效应的实证结果均与现有研究保持一致,但本章并没有得到经济增长的显著减贫效应,该结论与罗楚亮(2012)、李小云等(2010)的研究不一致,他们的研究普遍认为经济增长具有显著的正向减贫效应。出现该种背离的可能原因为:本章的研究时间段为 2005—2014 年,研究时间段进行了大幅更新,随着时间推移,经济增长的减贫弹性会因收入分配、产业结构、就业吸纳能力等发生变化,既往研究也发现经济增长的减贫弹性趋于递减。本章认为随着产业结构的演化,经济增长的低技能劳动力吸纳能力会发生变化,从而导致收入分配结构和减贫效应的不同。上文的实证结果已经证明了产业结构与贫困减缓的关联,为了验证经济增长对收入分配结构的影响,我们在表 9 -4 中也实证检验了经济增长与贫困距和平方贫困距系数的关系,经济增长的参数估计值为正值,这表明既往经济增长与贫困减缓并非“水涨船高”的线性关系,而是存在减贫效应递减,甚至体现为负向减贫效应的可能。这也给政府通过产业发展政策的介入,修正经济增长与贫困减缓的关系带来了理论依据。

## 9.5　民族地区城市产业结构减贫效应的稳健性检验

上述产业结构减贫效应的实证检验主要以民族地区贫困发生率作为被解释变量,但是由于贫困群体的禀赋、能力和机会也存在显著的内部差异,所以产业结构对于民族地区贫困人口内部不同群体的减贫影响也可能存在异质表现。现有研究表明减贫政策有盯住贫困线附近贫困人口的偏好。为了识别产业结构在不同贫困深度层面的异质减贫效应,本章进一步以贫困距和平方贫困距作为贫困的代理变量,使用固定效应模型对产业结构的减贫效应进行了实证检验,实证结果见表 9 -4 所示。

从表 9 -4 的实证结果来看,专业化虽然有效降低了民族地区的贫困发生率,但对民族地区贫困距和平方贫困距的缓解作用较小,且无法在常用显著性水平上统计显著。并且,从相关多样化与 FGT 贫困指数的关系来看,相关多样化影响贫困距和平方贫困距的参数估计值为正值。这意味着专业化和相关多样化对民族地区贫困人口内部不同群体的减贫影响也是异质的,专业化和第三产业相关多样化不仅对不同群体的收入影响存在差异,而且体现出了非益贫的特征。出现该结论的原因在于民族地区深度贫困群体的自我发展能力和经济机会显著更低,参与专业化经济活动并获取回报的能力较差。该结论意味着盯住贫困减缓的产业发展政策,需要以深度贫困人口的经济机会和自我发展能力提升为前提。

**表 9-4　基于 FGT 贫困指数的稳健性检验（$N=80$）**

| | 模型九 | 模型十 | 模型十一 | 模型十二 | 模型十三 | 模型十四 |
|---|---|---|---|---|---|---|
| 产业结构 | 专业化 | 专业化 | 相关多样化 | 相关多样化 | 不相关多样化 | 不相关多样化 |
| 被解释变量 | 贫困距 | 平方贫困距 | 贫困距 | 平方贫困距 | 贫困距 | 平方贫困距 |
| ln*rgdp* | 0.117***<br>(0.018) | 0.071**<br>(0.034) | 0.120***<br>(0.016) | 0.037<br>(0.031) | 0.099***<br>(0.028) | 0.056<br>(0.037) |
| ln*rinvest* | -0.102***<br>(0.014) | -0.022<br>(0.027) | -0.100***<br>(0.014) | -0.007<br>(0.026) | -0.088***<br>(0.017) | -0.015<br>(0.030) |
| ln*rtrade* | -0.017**<br>(0.008) | -0.035***<br>(0.013) | -0.023***<br>(0.007) | -0.020<br>(0.012) | -0.012<br>(0.008) | -0.029**<br>(0.013) |
| *education* | -0.018***<br>(0.005) | -0.005<br>(0.007) | -0.016***<br>(0.004) | -0.012<br>(0.007) | -0.026***<br>(0.007) | -0.004<br>(0.011) |
| *industry* | -0.052<br>(0.057) | 0.114<br>(0.083) | 0.054<br>(0.053) | 0.119<br>(0.099) | 0.066*<br>(0.035) | -0.020<br>(0.054) |
| *constant* | 0.185***<br>(0.054) | -1.141<br>(0.086) | 0.080<br>(0.045) | -0.127<br>(0.084) | 0.120<br>(0.051) | -0.041<br>(0.056) |
| $R^2$ | 0.52 | 0.10 | 0.55 | 0.10 | 0.54 | 0.08 |

数据来源：作者计算得到。

## 9.6　本章小结

新一轮扶贫攻坚阶段，理解产业结构与贫困减缓的关系有助于民族地区选择合宜的产业发展策略，但是现有文献往往认为第一产业和第三产业更有助于减贫，但该结论割裂了三次产业的发展关联，现实中任何一个产业都无法"孤岛式"存在。同时，现有研究也未能就产业结构减贫效应的异质表现进行内在机理的分析，而是将其归因于收入分配结构和劳动密集度，但这两者都是产业结构导致的结果，而非独立于产业结构的外生变量。本章从专业化、多样化的视角出发，首先讨论了产业结构的专业化和多样化影响贫困减缓的内在机制，然后基于民族八省区在 2005—2014 年的面板数据，使用固定效应和门限回归方法，识别了民族地区产业结构减贫效应的动态异质表现，并使用 FGT 贫困指数对产业结构与贫困减缓的关系进行了稳健性检验。

本章的研究发现，民族地区城市产业结构专业化与贫困减缓的关系具有显著的动态异质表现，在研究时间段内，民族地区专业化的减贫效应体现出更为显著的减贫效应。这意味着“十三五”期间，民族地区减贫的重点和难点地区应基于本地比较优势和产业转移的契机，着力提升本地产业结构的专业化程度。同时，本章的研究也证实，专业化的减贫效应会受市场对同质化产品的需求波动和产业锁定的负面影响。

本章发现，民族地区城市产业结构专业化和多样化的减贫效果不同，并且多样化与贫困减缓的关系也应因相关多样化和不相关多样化而异。专业化比多样化的减贫表现更好，且相关多样化比不相关多样化更有助于贫困减缓。该结论意味着民族地区在减贫的产业结构选择上，首要目标是改善专业化程度，其次在总是存在多样化的情况下，谋求第三产业的相关多样化是更为合意的产业选择。我们的证据对既往认为应该偏重发展农业或服务业等某一种产业的结论进行了完善，三次产业的发展可以在减贫框架下发挥协同作用，而非割裂开来形成权衡替代，第二产业完全可以通过专业化程度改善发挥减贫绩效，而第三产业和第一产业则在相关多样化上体现贫困减缓。

本章的研究还表明，专业化和相关多样化对民族地区不同贫困群体的影响也存在差别，现有产业结构更有利于贫困线附近群体的贫困减缓，而对深度贫困群体的溢出不足。因此，在塑造合意的减贫产业结构，改善低技能劳动力需求的同时，还应辅以改善民族地区深度贫困人口劳动力供给的政策，改善其自我发展能力和提供更多经济机会，从而增强从益贫产业结构中获益的能力。

# 第10章　民族地区城市合意产业结构影响因素的理论与实证研究

通过专业化、多样化与民族地区城市经济发展的理论和实证研究，专业化在既往民族地区城市经济发展过程中起着最为重要的作用，但专业化对民族地区城市经济增长的推动作用，主要是通过对既有技术的使用和交易成本的节约来实现的。受生态环境约束和同质化产品更激烈的市场竞争的影响，要素和产业专业化集聚结构对民族地区城市经济可持续发展推动的能力趋于减弱，并且包括鄂尔多斯等在内的很多民族地区资源型城市已经开始出现要素和产业专业化集聚对本地城市经济发展的“锁定效应”(lock - in effect)。要素和产业多样化集聚与专业化集聚虽然都能产生正向外部性，但两者产生外部性的最大不同在于：专业化体现的是集群中的要素对现有资源和技术的更有效使用，而多样化则通过知识交互溢出引发的创新来推动效率改进和经济增长。前述实证研究同时还表明，相关多样化和不相关多样化对民族地区城市经济增长的影响存在差异，相关多样化更有助于民族地区城市经济发展和生产效率提高，并且该种积极正向影响随时间而增强。因此，在“五个发展”理念指引下，民族地区城市经济发展应在多样性，尤其是相关多样化上寻求突破。那么，随之需要思考的问题是“民族地区城市应采取何种产业发展政策来形成合意的经济发展结构”。回答该问题需要从两个维度进行解析：第一，何种经济发展结构是民族地区城市经济合意的结构？第二，如何利用政策和市场的力量来引导该种合意结构？对于第一方面，前文的理论和实证研究已经给出了结论，即相关多样化更有助于促进技术创新、效率改进和民族地区城市经济增长。由此，本研究认为，合意的产业结构与第7、8、9章中的理论和实证检验结果具有一致性，即更有助于实现民族地区城市经济增长、效率提升和民生改善的产业结构。具体导向来看，相关多样化的产业结构建立与增强将有助于实现上述目标，并能更好地适应民族地区普遍面临的生态约束。但针对如何促成相关多样化结构，尚需要进行理论研判和实证检验。本章的主要目的为识别民族地区城市经济总体多样化、相关多样化和不相关多样化的影响因素，并从政策制定的角度，给出民族地区城市产业政策选择思路。

值得注意的是，要素和产业集聚的专业化和多样化，并不仅仅是新古典框架中要素根据利润最大化行为区际流动的结果。基于行为主体的选址理论（Agent－Based Model）（Otter，Van Der Veen & De Vriend，2001），经济主体在区位选择上会受他们对现实感知的影响，如期望、信仰、理想等。以家庭为例，家庭就业的区位决策受邻居、服务水平、环境等现实感知因素的影响。更复杂的是，家庭的这些现实感知会随着家庭收入、年龄结构和家庭结构等的变化而体现出时间不一致性，企业主体的区位选择也有类似特征。要素主体的现实感知和现实感知的动态变化，使得引导特定要素集聚结构的政策选择面临极大不确定性。民族地区城市要素集聚同样面临着现实感知的影响，在所有体现现实感知的因素中，多样化的族群结构是民族地区最基本的区情，也是影响民族地区城市要素选址的最重要非市场因素。因此，本章将在民族地区族群多样化的背景下，综合分析成本、利润等市场因素，以及族群多样化所代表的现实感知因素对民族地区城市要素集聚结构的影响。为了达成该目的，本章后续部分思路为：首先，基于民族地区城市要素结构现状和演化历程的经验观察，对影响要素集聚与产业结构的内在机制进行理论分析；然后，利用民族地区城市面板数据对理论结论进行实证检验；最后，基于理论分析和实证检验结果，对民族地区城市如何引导要素集聚和塑造合意产业结构进行政策分析。

## 10.1　产业结构专业化、多样化影响因素的理论机制分析

根据前文对于民族地区城市产业专业化、相关多样化和不相关多样化的测度结果，民族地区城市产业专业化程度显著小于总体多样化程度，并且

专业化和多样化的动态演化也体现出显著的政策推动和市场驱动的双向作用。各地区在追求完整产业体系的发展阶段，各地区专业化程度较低，不相关多样化程度较高。之后，随着市场竞争的加剧，各地区要素主体基于市场驱动，开始基于比较优势体现要素产业结构的专业化分工，专业化程度开始显著提升，不相关多样化程度则显著下降。下一阶段，同样基于市场利润驱动，在产业结构多样化的内部，相关多样化程度开始提高。因此，根据对专业化和多样化现状和演变特征的经验观察可以看出，存在一些特定的因素影响产业结构的专业化和多样化。着眼未来结构转型和经济发展，民族城市地区当前的核心问题是找到影响民族城市地区多样化尤其是相关多样化的影响因素。产业结构专业化主要依赖本地禀赋，且在未来面临着环境约束和锁定效应，所以本章主要研究何种因素影响民族地区城市产业结构的多样化。基于政策制定的考量，民族城市地区为了引导和塑造合意产业结构的形成，需要从理论层面识别影响总体多样化、相关多样化和不相关多样化的影响因素和影响力度。

虽然经济地理和区域科学的相关研究很早就提出了“路径依赖（Path Dependent）”还是“路径创造（Path Creation）”的问题，但对于该问题的回答还主要体现在何种产业结构更合意的范畴，对于如何做的问题尚未深入触及。从国内最新的研究来看，祝树金等（2016）对中国地区产业多样化的演变进行了统计分析，并对多样化的影响因素进行了实证检验，相关影响因素包括技术进步、交易成本、市场竞争、工资水平等。其研究结果表明技术改进和区际区内交易成本的下降能够显著改善地区的相关多样化水平，并降低地区不相关多样化程度，市场竞争能够降低地区总体多样化程度。其研究主要基于新古典范式，新古典模型假设要素主体在完备市场信息的基础上，要素基于利润最大化或者成本最小化进行区位选择，从而形成相应的产业结构。根据新古典最优政策的视角，政策制定者应该为能够创造正外部性的企业提供生产补贴，并且生产补贴应等于企业创造的正外部性。但新古典范式面临两个现实问题：一方面，正外部性的强弱很难测度，因此政策介入依然无法矫正外部性带来的市场失灵；另一方面，现实中的要素选址除了受成本、利润等可见因素的影响之外，还受到与吸引和排斥有关的感知因素的扰动。因此,本章将影响要素选址和产业结构的因素分为政策驱动、市场推动和环境扰动三个维度,其中前两个维度都是基于新古典框架下的企业利润最大化行为,第三个维度则与要素主体的感知有关。

第一,政策驱动与城市产业结构形成。基于要素在本地集聚的动力机制,当地政府通常采取的介入机制包括,降低要素在本地集聚并进行生产活动的成本,以及通过补贴提高要素本地选址的直接收益。降低要素本地集聚成本的政策既涉及税收、地租、水电、物流等生产经营的直接支出,也涉及行政审批、市场准入门槛等的交易成本。以宁夏为例,为了把握"一带一路"倡议契机,宁夏在地租和电费上制定了具有一定优势的本地产业战策,通过改善基础设施的互联互通能力降低了本地企业的交通运输成本,并且凭借内陆开放型经济试验区和综合保税区等开放载体有效扩大了降低企业经营成本的政策空间。此外,为了促进要素集聚,鼓励国内外大型企业总部落地宁夏,还采取了直接补助的政策(宁夏实施的各类代表性政策详见表10-1所示)。在实证分析部分,本章使用交通基础设施来表征政策驱动对民族地区城市产业结构形成的影响。

**表10-1 宁夏支持要素本地集聚的代表性政策**

| 政策类别 | 政策内容 |
|---|---|
| 土地政策 | 对自治区开放型经济重点项目建设用地指标,由自治区"点供"保障,使用自治区级年度计划指标,因季节原因有工期要求急需开工的控制性单体工程项目,按有关规定给予办理先行用地 |
| | 土地审批时不再将地质灾害危险性评估作为前置条件 |
| | 在产业园区内,符合规划、不改变用途的原有低效工业用地改造提高容积率的,不再增收土地出让价款 |
| | 对在宁夏投资新办且从事国家不限制或鼓励发展的产业,企业自用土地的城镇土地使用税和自用房产的房产税实行"三免三减半"优惠 |
| 用电政策 | 鼓励企业按照国家有关政策建设热电机组,在发电计划等方面予以倾斜,优先支持符合产业政策和节能减排要求的企业参与电力直接交易,降低用电成本 |
| | 加强和规范自备电厂监管,企业自备电厂不以企业总需电量收取电费,备用费标准按照合理补偿的原则确定 |
| | 在全区城乡实行各类用电同网同价,执行同一电价标准、同一电价制度 |

续表

| 政策类别 | 政策内容 |
| --- | --- |
| 税收政策 | 开放型经济比重达到50%以上的园区可享受自治区给予综合保税区相关优惠政策 |
| | 对企业在商务部推荐的知名电商平台开展电商业务的,由自治区财政给予年费补助 |
| | 符合西部大开发税收优惠政策的企业,除减按15%税率征收企业所得税外,从其取得第一笔生产经营收入所属纳税年度起,第1至第3年免征企业所得税地方分享部分,第4至第6年减半征收企业所得税地方分享部分 |
| | "大众创业、万众创新"活动中,凡被认定为高新技术企业的,除减按15%税率征收所得税外,对所得税地方分享部分给予"三免三减半"优惠 |
| | 对新设立的现代金融服务企业,从取得第一笔收入纳税年度起,免征企业所得税地方分享部分五年 |
| | 国内外大型企业在宁夏设立总部,按照实际到位注册资本金情况适当给予开办费补助 |

资料来源:作者根据《关于融入"一带一路"加快开放宁夏建设的意见》整理得到。

第二,市场推动与城市产业结构形成。市场推动思路主要基于新古典框架,要素根据生产函数、成本函数和市场需求函数做出利润最大化的选址决策,最终在选址的边际成本等于边际收益时,实现理论上的最优选址行为。要素选址的成本主要考量:与原材料、前后产业链条企业和最终市场的距离,以及基础设施和制度等表征的交易成本。要素选址的收益则主要考量静态外部性和动态外部性,静态外部性是指各行为主体在集群中对既有技术和知识的更高效使用而产生的集聚外部性,动态外部性则是指各行为主体通过知识溢出产生新技术而带来的效率改进。当然,除了上述静态和动态的正外部性之外,也会由于同类企业对相同要素投入品和最终产品市场的竞争而带来负向外部性。在现有文献中,要素集聚的静态、动态外部性是都确定存在,但无法确定如何形成,以及强度如何的"黑匣子"过程。为了选取指标刻画该模糊过程,本章反向使用了外部性的形成机制。既然要素集聚的外部性存在,且无法确定是由何种机制确凿形成的,然而可以确定的是有些客观因素确定能够抑制企业逐取外部性的能力,使得企业明知存在正向的静态和动态外部性,但现实中却"有心无力"。这些润滑或者抑制企业逐利集聚的客观因素，便可以成为体现市场驱动影响民族地区城市产业结构形成的客观因素。在后续实证检验中，本章使用了金融发展情况作为该种客观因素的代理变量。

第三，环境扰动、族群多样性与城市产业结构形成。除了利润最大化的驱动之外，与吸引和排斥有关的感知因素也会影响要素的现实选址决策，进而影响产业结构形成。族群多样性是民族地区最基本的环境特征，能够从产品需求和供给两条线影响要素选址决策。从需求层面来看，与族群多样性相伴生的是最终产品和服务需求的多样化，而效用函数的多样化偏好是规模报酬递增的重要来源。因此，族群多样性可以通过需求多样化偏好和规模报酬递增影响要素选址决策和产业结构形成。从供给层面来看，族群多样性能够通过如下几种渠道影响民族地区企业表现和要素选址决策：①族群多样性能够影响企业创新，很多研究都发现了两者的正向关联，Fafchamps（2000）认为每个族群都与某种特定的技能或者天赋有关，因此族群多样性意味着技能和天赋的多样化，构成更为异质的组织能够孕育企业家精神，从而比其他同质化的组织体现出更强的创新能力。Craig & Dibrell（2006）、Thornhill（2006）等也都对族群多样性和创新的正向关系进行了确认。②族群多样性能够影响组织内外的合作水平。除了族群多样性通过创新正向影响企业经济表现之外，两者也存在负向关联的可能。Bandiera 等（2005）的研究认为在同质化的组织内部，个体普遍存在相同偏好，沟通成本更低，所以更有助于体现高水平的合作，以及时且有效地解决组织面临的问题。Churchill et al.（2016）利用中国制造业部门数据，对族群多样化与中国企业表现的关系进行了实证检验，其研究也发现了族群多样性对中国制造业企业绩效的负向影响。③族群多样性能够影响基础设施供给。Khwaja（2001）基于巴基斯坦数据，发现了族群异质性对基础设施供给的负向影响，其原因同样在于族群间的沟通成本，以及随之带来的政策内部时滞。

## 10.2 变量选择、数据来源和变量统计描述

### 10.2.1 变量选择

(1)被解释变量

多样化,尤其是相关多样化是民族地区城市经济实现转型发展的关键所在。因此,在实证设计中将多样化、相关多样化和不相关多样化分别作为被解释变量。总体多样化主要体现的是雅各布斯外部性,该种城市外部性关注的是城市经济活动的多样性,认为不同的行业能够在创新活动中互补,行业间和而不同的技术交互有助于知识扩散,从而增进创新,并推动城市经济增长。然而,基于政策制定的考量,在多样化之下,有必要区分完全不同的行业以及具有不同最终产品但相关的行业,即将总体多样化区分为相关多样化和不相关多样化。三者在不同发展阶段对经济增长的推动作用存在差异,因此需要对三者的影响因素进行细分实证检验。

(2)解释变量

族群多样性是影响民族地区城市产业结构的核心解释变量,体现了环境扰动对要素集聚的影响。我们使用族群多样化指数来刻画民族地区的族群多样性水平,该指数的测度公式为:$Fractionalization_j = 1 - \sum_{e=1}^{N_j} S_{ej}^2$。其中,$Fractionalization_j$ 表示城市 $j$ 的族群多样化指数,$S_{ej}$ 表示城市 $j$ 中族群 $e$ 的人口占该城市总人口的份额。由于民族地区地级市族群多样性指数仅能通过2000年和2010年两次人口普查数据计算,所以无法形成面板数据。为此,本章使用了省级族群多样性指数来反映各地级市的族群多样化。使用该种处理方式的合理性在于:第一,劳动力的自由流动使得地级市户籍数据无法动态反映人口流动之后的地级市族群多样性,同时人口流动也使得省内各地级市的族群多样化情况相互影响,趋于一致。第二对于外部要素主体而言,由于省级族群多样性的形象更为直接,其主观感知更容易受到省级族群多样性的影响,而非相对微观的市级样本。该指数为正向指标,取值范围在0到1之间,指数越大表示该城市的族群多样化程度越高。对于完全由同一

族群构成的地区而言，$S_{ej}=1$，$Fractionalization_J=0$。如理论机制所述，族群多样化性对产业结构的影响方向不能确定。值得注意的是，现有研究对赫芬达尔形式的族群多样性指数能否准确识别族群构成的经济影响产生了质疑。如 Repkine(2014)认为仅使用族群多样性指数可能存在向上偏误，因为不同族群之间可能语言互通，所以在计算族群多样性时应该使用语言距离对赫芬达尔形式的族群多样性指数进行调整。受数据所限，本研究无法对此进行调整，并且鉴于主体语言均为普通话，所以语言距离近似为 1，所以不对族群多样性指数进行语言调整，不影响实证检验和参数估计值的经济解释。

使用道路基础设施表征政策驱动对民族地区城市产业结构的影响，具体操作时，我们使用了每万平方公里的道路里程数计算道路基础设施情况。道路基础设施有助于交易成本的降低，既可以通过提高本地区传统优势产业的市场接近(Market Access)能力，增强本地既有产业的专业化程度，又可以通过交易成本的降低使得某种区外行业形成本地选址的正外部性，从而增加本地的多样化程度，最终影响方向有待实证检验。使用金融发展表征市场拉动对民族地区城市产业结构的影响，使用的指标为本地存贷款余额。同时，为了体现政策、市场和环境在不同经济发展阶段对产业结构的不同影响，我们还使用经济发展水平和贸易开放度作为实证检验的控制变量。经济发展水平的代理指标为人均地区生产总值，贸易开放度的代理指标为外商直接投资。上述指标，除族群多样性和产业结构指标之外，均取自然对数。并且，所有货币指标均以 2000 年作为不变价格进行了价格指数调整。

### 10.2.2　数据来源和变量统计描述

本章节使用数据为 2005—2014 年民族地区城市面板数据，民族地区城市产业结构指数源于前文测度结果，道路基础设施、经济发展和贸易开放度指标均来自相应年份《中国区域经济统计年鉴》。族群多样性指数则根据第五次和第六次中国人口普查数据和各省(自治区)相应年份统计年鉴数据计算得到，所有变量的简单统计描述见表 10 - 2 所示。

表 10-2 变量统计描述($N=430$)

| 变量 | 均值 | 标准差 | 最小值 | 最大值 |
|---|---|---|---|---|
| 总体多样化 | 2.376258 | 0.178571 | 1.742579 | 2.699961 |
| 相关多样化 | 1.053158 | 0.111995 | 0.748879 | 1.282522 |
| 不相关多样化 | 1.323099 | 0.148936 | 0.815184 | 1.576700 |
| 族群多样性 | 0.491765 | 0.081004 | 0.345848 | 0.635792 |
| 基础设施 | 10.36137 | 10.92942 | 0.31000 | 108.37000 |
| 人均地区生产总值 | 4.398777 | 0.316129 | 3.585763 | 5.376376 |
| 金融发展 | 15.29139 | 1.218084 | 12.78592 | 18.73267 |
| 对外开放 | 1.876265 | 3.69487 | -4 | 5.691712 |

数据来源:作者计算得到,基础设施、人均地区生产总值、金融发展和对外开放均为取自然对数后的取值。

## 10.3 计量检验与结果说明

### 10.3.1 计量模型与实证思路

(1)计量模型设定

由于民族地区各地级市的产业结构形成存在习俗、区位等诸多难以量化因素的影响,因此为了剥离此类与特定样本有关的因素对参数估计值产生影响,我们采取固定效应模型进行参数估计和显著性检验。本章使用的计量模型设定为:

$$\ln variety_{rt} = \theta_0 + \theta_1 fractionalization_{rt} + \theta_2 \ln infra_{rt} + \theta_3 \ln finance_{rt} + \theta_4 \ln gdp\_per_{rt} + \theta_5 \ln fdi_{rt} + u_{rt}$$

其中,下标 $r$ 和 $t$ 分别代表各民族地区地级市和时间;$\ln variety_{rt}$ 为被解释变量,表示产业结构多样化,具体又可以细分为总体多样化($TV$)、相关多样化($RV$)和不相关多样化($UV$);$fractionalization_{rt}$ 为核心被解释变量,即民族地区族群多样性指数;$\ln infra_{rt}$、$\ln finance_{rt}$、$\ln gdp\_per_{rt}$ 和 $\ln fdi_{rt}$ 为本章节的主要解释变量,分别反映了民族地区各地级市的基础设施、金融发展、经济增长和对外开放情况;$u_{rt}$ 为服从独立正态分布的综合误差项。

(2)实证分析思路

在实证过程中,为了处理各地区固定效应对参数估计值的扰动,我们使用固定面板模型对计量模型进行了估计,并将估计结果作为基准,为后续其他估计方法提供参照,结果见表 10－3 所示,其中模型一、模型二和模型三分别以总体多样化、相关多样化和不相关多样化作为被解释变量。

表 10－3 的回归结果只有在不存在潜在内生性问题的情况下才为近似无偏估计,为此我们需要对内生性问题进行说明。首先,族群多样性不太可能受到民族地区城市产业结构的影响,因此我们研究的问题很难存在反向因果(Reverse Causality)问题。其次,如果民族地区族群多样性随着时间而体现出较大波动,那么核心解释变量的内生性就是值得关注的问题,然而基于本研究的时间段相对较短,且族群多样性的数据也显示出较强的稳定性,所以我们可以认为族群多样性在本书的实证框架下为外生变量。然而,值得关注的问题是,如果有些潜在的未观测因素同时影响族群多样性和民族地区城市产业结构,那么依然可能出现内生性问题。针对该种潜在变量内生问题,我们的处理办法是使用族群多样性指数的滞后项作为族群多样性的工具变量。具体操作中,我们使用了滞后四期的滞后项,并使用固定效应模型进行了实证检验,结果见表 10－4 所示,且模型四、模型五和模型六分别以总体多样化、相关多样化和不相关多样化作为被解释变量。

### 10.3.2　实证结果解析

表 10－3 和表 10－4 的实证结果的参数估计值大小和方向均相似,表明在族群多样化与民族地区城市产业结构关系的实证检验中,存在内生性问题的概率较小。因此,后续我们以表 10－3 作为实证结果进行解读。

从族群多样性对民族地区城市产业结构多样性的影响来看,族群多样性的增加能够显著增加民族地区城市产业结构的不相关多样化,但不利于产业结构的相关多样化。族群多样性对民族地区城市总体多样化、相关多样化和不相关多样化的参数估计值分别为 1.081、－0.032 和 1.113,但只有对不相关多样化的影响在 5% 的显著性水平上统计显著。族群多样性能对不相关多样化产生积极正向影响的原因在于,族群多样性对应本地需求多样性，且此类多样化需求主要集中于本地市场，很难在外部市场生产，从而要求本地自己供给这些多样且市场细分规模较小的本地需求品。族群多样性不利于民族地区城市产业相关多样化的原因在于，上述的本地特有需求，仅仅对应着本地多样化族群的需求，但在生产方式和价值链条上并无交叉和共同的知识基础。另外，由于族群多样性带来的潜在沟通成本和认知距离，族群多样性可能会对外部要素主体在本地选址产生负面影响，从而阻碍与本地既有产业有关的要素在民族城市地区选址。

从基础设施对民族地区城市产业结构多样化的影响来看，模型一、模型二和模型三中，基础设施的参数估计值分别为 0.025，0.020 和 0.005，基础设施对民族地区城市产业结构的总体多样化和相关多样化具有显著的正向影响，且能在 5% 的显著性水平上统计显著，但对不相关多样化的经济影响较小，且不能在常用显著性水平上统计显著。基础设施显著改善了民族地区城市产业结构相关多样化的原因在于，基础设施的改善能够降低区内外要素流动的交易成本，从而使得区外要素为了获得本地比较优势和低交易成本优势，而在本地选址，提高本地城市产业结构的相关多样化水平。

**表 10－3　固定效应回归结果（$N=430$）**

| | 模型一 | 模型二 | 模型三 |
|---|---|---|---|
| 族群多样性 | 1.081<br>(0.732) | −0.032<br>(0.501) | 1.113**<br>(0.541) |
| 基础设施 | 0.025**<br>(0.012) | 0.020**<br>(0.008) | 0.005<br>(0.009) |
| 金融发展 | 0.032*<br>(0.018) | 0.016<br>(0.013) | 0.015<br>(0.014) |
| 经济增长 | −0.055<br>(0.057) | 0.041<br>(0.039) | −0.096**<br>(0.042) |
| 国际贸易 | 0.001<br>(0.001) | 0.000<br>(0.001) | 0.001<br>(0.001) |
| 常数项 | 1.548***<br>(0.408) | 0.601**<br>(0.280) | 0.947***<br>(0.301) |
| $R^2$ | 0.0434 | 0.123 | 0.0349 |

数据来源：作者计算得到。

从金融发展对民族地区城市产业结构多样化的影响来看，金融发展能够显著改善民族地区城市产业的总体多样化水平，参数估计值为0.032，且在10%的显著性水平上统计显著。细分来看，金融发展对相关多样化和不相关多样化的影响强度和方向相似，参数估计值分别为0.016和0.015，但无法在常用显著性水平上统计显著。实证结果表明金融发展能够在区内外要素流动时，起到润滑和催化作用，良好的金融系统是民族地区城市产业结构多样化发展的重要前提。

**表10-4　经过内生性处理后的回归结果（$N=430$）**

| | 模型四 | 模型五 | 模型六 |
|---|---|---|---|
| 族群多样性 | 0.628<br>(1.005) | -0.275<br>(0.687) | 0.903<br>(0.744) |
| 基础设施 | 0.026**<br>(0.012) | 0.020**<br>(0.008) | 0.007<br>(0.009) |
| 金融发展 | 0.027<br>(0.018) | 0.016<br>(0.012) | 0.010<br>(0.013) |
| 经济增长 | -0.052<br>(0.057) | 0.043<br>(0.039) | -0.094**<br>(0.042) |
| 国际贸易 | 0.001<br>(0.001) | 0.000<br>(0.001) | 0.001<br>(0.001) |
| 常数项 | 1.832***<br>(0.478) | 0.709**<br>(0.326) | 1.122***<br>(0.354) |
| $R^2$ | 0.0389 | 0.1234 | 0.0279 |

数据来源：作者计算得到。

从其他控制变量对民族地区城市产业结构多样化的影响来看，经济增长不利于民族地区城市产业结构的不相关多样化水平，参数估计值为-0.096，且在5%的显著性水平上统计显著。但经济增长有助于改善民族地区城市产业结构的相关多样化水平，参数估计值为0.041，但无法在常用显著性水平上统计显著。国际贸易对民族地区城市产业结构的多样化无显著影响。

## 10.4 本章小结

民族地区城市产业结构的多样化，尤其是相关多样化有助于民族地区未来的经济增长和效率改善。但如何改善民族地区城市产业结构的多样化水平是民族地区地级市制定产业发展政策时需要重点关注的问题。本章使用2005—2014年民族地区城市面板数据，对影响产业结构多样化的因素进行了实证研究。本章的主要结论和启示为：

第一，政策驱动、市场拉动和环境扰动是影响本地产业结构多样化水平的三个重要来源，政策驱动主要体现为通过降低交易成本或者提高本地选址补贴来改变要素本地选址的外部性，市场拉动主要通过要素集聚的静态外部性和动态外部性影响企业选址和产业结构，本地环境则通过影响要素主体的主观感知而在利润函数之外影响企业选址和产业结构。

第二，族群多样性是影响民族地区城市产业结构的最重要环境因素，族群多样性一方面可以增进异质主体间的知识互补，但另一方面也会带来较高的沟通成本和较长的政策内部时滞。实证结果显示，族群多样性通过需求的多样化正向影响了民族地区城市产业的不相关多样化水平，但不利于相关多样化水平的提升。因此，为了更好地引导要素集聚，形成相关多样化程度更高的产业结构，民族地区应着力通过语言距离的降低和族际共识的形成，降低可能的沟通成本。并且，要着力发挥需求多样的优势，在多样化需求的基础上，通过需求引导和供给改革塑造民族地区多样化最终产品需求之间的知识关联。

第三，交通基础设施和金融发展有助于增强民族地区城市产业结构的相关多样化水平，因此进一步改善民族地区交通互联互通能力，降低民族地区要素选址的信贷约束是改善民族地区城市增长绩效的重要前提。

# 第 11 章　结论与政策建议

城市经济和城市产业发展是民族地区经济增长、就业创造和民生改善的核心支撑,也是民族地区如期实现全面建成小康社会和“两个一百年”奋斗目标的内生动力来源。民族地区一方面面临未富先缓的发展压力,另一方面又迎来“一带一路”倡议的政策机遇。在全国经济增速放缓的背景下,实现结构变迁和经济发展方式转型,民族地区城市经济发展需要厘清的两个理论问题是:第一,何种要素集聚和产业结构更有助于民族地区城市经济发展?第二,如何引导和塑造合意的要素集聚和产业结构?这两个问题是本研究的核心。因此,本研究遵循解决问题的思路,首先厘清了民族地区城市经济的基本概况,然后分别从地级市市辖区和县级市经济发展现状和动态演化出发厘清民族地区城市经济大背景。基于要素集聚理论,从产业的技术关联与知识溢出视角出发,探讨了城市产业结构与生产率的动态演化,并从技术关联的专业化、不相关多样化、相关多样化的产业结构对城市经济增长、城市全要素生产率的影响,对民族地区民生改善进行了实证研究,以及对民族地区合意城市产业结构影响因素进行了理论分析与实证。本研究的主要结论与相关政策建议如下:

第一,民族地区具有“地广城市稀”,以中小城市为主,且又以小城市为主的基本特征。2005—2014 年,民族地区城市经济经历了飞速发展,总体城市经济发展差异呈现先扩大后逐步缩小的趋势,但仍保持在差异的高位水平。城市经济产业结构呈现出“三二一”与“二三一”模式的不稳定的交替状态,城市就业结构呈现出明显的“三二一”的结构模式。与产值结构的对比表明,民族地区地级市第三产业处于劳动密集型就业为主的阶段,虽然对就业具有良好包容性,但产业附加值相对较低,均低于第一、第二产业,且城市间存在差异。这与民族地区的中小城市经济特质相关，在面临商品市场、就业人口本身相对有限的基础上，第二产业发展尚未形成规模，在经济基础薄弱的情况下，使得第三产业的就业比重呈现“虚高”状态。

第二，以中小城市为主的民族地区，随着西部大开发战略的持续实施，西部地区要素集聚强度趋于增强，从而使得专业化集聚的正外部性体现得更为充分，总体表现出专业化比多样化对民族地区城市经济增长影响更为显著。从多样化的细分来看，相关多样化比不相关多样化更有利于城市经济增长。主要是因为，随着民族地区技术水平改善，相关多样化带来的知识溢出逐渐成为推动经济增长的重要力量，且这种积极影响随着时间趋于增长。另外，从就业增长来看，专业化和不相关多样化对民族地区市辖区就业增长具有负向影响，相关多样化更能兼顾民族地区经济增长和就业改善。

因此，在民族地区产业发展战略上，要在总体上把握增长和分配的关系。专业化导向的产业方略能够解决民族地区普遍经济不发达的主要矛盾，但为了体现民生改善的构建性目标，民族地区要着力利用专业化发展导致的经济增长，增强相关多样化与就业改善的关联。根据相关多样化影响新产品和行业部门创造的理论机制，民族地区未能充分发挥相关多样化就业促进作用的主要短板在于距离技术前沿较远。因此，民族地区产业发展的短期方略应着力放大专业化对经济增长的显著促进作用，但长期应盯住相关多样化对经济增长和就业改善的作用。民族地区城市经济实现可持续增长的长期目标的核心在于对本地教育和人力资本积累的持续投入，以规避短期专业化红利可能导致的技能低水平锁定。

第三，通过对民族地区城市全要素生产率与城市产业结构的实证分析，进一步证实民族地区城市全要素生产率增长建立在真实的技术进步的基础上，与此同时也体现了城市的技术创新能力，但正确破解技术效率瓶颈，也是未来生产率整体改善的关键。因此，从专业化、多样化，尤其是多样化的细分相关多样化与不相关多样化层面研究产业结构与城市全要素生产率，有利于内在机制的深度挖掘和对问题的解释力。在提升城市全要素生产率的政策制定时，不仅要立足于城市规模考虑专业化、相关多样化、不相关多样化对生产率的动态规模异质表现，即专业化对生产率的促进作用呈倒“U”

形,多样化对生产率则呈现出越来越显著的促进作用,且城市经济规模越大,表现越明显,更要厘清不同城市不同阶段的相关多样化、不相关多样化对技术进步与技术效率的影响差异,因地制宜。总之,我们在考虑生产率时,不能单从全要素生产率指标来判研城市经济的发展潜力,立足于技术进步的考量更利于地方政府在政策制定时作出理性选择。我们在制定相关产业政策时,在考虑了产业的专业化与多样化的基础上,不仅要将城市经济规模和发展周期考虑其中,还应从更为细分的不相关多样化与相关多样化的技术关联层面进行权衡。

第四,城市作为要素集聚的核心载体,不仅应该实现城市自身发展,而且应体现出对民族地区总体经济发展的有力带动。因此,为了刻画该种溢出效应,体现共享发展的诉求,本研究使用民族地区农村贫困情况作为代理变量来识别该种溢出效应,并以城乡要素转移为纽带,从专业化、多样化的知识联系出发,探讨了城市产业结构对整体民生的改善路径。研究发现民族地区专业化的减贫效应体现出比多样化更为显著的减贫效应;多样化与贫困减缓的关系因相关多样化和不相关多样化而异,相关多样化比不相关多样化更有助于贫困减缓。因此,民族地区在减贫的产业结构选择上,首要目标是改善专业化程度,其次在总是存在多样化的情况下,谋求第三产业的相关多样化是更为合意的产业选择。着力提升本地产业结构的专业化程度时,在基于本地比较优势和产业转移契机的同时,避免市场对同质化产品的需求波动和产业锁定对专业化减贫效应的负面影响。另外,现有产业结构更有利于贫困线附近群体的贫困减缓,而对深度贫困群体的溢出不足。我们应该基于专业化、多样化对民族地区不同贫困群体的影响差异,在塑造合意减贫产业结构,改善低技能劳动力需求的同时,还应辅以改善民族地区深度贫困人口劳动力供给的政策,改善其自我发展能力和经济机会,从而增强其从益贫产业结构中获益的能力。

第五,总体而言,民族地区城市产业结构的多样化,尤其是相关多样化有助于民族地区未来的经济增长和效率改善,而政策驱动、市场拉动和环境扰动是民族地区城市产业结构多样化水平的重要来源。族群多样化更是影响民族地区城市产业结构的重要环境因素,一方面可以增进异质主体间的知识互补，但另一方面也会带来较高的沟通成本和较长的政策内部时滞。研究结果表明，我国民族地区族群多样化有利于不相关多样化水平的提升，但却不利于相关多样化水平的提升。因此，为了更好地引导要素集聚，形成相关多样化程度更高的产业结构，民族地区应着力通过语言距离的降低和族际共识的形成，降低可能的沟通成本。并且，要着力发挥需求多样的优势，在多样化需求的基础上，通过需求引导和供给改革塑造民族地区多样化最终产品需求之间的知识关联。充分借助交通基础设施和金融发展来改善民族地区交通互联互通能力，降低民族地区要素选址的信贷约束，改善民族地区城市增长绩效的重要前提条件，从而增强民族地区城市产业结构的相关多样化水平，以更好推动经济发展。

# 参考文献

[1]托达罗. 第三世界的经济发展[M]. 北京:中国人民大学出版社,1988.

[2]Malcolm Gillis,Dwight H. Perkins,等. 发展经济学[M]. 北京:中国人民大学出版社,1998.

[3]尤建新. 城市定义的发展[J]. 上海管理科学,2006(3):67-69.

[4]向世聪. 产业集聚理论研究综述[J]. 湖南社会科学,2006(1):92-98.

[5]张艳,刘亮. 经济集聚与经济增长——基于中国城市数据的实证分析[J]. 世界经济文汇,2007(1):48-56.

[6]李红,王彦晓. 金融集聚、空间溢出与城市经济增长——基于中国286个城市空间面板杜宾模型的经验研究[J]. 国际金融研究,2014(2):89-96.

[7]韩峰,王琢卓,李玉双. 生产性服务业集聚与城市经济增长——基于湖南省地级城市面板数据分析[J]. 产业经济研究,2011(6):19-27.

[8]孙晓华,柴玲玲. 相关多样化、无关多样化与地区经济发展——基于中国282个地级市面板数据的实证研究[J]. 中国工业经济,2012(6):5-17.

[9]孙浦阳,韩帅,靳舒晶. 产业集聚对外商直接投资的影响分析——基于服务业与制造业的比较研究[J]. 数量经济技术经济研究,2012(9):40-57.

[10]张浩然. 生产性服务业集聚与城市经济绩效——基于行业和地区异质性视角的分析[J]. 财经研究,2015(5):67-77.

[11]魏玮,周晓博,牛林祥. 产业多样化、职能专业化与城市经济发展——基于长三角和中原城市群面板数据的分析[J]. 财经论丛,2015(11):3-9.

[12]杨健吾. 城市少数民族流动人口问题研究——以成都市为例[J]. 西南民族学院学报(哲学社会科学版),2002(7):245-252+277.

[13]凌锐. 试论少数民族流动人口对城市民族关系的影响[J]. 中南民族大

学学报(人文社会科学版),2005(1):46－48.

[14]陶斯文,喇明清.城市化进程中社区民族工作的特点及对策——以城市社区治理为视角[J].西南民族大学学报(人文社科版),2005(2):26－29.

[15]汤夺先.西北大城市少数民族流动人口若干特点论析——以甘肃省兰州市为例[J].民族研究,2006(1):31－40＋107.

[16]高永久,刘庸.城市社区民族文化涵化的类型分析[J].中南民族大学学报(人文社会科学版),2006(3):10－14.

[17]汤夺先,王增武.城市少数民族流动人口权利贫困问题论析[J].贵州民族研究,2011(5):10－17.

[18]高永久,张杰.西北地区城市化进程中的民族社区及社区民族关系研究[J].中南民族大学学报(人文社会科学版),2014(2):1－4.

[19]卜长莉.当前中国城市社区矛盾冲突的新特点[J].河北学刊,2009(1):128－131＋144.

[20]江曼琦,翟义波.民族地区城市经济发展的特点及对策研究[J].中央民族大学学报(哲学社会科学版),2009(5):36－42.

[21]张米尔.西部资源型城市的产业转型研究[J].中国软科学,2001(8):103－106.

[22]叶素文,刘朝明,付茂林.西部资源型城市的产业转型与可持续发展——以新疆克拉玛依市为例[J].探索,2003(5):118－120.

[23]高峰,等.西部资源型城市经济转型面临的挑战与机遇[J].中国人口·资源与环境,2004(4):100－104.

[24]陈乐齐.我国城市民族关系问题及其对策研究[J].中南民族大学学报(人文社会科学版),2006(5):18－24.

[25]周竞红.城市民族关系的结构变化与调整[J].中央民族大学学报,2001(6):10－15.

[26]马戎.关于当前中国城市民族关系的几点思考[J].西北民族研究,2009(1):6－19＋35.

[27]李忠斌.论城市民族关系的特点、结构与功能[J].贵州民族研究,2003(2):30－35.

[28]文久富,陶斯文,刘琳.城市化进程中少数民族流动人口就业现状、存在问题及其对策分析[J].西南民族大学学报(人文社科版),2007(8):34-37.

[29]高永辉.城市化进程对民族关系的影响研究[J].贵州民族研究,2015(11):14-17.

[30]高永久,郝龙.西北民族地区城市空间结构的内外要素与发展模式研究[J].西南民族大学学报(人文社会科学版),2013(12):132-137.

[31]方创琳.中国西部地区城市群形成发育现状与建设重点[J].干旱区地理,2010(5):667-675.

[32]张丽君,刘文纪.西部民族地区和谐型生态城市发展研究——以南宁市为例[J].中央民族大学学报(哲学社会科学版),2009(6):27-33.

[33]张鲁宁.西部民族地区城市社区文化建设初探[J].攀登,2014(1):133-137.

[34]陈文清.西部民族地区城市人口从业收入状况分析[J].西北人口,2008(2):44-49+54.

[35]王燕祥,张丽君.中外边境毗邻城市的功能互动与少数民族地区经济发展[J].黑龙江民族丛刊,2005(1):27-31.

[36]金德谷.满洲里边疆民族地区的口岸城市经济发展思考[J].贵州民族研究,2016(1):144-148.

[37]孔翔,Rorbert E,Marks,万广华.国有企业全要素生产率变化及其决定因素:1990—1994[J].经济研究,1999(7):40-48.

[38]易纲,樊纲,李岩.关于中国经济增长与全要素生产率的理论思考[J].经济研究,2003(8):13-20+90.

[39]秦朵,宋海岩.改革中的过度投资需求和效率损失——中国分省固定资产投资案例分析[J].经济学(季刊),2003(3):807-832.

[40]张军,施少华.中国经济全要素生产率变动:1952—1998[J].世界经济文汇,2003(2):17-24.

[41]胡鞍钢.未来经济增长取决于全要素生产率提高[J].政策,2003(1):31-32.

[42]叶裕民.全国及各省区市全要素生产率的计算和分析[J].经济学家,

2002(3):115－121.

[43]郑京海,刘小玄,ArneBigsten. 1980—1994 期间中国国有企业的效率、技术进步和最佳实践[J]. 经济学(季刊),2002(2):521－540.

[44]郑玉歆. 全要素生产率的测度及经济增长方式的"阶段性"规律——由东亚经济增长方式的争论谈起[J]. 经济研究,1999(5):57－62.

[45]张军. 中国的工业改革与经济增长:问题与解释[M]. 上海:上海人民出版社,2003.

[46]赵勇,白永秀. 知识溢出:一个文献综述[J]. 经济研究,2009(1):144－156.

[47]程中华,张立柱. 产业集聚与城市全要素生产率[J]. 中国科技论坛,2015(3):112－118.

[48]孙晓华,郭玉娇. 产业集聚提高了城市生产率吗?——城市规模视角下的门限回归分析[J]. 财经研究,2013(2):103－112.

[49]崔宇明,代斌,王萍萍. 城镇化、产业集聚与全要素生产率增长研究[J]. 中国人口科学,2013(4):54－63＋127.

[50]黄斯婕,张萃. 生产性服务业集聚对城市生产率的影响——基于行业异质性视角[J]. 城市发展研究,2016(3):118－124.

[51]连飞. 工业集聚与劳动生产率的空间计量经济分析——来自我国东北34个城市的经验证据[J]. 中南财经政法大学学报,2011(1):108－114＋144.

[52]柯善咨,姚德龙. 工业集聚与城市劳动生产率的因果关系和决定因素——中国城市的空间计量经济联立方程分析[J]. 数量经济技术经济研究,2008(12):3－14.

[53]刘黄金. 地区间生产率差异与收敛——基于中国各产业的分析[J]. 数量经济技术经济研究,2006(11):50－58.

[54]范剑勇,冯猛,李方文. 产业集聚与企业全要素生产率[J]. 世界经济,2014(5):51－73.

[55]范剑勇. 市场一体化、地区专业化与产业集聚趋势——兼谈对地区差距的影响[J]. 中国社会科学,2004(6):39－51＋204－205.

[56]孙浦阳,韩帅,许启钦. 产业集聚对劳动生产率的动态影响[J]. 世界经济,2013(3):33－53.

[57]王丽丽,范爱军.空间集聚与全要素生产率增长——基于门限模型的非线性关联研究[J].财贸经济,2009(12):105－110＋140.

[58]王燕,徐妍.中国制造业空间集聚对全要素生产率的影响机理研究——基于双门限回归模型的实证分析[J].财经研究,2012(3):135－144.

[59]李福柱,厉梦泉.相关多样性、非相关多样性与地区工业劳动生产率增长——兼对演化经济地理学理论观点的拓展研究[J].山东大学学报(哲学社会科学版),2013(4):10－20.

[60]魏玮,郑延平.相关与无关多样化对地区经济发展的影响研究——基于省际面板数据的实证检验[J].统计与信息论坛,2013(10):49－55.

[61]苏红键,赵坚.产业专业化、职能专业化与城市经济增长——基于中国地级单位面板数据的研究[J].中国工业经济,2011(4):25－34.

[62]祝树金,于晓路,钟腾龙.我国地区产业多样化、技术创新与经济发展——基于面板数据联立方程模型的研究[J].产经评论,2014(6):52－62.

[63]黎斌,贺灿飞,周沂.相关多样化、地方政府竞争与中国重化工业企业动态[J].经济地理,2016(6):91－99.

[64]张辽,杨成林.产业多样化能够促进地区经济增长吗?——来自中国的证据[J].云南财经大学学报,2016(4):64－71.

[65]张德常.多样化、外部效应与地区经济发展——基于我国制造业数据的实证研究[J].南方经济,2009(5):58－69.

[66]郑玉歆.全要素生产率的测算及其增长的规律——由东亚增长模式的争论谈起[J].数量经济技术经济研究,1998(10):28－34.

[67]郭庆旺,贾俊雪.中国全要素生产率的估算:1979—2004[J].经济研究,2005(6):51－60.

[68]易纲,樊纲,李岩.关于中国经济增长与全要素生产率的理论思考[J].经济研究,2003(8):13－20＋90.

[69]颜鹏飞,王兵.技术效率、技术进步与生产率增长:基于DEA的实证分析[J].经济研究,2004(12):55－65.

[70]金相郁.中国城市全要素生产率研究:1990—2003[J].上海经济研究,2006(7):14－23.

[71]杨文举. 技术效率、技术进步、资本深化与经济增长：基于 DEA 的经验分析[J]. 世界经济,2006(5):73－83＋96.

[72]魏楚,沈满洪. 能源效率及其影响因素：基于 DEA 的实证分析[J]. 管理世界,2007(8):66－76.

[73]吴琦,武春友. 基于 DEA 的能源效率评价模型研究[J]. 管理科学,2009(1):103－112.

[74]全炯振. 中国农业全要素生产率增长的实证分析:1978—2007 年——基于随机前沿分析(SFA)方法[J]. 中国农村经济,2009(9):36－47.

[75]王兵,吴延瑞,颜鹏飞. 中国区域环境效率与环境全要素生产率增长[J]. 经济研究,2010(5):95－109.

[76]李涛. 资源约束下中国碳减排与经济增长的双赢绩效研究——基于非径向 DEA 方法 RAM 模型的测度[J]. 经济学(季刊),2013(2):667－692.

[77]赵林,张宇硕,焦新颖,吴迪,吴殿廷. 基于 SBM 和 Malmquist 生产率指数的中国海洋经济效率评价研究[J]. 资源科学,2016(3):461－475.

[78]张少华,蒋伟杰. 中国全要素生产率的再测度与分解[J]. 统计研究,2014(3):54－60.

[79]李郇,徐现祥,陈浩辉. 20 世纪 90 年代中国城市效率的时空变化[J]. 地理学报,2005(4):615－625.

[80]郭庆旺,赵志耘,贾俊雪. 中国省份经济的全要素生产率分析[J]. 世界经济,2005(5):46－53＋80.

[81]刘建国,等. 中国经济效率和全要素生产率的空间分异及其影响[J]. 地理学报,2012(8):1069－1084.

[82]林毅夫,任若恩. 东亚经济增长模式相关争论的再探讨[J]. 经济研究,2007(8):4－12＋57.

[83]傅元海,叶祥松,王展祥. 制造业结构变迁与经济增长效率提高[J]. 经济研究,2016,(8):86－100.

[84]干春晖,郑若谷,余典范. 中国产业结构变迁对经济增长和波动的影响[J]. 经济研究,2011(5):4－16＋31.

[85]刘伟,张辉. 中国经济增长中的产业结构变迁和技术进步[J]. 经济研

究,2008(11):4－15.

[86]江小涓,李辉.服务业与中国经济:相关性和加快增长的潜力[J].经济研究,2004(1):4－15.

[87]刘伟,李绍荣.产业结构与经济增长[J].中国工业经济,2002(5):14－21.

[88]杨霞,单德朋.转型期中国民族地区产业结构与就业结构演化实证研究[J].经济问题探索,2013(2):93－99.

[89]钱力,管新帅.农业优势产业选择与少数民族地区发展——以甘肃省民族地区为例[J].农业技术经济,2012(3):103－108.

[90]马子量,麻建学.民族地区产业结构变迁与城市化发展互动及响应研究——基于8个民族省区的PVAR模型分析[J].西南民族大学学报(人文社科版),2016,37(1):167－172.

[91]Content J, Frenken K. Related Variety and Economic Development: A Literature Review[J]. Papers in Evolutionary Economic Geography, 2016:1－16.

[92]Alfred Marshall. Principles of Economics[M]. London:Macmillan,1890.

[93]Sveikauskas L. The Productivity of Cities[J]. The Quarterly Journal of Economics, 1975, 89(3):393－413.

[94]Segal M, Bloom F E. The Action of Norepinephrine in the Rat Hippocampus. III. Hippocampal Cellular Responses to Locus Coeruleus Stimulation in the Awake Rat.[J]. Brain Research, 1976, 107(3):499－511.

[95]Ciccone A, Hall R E. Productivity and the Density of Economic Activity.[J]. American Economic Review, 1995, 86(1):54－70.

[96] Cingano F, Schivardi F. Identifying the Sources of Local Poductivity Growth[J]. Journal of the European Economic Association, 2004, 2(4):720－742.

[97]Aarstad J, Kvitastein O A, Jakobsen S E. Related and Unrelated Variety as Regional Drivers of Enterprise Productivity and Innovation: A Multilevel Study[J]. Research Policy, 2016, 45(4):844－856.

[98]Lucio J J D, Izquierdo M. Local Responses to a Global Monetary Policy: The Regional Structure of Financial Systems[J]. Journal of Economic Studies, 2002, 29(3).

[99] Henderson V. The Urbanization Process and Economic Growth: The So - What Question[J]. Journal of Economic Growth, 2003, 8(1):47 - 71.

[100] Frenken K, Boschma R A. A Theoretical Framework for Evolutionary Economic Geography: Industrial Dynamics and Urban Growth as a Branching Process[J]. Journal of Economic Geography, 2007, 7(5):635 - 649.

[101] Nooteboom B. Learning and Innovation in Organizations and Economies [M],Oxford University Press Publication ,2000.

[102] Antonietti R, Cainelli G. The Role of Spatial Agglomeration in a Structural Model of Innovation, Productivity and Export: A Firm - Level Analysis[J]. The Annals of Regional Science, 2011, 46(3):577 - 600.

[103] Cainelli G, Ganau R, Iacobucci D. Do Geographic Concentration and Vertically Related Variety Foster Firm Productivity? Micro - Evidence from Italy[J]. Growth and Change, 2016, 47(2).

[104] Frenken K, Hoekman J, Oort F G V. Towards a European Research Area [J]. Nomos, 2007, 48(6):784 - 784.

[105] Frenken K, Cefis E, Stam E. Industrial Dynamics and Clusters: A Survey [J]. Regional Studies, 2013, 49(1):10 - 27.

[106] Koen Frenken, Frank Van Oort, Thijs Verburg. Related Variety, Unrelated Variety and Regional Economic Growth[J]. Regional Studies, 2007, 41(5):685 - 697.

[107] Wixe S, Andersson M. Which Types of Relatedness Matter in Regional Growth? Industry, Occupation and Education[J]. Regional Studies, 2016:1 - 14.

[108] Caniëls M, Verspagen B. Spatial Distance in a Technology Gap Model [J]. Research Memorandum, 1999, 119:B360 - B361.

[109] Breschi S, Helg R. Technological Change and International Competitiveness: The Case of Switzerland[J]. Liuc Papers in Economics, 1996.

[110] Bathelt H, Boggs J S. Toward a Reconceptualization of Regional Development Paths: Is Leipzig's Media Cluster a Continuation of or a Rupture with the Past? [J]. Economic Geography, 2003, 79(3):265 - 293.

[111] Bathelt H, Boggs J S. Continuities, Ruptures, and Re - bundling of Re-

gional Development Paths: Leipzig's Metamorphosis[J]. Economics of Science Technology & Innovation, 2005, 30:147 – 170.

[112]Glaeser E, Edward L. Glaeser, Review of Richard Florida's The Rise of the Creative Class[J]. Regional Science & Urban Economics, 2005, 35(5):593 – 596.

[113]Glaeser E L, Shleifer A. Growth in Cities[J]. Journal of Political Economy, 1992, 100(6):1126 – 1152.

[114]Boschma R A, Wenting R. The Spatial Evolution of the British Automobile Industry[J]. Papers in Evolutionary Economic Geography, 2004, 16(2): 213 – 238.

[115]Boschma R A, Wenting R. The Spatial Evolution of the British Automobile Industry: Does location matter? [J]. Industrial and Corporate Change, 2007, 16(2):213 – 238.

[116]Boschma R A, Kloosterman R C. Clustering, Learning and Regional Development[J]. Geojournal Library, 2005(80):1 – 15.

[117]Boschma R. Proximity and Innovation: A Critical Assessment[J]. Regional Studies, 2005, 39(1):61 – 74.

[118]Boschma R, Capone G. Relatedness and Diversification in the European Union (EU – 27) and European Neighbourhood Policy countries[J]. Environment & Planning C:Government & Policy, 2016, 34(4): 617 – 637.

[119]Boschma R, Heimeriks G, Balland P A. Scientific Knowledge Dynamics and Relatedness in Biotech Cities[J]. Papers in Evolutionary Economic Geography, 2013, 43(1):107 – 114.

[120]Boschma R, Iammarino S. Related Variety, Trade Linkages, and Regional Growth in Italy[J]. Economic Geography, 2009, 85(3):289 – 311.

[121] Boschma R, Minondo A, Navarro M. Related Variety and Regional Growth in Spain* [J]. Papers in Regional Science, 2012, 91(2):241 – 256.

[122]Boschma R, Minondo A, Navarro M. The Emergence of New Industries at the Regional Level in Spain: A Proximity Approach Based on Product Relatedness [J]. Economic Geography, 2013, 89(1):29 – 51.

[123]Bosma N, Stam E, Schutjens V. Creative Destruction and Regional Productivity Growth: Evidence from the Dutch Manufacturing and Services Industries[J]. Small Business Economics, 2011, volume 36(4):401 -418(18).

[124]Klepper S. Entry, Exit, Growth, and Innovation over the Product Life Cycle. [J]. American Economic Review, 1996, 86(3):562 -83.

[125]Frank N, Martin H. Skill Relatedness and Firm Diversification[J]. Papers on Economics & Evolution, 2010, 34(3):297 -316.

[126]Neffke F, Boschma R. How Do Regions Diversify over Time? Industry Relatedness and the Development of New Growth Paths in Regions[J]. Economic Geography, 2011, 87(3):237 -265.

[127]Neffke F, Henning M, Boschma R. Industry Relatedness and the Development of New Growth Paths in Regions[J]. Culture, 2011.

[128]Neffke F, Henning M. Inter - industry Linkages in Local Economies[J]. Frank Neffke, 2011.

[129]Meijers E J, Burger M J. Spatial Structure and Productivity in U. S. Metropolitan Areas[J]. Environment & Planning A, 2009, 42(42):1383 -1402.

[130]Hidalgo C, Klinger B, Barabasi A L, et al. The Product Space and Its Consequences for Economic Growth[C]// APS Meeting. APS Meeting Abstracts, 2007:439 -446.

[131]Hidalgo C A, Dasgupta P S. The Building Blocks of Economic Complexity [J]. Proceedings of the National Academy of Sciences of the United States of America, 2009, 106(26):10570 -10575.

[132]Neffke F, Hartog M, Boschma R, et al. Agents of Structural Change. The Role of Firms and Entrepreneurs in Regional Diversification[J]. Papers in Evolutionary Economic Geography, 2014.

[133]Neffke F, Henning M S, Boschma R, et al. Surviving in Agglomerations: Plant Evolution and the Changing Benefits of the Local Environment[J]. Papers in Evolutionary Economic Geography, 2008.

[134]Neffke F, Henning M. Entrepreneurship Diversification, Skill Relatedness

and Regional Economic Evolution[C]// ERSA conference papers. European Regional Science Association, 2011.

[135]Erkuşöztürk H. (Un)related Variety, Urban Milieu and Tourism – Company Differentiation[J]. Tourism Geographies, 2016:1 –23.

[136]Essletzbichler J. Relatedness, Industrial Branching and Technological Cohesion in US Metropolitan Areas[J]. Regional Studies, 2013, 49(5):1 –15.

[137]Bishop P, Gripaios P. Spatial Externalities, Relatedness and Sector Employment Growth in Great Britain[J]. Regional Studies, 2009, 44(4):443 –454.

[138]Caragliu A, Dominicis L D, Groot H L F D. Both Marshall and Jacobs were Right! [J]. Economic Geography, 2016, 92(1):87 –111.

[139]Castaldi C, Frenken K, Los B. Related Variety, Unrelated Variety and Technological Breakthroughs: An analysis of US State – Level Patenting[J]. Regional Studies, 2014, 49(5):1 –15.

[140]Colombelli A. The Impact of Local Knowledge Bases on the Creation of Innovative Start – ups in Italy[J]. Small Business Economics, 2016, 47(2):383 –396.

[141]Cortinovis N, Oort F V. Variety, Economic Growth and Knowledge Intensity of European Regions: A Spatial Panel Analysis[J]. The Annals of Regional Science, 2015, 55(1):7 –32.

[142]Davids M M, Frenken K K. Proximity, Knowledge Base and the Innovation Process : The Case of Unilever's Becel Diet Margarine[J]. Papers in Evolutionary Economic Geography, 2015.

[143]Duranton G, Puga D. Nursery Cities: Urban Diversity, Process Innovation, and the Life Cycle of Products[J]. Cepr Discussion Papers, 2000, 91(5): 1454 –1477.

[144]Guo Q, He C, Li D. Entrepreneurship in China: The Role of Localisation and Urbanisation Economies. [J]. Urban Studies, 2016(53): 2584 –2606.

[145]Hartog M, Boschma R,Sotarauta M. The Impact of Related Variety on Regional Employment Growth in Finland 1993 –2006[J]. Papers in Evolutionary Economic Geography, 2012, 19(6):459 –476.

[146]Dieter F K, David L R, Tucker I. Mapping Knowledge Space and Technological Relatedness in US Cities[J]. European Planning Studies, 2013, 21(9): 1374-1391.

[147]Mameli F, Iammarino S, Boschma R. Regional Variety and Employment Growth in Italian labour Market Areas: Services Versus Manufacturing Industries[J]. Papers in Evolutionary Economic Geography, 2012, 72(3):354-378.

[148]Oort F V, Geus S D, Dogaru T. Related Variety and Regional Economic Growth in a Cross-Section of European Urban Regions[J]. European Planning Studies, 2015, 23(6):1110-1127.

[149]Porter M E. The Competitive Advantage of Nations [M]// The competitive advantage of nations: Ashgate, 1990:42-43.

[150] Quatraro F. Knowledge Coherence, Variety and Productivity Growth: Manufacturing Evidence from Italian Regions[J]. Papers in Evolutionary Economic Geography, 2009, 39(10):1289-1302.

[151]Rigby D L. Technological Relatedness and Knowledge Space: Entry and Exit of US Cities from Patent Classes[J]. Regional Studies, 2013, 49(11):1-16.

[152]Saviotti P P, Frenken K. Export Variety and the Economic Performance of countries[J]. Journal of Evolutionary Economics, 2008, 18(2):201-218.

[153]Tanner A N. The Emergence of New Technology-based Industries: The Case of Fuel Cells and Its Technological Relatedness to Regional Knowledge, Bases [J]. Journal of Economic Geography, 2016, 16(3).

[154]Tavassoli S, Carbonara N. The Role of Knowledge Variety and Intensity for Regional Innovation[J]. Small Business Economics, 2014, 43(2):493-509.

[155]Mameli F, Iammarino S, Boschma R. Regional Variety and Employment Growth in Italian Labour Market Areas: Services Versus Manufacturing Industries[J]. Papers in Evolutionary Economic Geography, 2012, 72(3):354-378.

[156]Paci R, Usai S. Externalities, Knowledge Spillovers and the Spatial Distribution of Innovation[J]. GeoJournal, 1999, 49(4):381-390.

[157]Paci R, Usai S. Technological Enclaves and Industrial Districts: An Anal-

ysis of the Regional Distribution of Innovative Activity in Europe[J]. Journal of Biomedical Materials Research Part B Applied Biomaterials, 2000, 101b(5):762 - 769.

[158]Brachert M, Kubis A A, Titze M. Related Variety, Unrelated Variety and Regional Functions: A spatial panel approach[C]// Utrecht University, Section of Economic Geography, 2013.

[159]Bahar D, Hausmann R, Hidalgo C A. Neighbors and the Evolution of the Comparative Advantage of Nations: Evidence of International Knowledge Diffusion? [J]. Journal of International Economics, 1996, 92(1):111 - 123.

[160]Pinar Falcioğlu. Location and Determinants of Productivity: The Case of the Manufacturing Industry in Turkey[J]. Emerging Markets Finance & Trade, 2011, 47(6):86 - 96.

[161]Binz C, Truffer B, Coenen L. Why Space Matters in Technological Innovation Systems—Mapping Global Knowledge Dynamics of Membrane Bioreactor Technology[J]. Research Policy, 2014, 43(1):138 - 155.

[162]Dawley S. Creating New Paths? Offshore Wind, Policy Activism, and Peripheral Region Development[J]. Economic Geography, 2014, 90(1):91 - 112.

[163]Henderson J V, Kuncoro A, Turner M. Industrial Development in Cities [C]// National Bureau of Economic Research, Inc, 1995:1067 - 1090.

[164]Duranton G, Puga D. From Sectoral to Functional Urban Specialisation [J]. Journal of Urban Economics, 2001, 57(2):343 - 370.

[165]Duranton G, Puga D. Nursery Cities: Urban Diversity, Process Innovation, and the Life Cycle of Products[J]. Cepr Discussion Papers, 2000, 91(5): 1454 - 1477.

[166]Duranton G, Puga D. Micro - foundations of Urban Increasing Re-turns: Theory[J]. Hetecon Net, 2004, 11:363 - 375.

[167]Flegg A T, Webber C D. On the Appropriate Use of Location Quotients in Generating Regional Input-Output Tables: Reply[J]. Regional Studies, 1995, 29 (6):547 - 561.

[168]Flegg A T, Tohmo T. Regional Input - Output Tables and the FLQ Formu-

la: A Case Study of Finland[J]. Regional Studies,2013,47(1005):703 -721(19).

[169]Farjoun M. Beyond Industry Boundaries: Human Expertise, Diversification and Resource-Related Industry Groups[J]. Organization Science, 1994, 5(2): 185 -199.

[170]Teece D, Pisano G. The Dynamic Capabilities of Firms: an Introduction [J]. Industrial and Corporate Change, 1994, 3(3):537 -556.

[171]Färe R, Norris M. Productivity Growth, Technical Progress, and Efficiency Change in Industrialized Countries: Comment. [J]. American Economic Review, 1994, 84(1):66 -83.

[172]Färe R, Grosskopf S, Lovell C A K. Indirect Productivity Measurement [J]. Journal of Productivity Analysis, 1992, 2(4):283 -298.

[173]Zofio J L. Malmquist Productivity Index Decompositions: A Unifying Framework[J]. Applied Economics, 2007, 39(18):2371 -2387.

[174]Ray S C, Desli E. Productivity Growth, Technical Progress, and Efficiency Change in Industrialized Countries: Comment[J]. American Economic Review, 1997,87(5): 1033 -1039.

[175]Saxenian A. Regional Advantage: Culture and Competition in Silicon Valley and Route 128 [M]. Cambridge, Mass: Harvard University Press, 1994.

[176]Beaudry C, Schiffauerova A. Who's right, Marshall or Jacobs? The localization versus urbanization debate[J]. Research Policy,2009,38(2):318 -337.

[177]Craig J, Dibrell C. The Natural Environment, Innovation, and Firm Performance: A Comparative Study[J]. Family Business Review, 2006, 19(4):275 -288.

[178]Stewart Thornhill. Knowledge, Innovation and Firm Performance in High- and Low- technology Regimes[J]. Journal of Business Venturing, 2006, 21(5):687 -703.

[179]Khwaja A I. Can Good Projects Succeed in Bad Communities? Collective Action in the Himalayas[J]. Working Paper, 2001, 93:899 -916.

[180]Repkine A. Ethnic Diversity, Political Stability and Productive Efficiency: Empirical Evidence from the African Countries[J]. South African Journal of Economics, 2014, 82(3):315 -333.

[181]Fafchamps M. Ethnicity and Credit in African Manufacturing[J]. Journal of Development Economics, 2000, 61(1):205 -235.

[182]Churchill S A, Valenzuela M R, Sablah W. Ethnic Diversity and Firm Performance: Evidence from China's Materials and Industrial Sectors[J]. Empirical Economics, 2016:1 -21.

# 附　录

**附表 1　民族地区地级市目录表**

单位：个

| 序号 | 省区 | 地级市 | 序号 | 省区 | 地级市 |
|---|---|---|---|---|---|
| 1 | 内蒙古(9) | 呼和浩特 | 26 | | 遵义 |
| 2 | | 包头 | 27 | | 安顺 |
| 3 | | 乌海 | 28 | | 铜仁 |
| 4 | | 赤峰 | 29 | | 毕节 |
| 5 | | 通辽 | 30 | 云南(8) | 昆明 |
| 6 | | 呼伦贝尔 | 31 | | 玉溪 |
| 7 | | 鄂尔多斯 | 32 | | 曲靖 |
| 8 | | 乌兰察布 | 33 | | 昭通 |
| 9 | | 巴彦淖尔 | 34 | | 丽江 |
| 10 | 广西(14) | 南宁 | 35 | | 保山 |
| 11 | | 柳州 | 36 | | 普洱 |
| 12 | | 桂林 | 37 | | 临沧 |
| 13 | | 梧州 | 38 | 西藏(3) | 拉萨 |
| 14 | | 北海 | 39 | | 日喀则 |
| 15 | | 防城港 | 40 | | 昌都 |
| 16 | | 钦州 | 41 | 青海(2) | 西宁 |
| 17 | | 玉林 | 42 | | 海东 |
| 18 | | 贵港 | 43 | 宁夏(5) | 银川 |
| 19 | | 百色 | 44 | | 石嘴山 |
| 20 | | 来宾 | 45 | | 吴忠 |
| 21 | | 崇左 | 46 | | 固原 |
| 22 | | 贺州 | 47 | | 中卫 |
| 23 | | 河池 | 48 | 新疆(2) | 乌鲁木齐 |
| 24 | 贵州(6) | 贵阳 | 49 | | 克拉玛依 |
| 25 | | 六盘水 | | | |

数据来源：作者根据《中国城市统计年鉴 2015》整理得到。

**附表2 民族地区县级市目录表**

单位：个

| 序号 | 省区 | 县级市 | 序号 | 省区 | 县级市 | 序号 | 省区 | 县级市 |
|---|---|---|---|---|---|---|---|---|
| 1 | 内蒙古（11） | 霍林郭勒 | 24 |  | 福泉 | 46 | 新疆（24） | 哈密 |
| 2 |  | 满洲里 | 25 |  | 都匀 | 47 |  | 昌吉 |
| 3 |  | 扎兰屯 | 26 | 云南（13） | 安宁 | 48 |  | 奎屯 |
| 4 |  | 牙克石 | 27 |  | 宣威 | 49 |  | 伊宁 |
| 5 |  | 根河 | 28 |  | 大理 | 50 |  | 塔城 |
| 6 |  | 额尔古纳 | 29 |  | 楚雄 | 51 |  | 阿勒泰 |
| 7 |  | 丰镇 | 30 |  | 芒市 | 52 |  | 博乐 |
| 8 |  | 二连浩特 | 31 |  | 瑞丽 | 53 |  | 库尔勒 |
| 9 |  | 乌兰浩特 | 32 |  | 开远 | 54 |  | 阿克苏 |
| 10 |  | 锡林浩特 | 33 |  | 个旧 | 55 |  | 阿图什 |
| 11 |  | 阿尔山 | 34 |  | 景洪 | 56 |  | 喀什 |
| 12 | 广西（7） | 岑溪 | 35 |  | 文山 | 57 |  | 和田 |
| 13 |  | 东兴 | 36 |  | 蒙自 | 58 |  | 阜康 |
| 14 |  | 北流 | 37 |  | 弥勒市 | 59 |  | 乌苏 |
| 15 |  | 桂平 | 38 |  | 香格里拉 | 60 |  | 阿拉尔 |
| 16 |  | 合山 | 39 | 青海（3） | 格尔木 | 61 |  | 图木舒克 |
| 17 |  | 凭祥 | 40 |  | 德令哈 | 62 |  | 五家渠 |
| 18 |  | 宜州 | 41 |  | 玉树 | 63 |  | 北屯 |
| 19 | 贵州（7） | 清镇 | 42 | 宁夏（2） | 灵武 | 64 |  | 阿拉山口 |
| 20 |  | 赤水 | 43 |  | 青铜峡 | 65 |  | 铁门关 |
| 21 |  | 仁怀 | 44 |  | 石河子 | 66 |  | 霍尔果斯 |
| 22 |  | 凯里 | 45 |  | 吐鲁番 | 67 |  | 双河 |
| 23 |  | 兴义 |  |  |  |  |  |  |

数据来源：作者根据《中国城市统计年鉴2015》整理得到。

**附表 3　基于新标准的 2014 年地区不同规模等级城市名单**

| 城市规模等级 | 城市个数 | 省区 | 城市名单 | | 城市个数 |
|---|---|---|---|---|---|
| | | | 地级市 | 县级市 | |
| Ⅱ型大城市<br>100 万～300 万 | 18 | 内蒙古 | 呼和浩特、包头、赤峰 | | 3 |
| | | 广西 | 南宁、柳州、钦州、贵港、玉林、贺州、来宾 | 桂平、北流 | 9 |
| | | 贵州 | 贵阳、毕节 | | 2 |
| | | 云南 | 昆明 | 宣威 | 2 |
| | | 宁夏 | 银川 | | 1 |
| | | 新疆 | 乌鲁木齐市 | | 1 |
| 中等城市<br>50 万～100 万 | 27 | 内蒙古 | 乌海、通辽、巴彦淖尔 | | 3 |
| | | 广西 | 桂林、梧州、北海、防城港 | 岑溪、宜州 | 6 |
| | | 贵州 | 遵义、安顺 | 清镇、仁怀、兴义、凯里 | 6 |
| | | 云南 | 曲靖、保山、昭通 | 楚雄、大理、弥勒 | 6 |
| | | 青海 | 西宁市 | | 1 |
| | | 新疆 | | 阿克苏、喀什、伊宁 | 3 |
| Ⅰ型小城市<br>20 万～50 万 | 40 | 内蒙古 | 鄂尔多斯、呼伦贝尔、乌兰察布 | 牙克石、扎兰屯、丰镇、乌兰浩特 | 7 |
| | | 广西 | 百色、河池、崇左 | | 3 |
| | | 贵州 | 六盘水、铜仁 | 赤水、都匀、福泉 | 5 |
| | | 云南 | 玉溪、普洱、临沧 | 安宁、个旧、开元、蒙自、文山、景洪、芒市 | 10 |
| | | 西藏 | 拉萨 | | 1 |
| | | 青海 | 海东 | | 1 |
| | | 宁夏 | 石嘴山、吴忠、固原、中卫 | 灵武、青铜峡 | 6 |
| | | 新疆 | 克拉玛依 | 吐鲁番、哈密、昌吉、博乐、库尔勒、阿图什、和田、乌苏、石河子、阿拉尔 | 11 |

续表

| 城市规模等级 | 城市个数 | 省区 | 城市名单 | | 城市个数 |
| --- | --- | --- | --- | --- | --- |
| | | | 地级市 | 县级市 | |
| Ⅱ型小城市 20万以下 | 23 | 内蒙古 | | 霍林郭勒、满洲里、额尔古纳、根河、阿尔山、二连浩特、锡林浩特 | 7 |
| | | 广西 | | 东兴、合山、凭祥 | 3 |
| | | 云南 | 丽江 | 瑞丽 | 2 |
| | | 青海 | | 格尔木、德令哈、玉树 | 3 |
| | | 新疆 | | 阜康、奎屯、塔城、阿勒泰、图木舒克、五家渠、北屯 | 7 |
| 合计 | 109 | | | | 109 |

数据来源：作者针对47个地级市和62个县级市，共计109个城市整理得到。

**附表4　民族地区县级市国内生产总值与增长率**　　单位：亿元

| 序号 | 城市 | 2005年 | 2007年 | 2011年 | 2014年 | 年均增长率(%) |
| --- | --- | --- | --- | --- | --- | --- |
| 1 | 霍林郭勒 | 17.87 | 47.01 | 65.97 | 245.18 | 33.78 |
| 2 | 满洲里 | 35.02 | 60.31 | 65.39 | 149.12 | 17.47 |
| 3 | 牙克石 | 28.16 | 39.11 | 43.41 | 162.16 | 21.47 |
| 4 | 扎兰屯 | 25.41 | 34.30 | 40.40 | 126.71 | 19.55 |
| 5 | 额尔古纳 | 10.11 | 12.74 | 12.94 | 31.30 | 13.38 |
| 6 | 根河 | 20.08 | 14.92 | 14.91 | 28.79 | 4.09 |
| 7 | 丰镇 | 36.39 | 43.07 | 45.86 | 101.39 | 12.06 |
| 8 | 乌兰浩特 | 35.81 | 39.30 | 37.44 | 104.16 | 12.60 |
| 9 | 阿尔山 | 4.28 | 4.43 | 4.07 | 10.57 | 10.56 |
| 10 | 二连浩特 | 12.04 | 17.96 | 20.94 | 60.45 | 19.64 |
| 11 | 锡林浩特 | 40.68 | 56.41 | 63.01 | 157.92 | 16.27 |
| 12 | 岑溪 | 32.22 | 48.62 | 57.78 | 155.63 | 19.12 |
| 13 | 东兴 | 12.22 | 15.04 | 18.91 | 55.73 | 18.36 |
| 14 | 桂平 | 50.04 | 65.72 | 77.90 | 189.51 | 15.95 |
| 15 | 北流 | 51.20 | 67.77 | 72.72 | 177.71 | 14.83 |
| 16 | 宜州 | 37.43 | 46.03 | 45.16 | 72.10 | 7.56 |
| 17 | 合山 | 9.51 | 16.11 | 12.37 | 25.83 | 11.74 |

续表

| 序号 | 城市 | 2005 年 | 2007 年 | 2011 年 | 2014 年 | 年均增长率(%) |
|---|---|---|---|---|---|---|
| 18 | 凭祥 | 7.44 | 13.03 | 15.48 | 30.90 | 17.14 |
| 19 | 清镇 | 43.89 | 48.59 | 50.25 | 133.85 | 13.19 |
| 20 | 赤水 | 15.33 | 18.91 | 20.05 | 45.63 | 12.89 |
| 21 | 仁怀 | 43.71 | 66.49 | 73.57 | 294.04 | 23.59 |
| 22 | 兴义 | 49.17 | 69.13 | 72.35 | 181.88 | 15.64 |
| 23 | 凯里 | 32.45 | 42.03 | 41.72 | 113.26 | 14.90 |
| 24 | 都匀 | 28.56 | 37.68 | 39.78 | 97.00 | 14.55 |
| 25 | 福泉 | 21.94 | 26.95 | 28.32 | 70.55 | 13.86 |
| 26 | 安宁 | 67.96 | 79.13 | 81.45 | 176.43 | 11.18 |
| 27 | 宣威 | 47.02 | 74.28 | 77.95 | 181.74 | 16.21 |
| 28 | 楚雄 | 64.16 | 80.05 | 83.28 | 186.34 | 12.58 |
| 29 | 个旧 | 42.76 | 62.88 | 70.33 | 134.63 | 13.59 |
| 30 | 开远 | 33.91 | 41.97 | 44.58 | 101.33 | 12.93 |
| 31 | 景洪 | 38.74 | 45.84 | 44.46 | 110.73 | 12.38 |
| 32 | 大理 | 79.83 | 103.73 | 103.98 | 219.75 | 11.91 |
| 33 | 瑞丽 | 11.37 | 14.14 | 15.32 | 36.04 | 13.68 |
| 34 | 芒市 | 16.88 | 21.43 | 22.82 | 55.41 | 14.12 |
| 35 | 格尔木 | 43.96 | 69.01 | 74.07 | 243.89 | 20.97 |
| 36 | 德令哈 | 8.63 | 12.60 | 14.32 | 37.97 | 17.89 |
| 37 | 灵武 | 25.05 | 41.63 | 52.96 | 219.30 | 27.26 |
| 38 | 青铜峡 | 37.52 | 54.47 | 51.76 | 101.05 | 11.64 |
| 39 | 吐鲁番 | 20.36 | 28.11 | 29.20 | 53.25 | 11.27 |
| 40 | 哈密 | 45.15 | 62.02 | 64.02 | 200.95 | 18.05 |
| 41 | 昌吉 | 53.76 | 83.85 | 88.84 | 224.39 | 17.20 |
| 42 | 阜康 | 29.74 | 35.21 | 38.78 | 98.94 | 14.29 |
| 43 | 博乐 | 23.13 | 41.88 | 41.49 | 60.00 | 11.17 |
| 44 | 库尔勒 | 173.98 | 296.31 | 290.60 | 497.32 | 12.38 |
| 45 | 阿克苏 | 31.98 | 39.34 | 40.72 | 109.99 | 14.71 |
| 46 | 阿图什 | 7.09 | 9.71 | 9.82 | 25.60 | 15.34 |
| 47 | 喀什 | 24.10 | 36.20 | 39.63 | 123.06 | 19.86 |
| 48 | 和田 | 7.40 | 10.73 | 12.03 | 35.63 | 19.07 |

续表

| 序号 | 城市 | 2005 年 | 2007 年 | 2011 年 | 2014 年 | 年均增长率(%) |
|---|---|---|---|---|---|---|
| 49 | 伊宁 | 28.02 | 45.07 | 46.74 | 125.20 | 18.10 |
| 50 | 奎屯 | 18.88 | 32.04 | 32.98 | 96.71 | 19.90 |
| 51 | 塔城 | 16.58 | 21.27 | 21.61 | 51.07 | 13.32 |
| 52 | 乌苏 | 33.93 | 41.54 | 43.25 | 109.38 | 13.89 |
| 53 | 阿勒泰 | 15.10 | 16.29 | 19.06 | 39.72 | 11.35 |
| 54 | 石河子 | 44.61 | 84.15 | 86.70 | 195.03 | 17.81 |
| 55 | 阿拉尔 | 20.08 | 22.68 | 25.22 | 114.67 | 21.36 |
| 56 | 图木舒克 | 8.34 | 9.38 | 9.45 | 36.84 | 17.95 |
| 57 | 五家渠 | 12.52 | 16.84 | 18.89 | 53.50 | 17.51 |

数据来源:作者整理计算得到。

**附表 5　2005—2014 年民族地区城市经济国内生产总值及增长率** 单位:亿元

| 序号 | 城市 | 2005 年 | 2007 年 | 2009 年 | 2011 年 | 2012 年 | 2013 年 | 2014 年 | 增长率(%) |
|---|---|---|---|---|---|---|---|---|---|
| 1 | 呼和浩特 | 567.53 | 872.02 | 1412.70 | 2001.35 | 2316.41 | 2718.55 | 3018.37 | 20.40 |
| 2 | 包头 | 769.02 | 1210.62 | 2160.08 | 3215.41 | 3719.30 | 4031.81 | 4334.24 | 21.18 |
| 3 | 乌海 | 134.29 | 216.14 | 372.16 | 629.11 | 751.43 | 781.37 | 840.18 | 22.60 |
| 4 | 赤峰 | 160.68 | 277.37 | 451.95 | 749.97 | 906.67 | 996.58 | 1065.46 | 23.39 |
| 5 | 通辽 | 127.95 | 225.79 | 382.62 | 581.23 | 876.14 | 978.20 | 1023.27 | 25.99 |
| 6 | 鄂尔多斯 | 145.92 | 329.84 | 606.77 | 993.65 | 1135.80 | 1206.43 | 1300.81 | 27.52 |
| 7 | 呼伦贝尔 | 48.69 | 89.77 | 156.00 | 258.48 | 314.17 | 423.50 | 464.67 | 28.49 |
| 8 | 巴彦淖尔 | 76.62 | 122.55 | 188.14 | 266.93 | 319.17 | 362.41 | 382.10 | 19.55 |
| 9 | 乌兰察布 | 42.74 | 69.23 | 106.36 | 167.50 | 197.00 | 211.53 | 226.99 | 20.39 |
| 10 | 南宁 | 552.05 | 874.04 | 1320.55 | 2058.27 | 2387.15 | 2764.84 | 3259.19 | 21.81 |
| 11 | 柳州 | 383.80 | 580.61 | 847.66 | 1482.73 | 1768.10 | 2039.42 | 2302.01 | 22.02 |
| 12 | 桂林 | 193.21 | 275.48 | 363.04 | 530.15 | 581.84 | 657.23 | 720.13 | 15.74 |
| 13 | 梧州 | 106.34 | 138.64 | 188.24 | 316.69 | 380.07 | 518.68 | 699.05 | 23.27 |
| 14 | 北海 | 121.07 | 173.94 | 246.79 | 450.52 | 623.04 | 777.25 | 935.29 | 25.50 |
| 15 | 防城港 | 75.13 | 126.82 | 220.28 | 399.13 | 443.32 | 528.39 | 608.76 | 26.17 |
| 16 | 钦州 | 106.02 | 180.30 | 268.39 | 542.74 | 580.53 | 653.17 | 765.38 | 24.56 |
| 17 | 贵港 | 122.60 | 192.41 | 248.71 | 367.83 | 404.26 | 443.27 | 496.21 | 16.81 |
| 18 | 玉林 | 127.94 | 190.16 | 260.16 | 372.14 | 402.04 | 481.01 | 488.77 | 16.06 |
| 19 | 百色 | 56.29 | 98.67 | 123.57 | 182.87 | 221.71 | 237.21 | 246.30 | 17.82 |

续表

| 序号 | 城市 | 2005 年 | 2007 年 | 2009 年 | 2011 年 | 2012 年 | 2013 年 | 2014 年 | 增长率(%) |
|---|---|---|---|---|---|---|---|---|---|
| 20 | 贺州 | 83.56 | 118.89 | 169.31 | 259.77 | 293.99 | 307.90 | 333.32 | 16.62 |
| 21 | 河池 | 41.30 | 71.42 | 85.97 | 129.57 | 111.22 | 125.46 | 138.17 | 14.36 |
| 22 | 来宾 | 90.79 | 139.71 | 187.96 | 351.29 | 337.66 | 333.25 | 350.04 | 16.18 |
| 23 | 崇左 | 33.86 | 56.31 | 70.97 | 130.98 | 144.73 | 159.76 | 171.44 | 19.75 |
| 24 | 贵阳 | 443.66 | 620.73 | 868.13 | 1388.09 | 1743.76 | 2180.96 | 2612.36 | 21.77 |
| 25 | 六盘水 | 83.53 | 129.30 | 183.13 | 284.19 | 342.96 | 406.74 | 480.41 | 21.46 |
| 26 | 遵义 | 146.44 | 220.07 | 286.08 | 435.45 | 514.92 | 607.70 | 721.32 | 19.38 |
| 27 | 安顺 | 46.88 | 68.30 | 90.14 | 153.90 | 186.48 | 229.06 | 281.53 | 22.04 |
| 28 | 昆明 | 860.86 | 1192.74 | 1612.60 | 2458.09 | 3082.62 | 3683.73 | 3962.04 | 18.49 |
| 29 | 曲靖 | 138.14 | 234.11 | 324.70 | 481.83 | 572.98 | 677.46 | 731.26 | 20.34 |
| 30 | 玉溪 | 238.04 | 329.66 | 456.59 | 666.35 | 751.94 | 799.82 | 863.15 | 15.39 |
| 31 | 保山 | 53.08 | 81.34 | 109.76 | 165.60 | 199.20 | 230.25 | 265.63 | 19.59 |
| 32 | 昭通 | 60.55 | 85.54 | 122.03 | 192.66 | 227.69 | 257.15 | 284.26 | 18.75 |
| 33 | 丽江 | 22.51 | 33.27 | 50.31 | 77.53 | 98.98 | 113.90 | 124.56 | 20.94 |
| 34 | 普洱 | 23.11 | 37.73 | 54.87 | 83.89 | 103.06 | 124.37 | 152.78 | 23.35 |
| 35 | 临沧 | 15.20 | 22.86 | 34.22 | 55.76 | 74.59 | 91.34 | 106.94 | 24.20 |
| 36 | 西宁 | 175.98 | 261.95 | 424.46 | 693.40 | 791.94 | 943.00 | 1083.51 | 22.38 |
| 37 | 银川 | 228.21 | 323.15 | 525.96 | 790.28 | 953.05 | 1088.05 | 1176.56 | 19.99 |
| 38 | 石嘴山 | 89.36 | 146.39 | 242.59 | 348.41 | 398.33 | 441.90 | 467.35 | 20.18 |
| 39 | 吴忠 | 34.18 | 47.69 | 74.76 | 114.93 | 136.53 | 155.94 | 186.73 | 20.76 |
| 40 | 固原 | 21.07 | 30.84 | 42.55 | 77.13 | 90.62 | 106.89 | 120.44 | 21.37 |
| 41 | 中卫 | 35.10 | 47.05 | 84.04 | 136.00 | 158.03 | 184.70 | 192.38 | 20.81 |
| 42 | 乌鲁木齐 | 593.08 | 920.84 | 1290.85 | 2181.20 | 2655.83 | 2992.73 | 3411.57 | 21.46 |
| 43 | 克拉玛依 | 412.39 | 585.87 | 574.36 | 1043.67 | 1082.87 | 1169.19 | 1184.98 | 12.44 |
| 44 | 民族地区 | 7888.76 | 12050.13 | 17890.51 | 28266.66 | 33382.14 | 38222.10 | 42579.91 | 20.60 |

数据来源：《中国城市统计年鉴》，以 2000 年为基期进行了价格指数换算计算得到。

**附表 6　2005—2014 年民族地区城市人均地区生产总值与增长率**　单位：元

| 序号 | 城市 | 2005 年 | 2007 年 | 2009 年 | 2011 年 | 2012 年 | 2013 年 | 2014 年 | 增长率(%) |
|---|---|---|---|---|---|---|---|---|---|
| 1 | 呼和浩特 | 36822 | 55578 | 85618 | 158243 | 113672 | 217484 | 142424 | 16.22 |
| 2 | 包头 | 56717 | 87574 | 114776 | 156109 | 176974 | 276152 | 200071 | 15.04 |
| 3 | 乌海 | 29066 | 45647 | 76710 | 116542 | 137902 | 142067 | 151753 | 20.16 |

续表

| 序号 | 城市 | 2005 年 | 2007 年 | 2009 年 | 2011 年 | 2012 年 | 2013 年 | 2014 年 | 增长率(%) |
|---|---|---|---|---|---|---|---|---|---|
| 4 | 赤峰 | 13966 | 23709 | 37398 | 61573 | 66350 | 79726 | 77196 | 20.92 |
| 5 | 通辽 | 17337 | 30123 | 51077 | 75470 | 85235 | 113744 | 93299 | 20.56 |
| 6 | 鄂尔多斯 | 43558 | 86118 | 140458 | 167352 | 188750 | 446826 | 214036 | 19.35 |
| 7 | 呼伦贝尔 | 18917 | 34346 | 58340 | 94903 | 114471 | 114459 | 115650 | 22.28 |
| 8 | 巴彦淖尔 | 14522 | 23023 | 35160 | 49059 | 58289 | 60401 | 69509 | 19.00 |
| 9 | 乌兰察布 | 9622 | 23391 | 35023 | 47038 | 61271 | 68236 | 68638 | 24.40 |
| 10 | 南宁 | 22367 | 33967 | 49736 | 75733 | 87223 | 98745 | 115551 | 20.02 |
| 11 | 柳州 | 39187 | 57355 | 73608 | 96554 | 113946 | 175811 | 145591 | 15.70 |
| 12 | 桂林 | 26531 | 36702 | 45545 | 67368 | 58069 | 85354 | 69364 | 11.27 |
| 13 | 梧州 | 22029 | 28250 | 37732 | 63397 | 68593 | 99747 | 89793 | 16.90 |
| 14 | 北海 | 19714 | 29917 | 45305 | 64103 | 78565 | 121446 | 92603 | 18.75 |
| 15 | 防城港 | 14946 | 25625 | 44245 | 76460 | 83852 | 96071 | 112059 | 25.09 |
| 16 | 钦州 | 8665 | 12690 | 20428 | 45242 | 48056 | 44737 | 61823 | 24.40 |
| 17 | 贵港 | 6989 | 10693 | 15311 | 22286 | 26656 | 22733 | 32176 | 18.49 |
| 18 | 玉林 | 14201 | 20583 | 24071 | 35086 | 37467 | 45379 | 44728 | 13.60 |
| 19 | 百色 | 16914 | 29341 | 29725 | 48711 | 58460 | 67773 | 63561 | 15.85 |
| 20 | 贺州 | 8990 | 12401 | 16260 | 25520 | 28695 | 27009 | 32609 | 15.39 |
| 21 | 河池 | 13237 | 22345 | 20790 | 36633 | 33271 | 36901 | 40745 | 13.31 |
| 22 | 来宾 | 9058 | 13724 | 19067 | 38372 | 36680 | 31738 | 37155 | 16.98 |
| 23 | 崇左 | 10018 | 16356 | 19757 | 41753 | 44808 | 43178 | 51796 | 20.03 |
| 24 | 贵阳 | 22305 | 30841 | 34333 | 45201 | 55801 | 95656 | 80915 | 15.39 |
| 25 | 六盘水 | 19265 | 29402 | 36659 | 45968 | 55244 | 86541 | 80163 | 17.17 |
| 26 | 遵义 | 17141 | 24894 | 58262 | 39360 | 46018 | 69057 | 63776 | 15.72 |
| 27 | 安顺 | 5619 | 8089 | 10936 | 20167 | 24530 | 26030 | 36672 | 23.17 |
| 28 | 昆明 | 26592 | 35474 | 43757 | 63426 | 79025 | 133953 | 100533 | 15.92 |
| 29 | 曲靖 | 21194 | 34072 | 46519 | 64622 | 76217 | 94092 | 95902 | 18.26 |
| 30 | 玉溪 | 59347 | 71108 | 93795 | 134182 | 150538 | 186005 | 171260 | 12.50 |
| 31 | 保山 | 6200 | 9232 | 12375 | 17751 | 21071 | 25027 | 27775 | 18.13 |
| 32 | 昭通 | 7858 | 10857 | 15177 | 24329 | 28516 | 29902 | 34597 | 17.90 |
| 33 | 丽江 | 15539 | 19501 | 29267 | 38473 | 46436 | 75933 | 76395 | 19.36 |
| 34 | 普洱 | 9189 | 14742 | 21298 | 23983 | 33900 | 40120 | 49364 | 20.54 |

续表

| 序号 | 城市 | 2005 年 | 2007 年 | 2009 年 | 2011 年 | 2012 年 | 2013 年 | 2014 年 | 增长率(%) |
|---|---|---|---|---|---|---|---|---|---|
| 35 | 临沧 | 5072 | 7536 | 11180 | 17173 | 22827 | 28544 | 32317 | 22.85 |
| 36 | 西宁 | 17230 | 24442 | 37507 | 57539 | 70595 | 76048 | 87043 | 19.72 |
| 37 | 银川 | 28877 | 43358 | 43834 | 60499 | 72199 | 105636 | 86595 | 12.98 |
| 38 | 石嘴山 | 20158 | 31087 | 53296 | 73165 | 82830 | 96066 | 95070 | 18.81 |
| 39 | 吴忠 | 10359 | 11421 | 19810 | 30060 | 35292 | 38985 | 46990 | 18.29 |
| 40 | 固原 | 4404 | 6214 | 9653 | 18556 | 21500 | 23237 | 28839 | 23.22 |
| 41 | 中卫 | 10102 | 15062 | 20819 | 34660 | 41036 | 45049 | 48221 | 18.97 |
| 42 | 乌鲁木齐 | 27944 | 36174 | 46906 | 69170 | 81377 | 116449 | 99159 | 15.11 |
| 43 | 克拉玛依 | 94684 | 112525 | 104039 | 168074 | 180345 | 307682 | 214000 | 9.48 |
| 44 | 民族地区 | 23194 | 33860 | 48727 | 74212 | 87636 | 100342 | 108354 | 18.68 |

数据来源:《中国城市统计年鉴》,以 2000 年为基期进行了价格指数换算计算得到。

**附表 7 2005—2014 年民族地区各城市产业结构(%)**

| 序号 | 城市 | 2005 年 | | | 2007 年 | | | 2009 年 | | | 2010 年 | | | 2013 年 | | | 2014 年 | | |
|---|---|---|---|---|---|---|---|---|---|---|---|---|---|---|---|---|---|---|---|
| | | 1 | 2 | 3 | 1 | 2 | 3 | 1 | 2 | 3 | 1 | 2 | 3 | 1 | 2 | 3 | 1 | 2 | 3 |
| 1 | 呼和浩特 | 2.22 | 28.91 | 68.87 | 1.96 | 29.64 | 68.39 | 1.53 | 27.26 | 71.20 | 1.61 | 27.02 | 71.37 | 1.43 | 23.71 | 74.86 | 1.23 | 21.29 | 77.48 |
| 2 | 包头 | 1.22 | 52.78 | 46.01 | 1.22 | 48.68 | 50.10 | 0.89 | 52.28 | 46.83 | 1.06 | 52.53 | 46.41 | 1.02 | 46.97 | 52.01 | 0.97 | 45.19 | 53.83 |
| 3 | 乌海 | 1.62 | 63.01 | 35.37 | 1.21 | 65.54 | 33.25 | 1.00 | 68.84 | 30.16 | 0.90 | 72.83 | 26.27 | 0.91 | 65.94 | 33.15 | 0.79 | 63.40 | 35.81 |
| 4 | 赤峰 | 14.50 | 44.73 | 40.77 | 11.77 | 50.17 | 38.05 | 9.44 | 50.82 | 39.74 | 8.76 | 56.72 | 34.52 | 8.79 | 51.51 | 39.71 | 8.57 | 48.40 | 43.04 |
| 5 | 通辽 | 18.22 | 45.73 | 36.05 | 12.85 | 57.54 | 29.61 | 9.75 | 59.91 | 30.33 | 9.67 | 63.98 | 26.36 | 7.94 | 60.65 | 31.41 | 8.13 | 52.07 | 39.80 |
| 6 | 鄂尔多斯 | 1.22 | 39.28 | 59.50 | 0.67 | 39.52 | 59.81 | 0.32 | 39.51 | 60.17 | 0.18 | 39.29 | 60.53 | 0.16 | 37.29 | 62.55 | 0.17 | 36.50 | 63.34 |
| 7 | 呼伦贝尔 | 8.35 | 37.62 | 54.04 | 5.69 | 29.85 | 64.47 | 4.22 | 41.41 | 54.36 | 3.57 | 48.06 | 48.37 | 3.42 | 47.99 | 48.59 | 3.20 | 47.49 | 49.32 |
| 8 | 巴彦淖尔 | 25.21 | 33.61 | 41.18 | 21.71 | 42.02 | 36.27 | 16.54 | 49.63 | 33.83 | 17.61 | 49.53 | 32.86 | 15.98 | 52.74 | 31.29 | 16.04 | 51.27 | 32.69 |
| 9 | 乌兰察布 | 5.28 | 35.27 | 59.45 | 3.11 | 42.26 | 54.63 | 2.98 | 47.43 | 49.59 | 3.03 | 53.26 | 43.71 | 3.01 | 49.09 | 47.90 | 2.67 | 48.67 | 48.66 |
| 10 | 南宁 | 8.04 | 32.57 | 59.39 | 7.08 | 35.17 | 57.74 | 7.02 | 33.18 | 59.80 | 6.97 | 36.04 | 56.99 | 6.36 | 37.89 | 55.75 | 5.82 | 38.74 | 55.45 |
| 11 | 柳州 | 1.44 | 62.57 | 35.99 | 1.31 | 66.50 | 32.19 | 1.07 | 67.20 | 31.73 | 1.23 | 70.29 | 28.48 | 1.04 | 69.94 | 29.02 | 0.72 | 64.45 | 34.84 |
| 12 | 桂林 | 2.72 | 41.96 | 55.31 | 2.42 | 43.23 | 54.35 | 2.13 | 41.33 | 56.55 | 2.08 | 42.39 | 55.53 | 2.06 | 40.43 | 57.51 | 2.01 | 38.93 | 59.07 |
| 13 | 梧州 | 2.50 | 47.50 | 50.00 | 3.05 | 49.75 | 47.20 | 3.24 | 51.13 | 45.62 | 3.32 | 59.25 | 37.43 | 2.32 | 67.07 | 30.61 | 3.10 | 67.96 | 28.95 |
| 14 | 北海 | 18.28 | 39.47 | 42.26 | 17.03 | 40.94 | 42.03 | 18.10 | 39.49 | 42.42 | 16.21 | 46.65 | 37.14 | 12.75 | 58.25 | 29.00 | 11.55 | 59.91 | 28.54 |
| 15 | 防城港 | 18.00 | 46.00 | 36.00 | 13.38 | 54.19 | 32.43 | 11.90 | 54.64 | 33.46 | 9.70 | 56.11 | 34.19 | 9.22 | 60.24 | 30.54 | 8.70 | 62.26 | 29.03 |
| 16 | 钦州 | 36.22 | 27.64 | 36.14 | 29.41 | 36.83 | 33.76 | 25.85 | 35.99 | 38.18 | 18.92 | 48.91 | 32.17 | 18.78 | 42.91 | 38.30 | 18.33 | 39.70 | 41.97 |
| 17 | 贵州 | 21.89 | 39.04 | 39.07 | 19.64 | 41.59 | 38.76 | 17.61 | 44.05 | 38.34 | 19.23 | 43.61 | 37.15 | 18.45 | 34.80 | 46.75 | 16.54 | 32.93 | 50.53 |
| 18 | 玉林 | 11.65 | 40.07 | 48.29 | 10.92 | 40.09 | 48.99 | 10.04 | 42.73 | 47.23 | 10.25 | 42.78 | 46.97 | 9.97 | 34.91 | 55.12 | 10.61 | 38.68 | 50.71 |

续表

| 序号 | 城市 | 2005年 | | | 2007年 | | | 2009年 | | | 2010年 | | | 2013年 | | | 2014年 | | |
|---|---|---|---|---|---|---|---|---|---|---|---|---|---|---|---|---|---|---|---|
| | | 1 | 2 | 3 | 1 | 2 | 3 | 1 | 2 | 3 | 1 | 2 | 3 | 1 | 2 | 3 | 1 | 2 | 3 |
| 19 | 百色 | 16.54 | 42.07 | 41.40 | 12.96 | 53.60 | 33.44 | 13.32 | 51.55 | 35.13 | 13.21 | 56.05 | 30.74 | 12.79 | 55.77 | 31.44 | 13.54 | 51.07 | 35.39 |
| 20 | 贺州 | 28.40 | 41.97 | 29.63 | 25.96 | 47.12 | 26.92 | 19.64 | 49.27 | 31.10 | 19.04 | 52.66 | 28.31 | 19.70 | 49.54 | 30.76 | 19.11 | 48.75 | 32.13 |
| 21 | 河池 | 12.54 | 46.64 | 40.81 | 10.30 | 55.32 | 34.38 | 8.52 | 56.40 | 35.08 | 9.14 | 53.31 | 37.55 | 11.67 | 43.92 | 44.41 | 11.22 | 42.73 | 46.05 |
| 22 | 来滨 | 30.65 | 44.57 | 24.78 | 30.19 | 44.25 | 25.56 | 21.91 | 46.06 | 32.03 | 18.73 | 52.85 | 28.42 | 22.36 | 40.37 | 37.27 | 21.65 | 39.02 | 39.33 |
| 23 | 崇左 | 32.88 | 29.45 | 37.67 | 27.91 | 33.87 | 38.23 | 25.27 | 36.49 | 38.25 | 26.23 | 42.60 | 31.37 | 21.23 | 45.97 | 32.80 | 18.85 | 47.05 | 34.11 |
| 24 | 贵州 | 3.51 | 46.07 | 50.42 | 3.28 | 44.32 | 52.41 | 2.53 | 40.33 | 57.15 | 2.07 | 38.19 | 59.74 | 1.79 | 37.17 | 61.04 | 2.00 | 35.52 | 62.48 |
| 25 | 六盘水 | 1.92 | 56.32 | 41.76 | 1.69 | 56.32 | 41.99 | 1.02 | 55.11 | 43.87 | 0.92 | 55.94 | 43.14 | 1.01 | 54.90 | 44.09 | 1.31 | 52.72 | 45.97 |
| 26 | 遵义 | 5.80 | 43.10 | 51.10 | 5.34 | 46.62 | 48.04 | 4.51 | 39.65 | 55.84 | 3.94 | 39.79 | 56.27 | 3.98 | 40.11 | 55.91 | 4.33 | 39.04 | 56.63 |
| 27 | 安顺 | 17.05 | 31.82 | 51.12 | 14.97 | 30.00 | 55.03 | 15.06 | 30.87 | 54.07 | 10.49 | 40.17 | 49.34 | 10.05 | 39.36 | 50.58 | 10.47 | 37.55 | 51.98 |
| 28 | 昆明 | 2.06 | 46.09 | 51.85 | 1.67 | 44.18 | 54.15 | 1.40 | 43.20 | 55.40 | 1.40 | 42.84 | 55.76 | 1.07 | 40.91 | 58.02 | 1.03 | 42.18 | 56.79 |
| 29 | 曲靖 | 6.05 | 55.91 | 38.04 | 4.59 | 63.51 | 31.90 | 4.40 | 62.44 | 33.16 | 4.45 | 62.18 | 33.36 | 4.07 | 62.36 | 33.57 | 4.11 | 61.73 | 34.16 |
| 30 | 玉溪 | 2.29 | 74.21 | 23.50 | 2.17 | 76.33 | 21.51 | 2.62 | 76.26 | 21.12 | 1.92 | 79.14 | 18.94 | 2.23 | 76.43 | 21.34 | 2.24 | 77.35 | 20.41 |
| 31 | 保山 | 32.49 | 27.70 | 39.80 | 32.02 | 29.82 | 38.16 | 29.38 | 30.61 | 40.02 | 26.32 | 33.40 | 40.27 | 25.24 | 34.06 | 40.70 | 23.91 | 34.82 | 41.26 |
| 32 | 昭通 | 14.44 | 48.94 | 36.62 | 13.68 | 43.89 | 42.43 | 12.42 | 47.93 | 39.64 | 11.07 | 52.35 | 36.58 | 12.26 | 51.06 | 36.68 | 12.27 | 50.43 | 37.30 |
| 33 | 丽江 | 8.15 | 25.10 | 66.74 | 7.52 | 31.66 | 60.82 | 6.78 | 32.56 | 60.66 | 5.80 | 36.35 | 57.85 | 5.83 | 40.45 | 53.72 | 5.78 | 38.45 | 55.76 |
| 34 | 普洱 | 14.18 | 33.00 | 52.82 | 12.21 | 38.72 | 49.06 | 12.23 | 39.30 | 48.47 | 10.59 | 43.63 | 45.78 | 11.62 | 44.73 | 43.65 | 11.33 | 39.35 | 49.32 |
| 35 | 临沧 | 27.99 | 21.49 | 50.52 | 28.15 | 23.68 | 48.16 | 23.88 | 52.24 | 22.91 | 30.75 | 46.53 | 19.45 | 39.31 | 41.25 | 19.30 | 40.48 | 40.22 | |
| 36 | 西宁 | 1.09 | 35.89 | 63.02 | 0.82 | 40.55 | 58.63 | 0.67 | 40.76 | 58.57 | 0.49 | 43.25 | 56.27 | 0.42 | 42.96 | 56.62 | 0.35 | 41.06 | 58.59 |

续表

| 序号 | 城市 | 2005年 | | | 2007年 | | | 2009年 | | | 2010年 | | | 2013年 | | | 2014年 | | |
|---|---|---|---|---|---|---|---|---|---|---|---|---|---|---|---|---|---|---|---|
| | | 1 | 2 | 3 | 1 | 2 | 3 | 1 | 2 | 3 | 1 | 2 | 3 | 1 | 2 | 3 | 1 | 2 | 3 |
| 37 | 银川 | 2.99 | 40.04 | 56.97 | 2.67 | 41.34 | 55.99 | 2.50 | 39.39 | 58.11 | 2.62 | 40.61 | 56.77 | 2.26 | 41.70 | 56.05 | 1.92 | 41.06 | 58.59 |
| 38 | 石嘴山 | 3.32 | 68.03 | 28.65 | 2.58 | 71.99 | 25.16 | 2.00 | 68.44 | 29.56 | 2.22 | 66.75 | 31.04 | 1.95 | 66.66 | 31.40 | 1.89 | 67.55 | 30.56 |
| 39 | 吴忠 | 18.32 | 38.87 | 42.81 | 18.79 | 43.21 | 38.00 | 14.52 | 50.26 | 35.22 | 15.50 | 48.97 | 35.53 | 13.42 | 50.66 | 35.92 | 12.67 | 57.02 | 30.31 |
| 40 | 固原 | 21.11 | 20.21 | 58.67 | 22.83 | 17.80 | 59.37 | 18.73 | 20.31 | 60.96 | 16.89 | 24.85 | 58.25 | 16.75 | 25.57 | 57.68 | 14.52 | 27.03 | 58.44 |
| 41 | 中卫 | 17.19 | 39.60 | 43.22 | 17.67 | 41.68 | 40.65 | 16.28 | 38.50 | 45.22 | 15.90 | 40.29 | 43.82 | 14.66 | 39.30 | 46.04 | 13.92 | 41.01 | 45.07 |
| 42 | 乌鲁木齐 | 0.97 | 37.39 | 61.65 | 1.55 | 38.83 | 59.62 | 1.05 | 41.57 | 57.38 | 1.03 | 45.01 | 53.96 | 0.91 | 39.80 | 59.29 | 0.83 | 36.89 | 62.28 |
| 43 | 克拉玛依 | 0.41 | 88.46 | 11.13 | 0.49 | 89.59 | 9.92 | 0.66 | 86.68 | 12.67 | 0.52 | 89.34 | 10.15 | 0.52 | 76.99 | 22.49 | 0.61 | 75.49 | 23.91 |
| 44 | 民族地区 | 6.15 | 46.48 | 47.37 | 5.56 | 47.58 | 46.86 | 4.72 | 47.02 | 48.26 | 4.55 | 49.27 | 46.18 | 4.21 | 46.56 | 49.23 | 4.07 | 45.11 | 50.82 |

**附表 8　2005—2014 年民族地区城市市辖区产业专业化与多样化及增长率**

| 序号 | 城市 | *tv* | | | *uv* | | | *rv* | | | *g* | | | 年均增长率(%) | | | |
|---|---|---|---|---|---|---|---|---|---|---|---|---|---|---|---|---|---|
| | | 2005年 | 2010年 | 2014年 | 2005年 | 2010年 | 2014年 | 2005年 | 2010年 | 2014年 | 2005年 | 2010年 | 2014年 | *tv* | *uv* | *rv* | *g* |
| 1 | 呼和浩特 | 2.55 | 2.64 | 2.70 | 1.42 | 1.43 | 1.49 | 1.13 | 1.22 | 1.21 | 0.25 | 0.33 | 0.33 | 0.62 | 0.54 | 0.72 | 3.09 |
| 2 | 包头 | 1.83 | 2.17 | 2.21 | 1.02 | 1.28 | 1.23 | 0.81 | 0.88 | 0.98 | 0.24 | 0.17 | 0.14 | 2.11 | 2.05 | 2.17 | -6.08 |
| 3 | 乌海 | 2.19 | 2.23 | 2.30 | 0.97 | 1.00 | 1.03 | 1.22 | 1.23 | 1.27 | 0.30 | 0.38 | 0.38 | 0.52 | 0.62 | 0.45 | 2.58 |
| 4 | 赤峰 | 2.43 | 2.45 | 2.56 | 1.22 | 1.20 | 1.29 | 1.20 | 1.25 | 1.26 | 0.36 | 0.33 | 0.28 | 0.58 | 0.61 | 0.54 | -2.55 |
| 5 | 通辽 | 2.54 | 2.54 | 2.53 | 1.47 | 1.49 | 1.49 | 1.07 | 1.06 | 1.04 | 0.30 | 0.30 | 0.29 | -0.05 | 0.09 | -0.25 | -0.33 |

续表

| 序号 | 城市 | tv | | | uv | | | rv | | | g | | | 年均增长率（%） | | | |
|---|---|---|---|---|---|---|---|---|---|---|---|---|---|---|---|---|---|
| | | 2005 年 | 2010 年 | 2014 年 | 2005 年 | 2010 年 | 2014 年 | 2005 年 | 2010 年 | 2014 年 | 2005 年 | 2010 年 | 2014 年 | tv | uv | rv | g |
| 6 | 鄂尔多斯 | 2.36 | 2.48 | 2.63 | 1.20 | 1.29 | 1.38 | 1.17 | 1.19 | 1.24 | 0.18 | 0.39 | 0.38 | 1.17 | 1.60 | 0.70 | 8.83 |
| 7 | 呼伦贝尔 | 2.64 | 2.67 | 2.68 | 1.52 | 1.55 | 1.46 | 1.12 | 1.12 | 1.22 | 0.28 | 0.32 | 0.35 | 0.17 | -0.49 | 1.01 | 2.38 |
| 8 | 巴彦淖尔 | 2.50 | 2.47 | 2.46 | 1.48 | 1.44 | 1.48 | 1.01 | 1.03 | 0.98 | 0.35 | 0.38 | 0.38 | -0.15 | -0.02 | -0.34 | 1.18 |
| 9 | 乌兰察布 | 2.52 | 2.53 | 2.52 | 1.38 | 1.45 | 1.38 | 1.14 | 1.08 | 1.15 | 0.28 | 0.37 | 0.43 | 0.01 | -0.03 | 0.06 | 5.09 |
| 10 | 南宁 | 2.56 | 2.56 | 2.53 | 1.52 | 1.48 | 1.40 | 1.04 | 1.08 | 1.12 | 0.20 | 0.20 | 0.22 | -0.16 | -0.91 | 0.85 | 1.06 |
| 11 | 柳州 | 2.22 | 2.27 | 2.09 | 1.25 | 1.35 | 1.12 | 0.97 | 0.92 | 0.98 | 0.14 | 0.15 | 0.20 | -0.65 | -1.25 | 0.09 | 3.70 |
| 12 | 桂林 | 2.41 | 2.49 | 2.45 | 1.45 | 1.45 | 1.39 | 0.96 | 1.04 | 1.06 | 0.16 | 0.16 | 0.18 | 0.19 | -0.46 | 1.12 | 1.36 |
| 13 | 梧州 | 2.31 | 2.30 | 2.19 | 1.30 | 1.27 | 1.25 | 1.00 | 1.03 | 0.94 | 0.14 | 0.14 | 0.24 | -0.59 | -0.51 | -0.70 | 5.70 |
| 14 | 北海 | 2.65 | 2.31 | 2.37 | 1.58 | 1.46 | 1.40 | 1.07 | 0.85 | 0.96 | 0.26 | 0.22 | 0.18 | -1.23 | -1.28 | -1.17 | -4.09 |
| 15 | 防城港 | 2.39 | 2.37 | 2.50 | 1.54 | 1.51 | 1.49 | 0.85 | 0.86 | 1.01 | 0.42 | 0.37 | 0.40 | 0.48 | -0.35 | 1.86 | -0.80 |
| 16 | 钦州 | 2.44 | 2.39 | 2.16 | 1.33 | 1.28 | 1.17 | 1.11 | 1.11 | 1.00 | 0.30 | 0.36 | 0.36 | -1.35 | -1.44 | -1.24 | 2.22 |
| 17 | 贵港 | 2.19 | 2.21 | 2.31 | 1.24 | 1.13 | 1.22 | 0.95 | 1.08 | 1.09 | 0.30 | 0.33 | 0.33 | 0.62 | -0.16 | 1.57 | 0.96 |
| 18 | 玉林 | 2.46 | 2.43 | 2.47 | 1.38 | 1.34 | 1.34 | 1.08 | 1.08 | 1.13 | 0.18 | 0.16 | 0.25 | 0.02 | -0.39 | 0.54 | 3.38 |
| 19 | 百色 | 2.49 | 2.55 | 2.58 | 1.47 | 1.40 | 1.32 | 1.01 | 1.15 | 1.26 | 0.27 | 0.26 | 0.31 | 0.41 | -1.17 | 2.40 | 1.69 |
| 20 | 贺州 | 2.32 | 2.26 | 2.26 | 1.20 | 1.14 | 1.16 | 1.12 | 1.12 | 1.10 | 0.37 | 0.38 | 0.42 | -0.25 | -0.29 | -0.22 | 1.54 |
| 21 | 河池 | 2.45 | 2.49 | 2.41 | 1.33 | 1.36 | 1.39 | 1.12 | 1.13 | 1.02 | 0.18 | 0.21 | 0.25 | -0.20 | 0.46 | -1.02 | 3.39 |
| 22 | 来宾 | 2.09 | 2.20 | 2.33 | 1.31 | 1.30 | 1.35 | 0.78 | 0.90 | 0.98 | 0.39 | 0.32 | 0.27 | 1.20 | 0.30 | 2.59 | -3.87 |
| 23 | 崇左 | 2.23 | 2.34 | 2.53 | 1.44 | 1.44 | 1.44 | 0.78 | 0.90 | 1.08 | 0.38 | 0.33 | 0.38 | 1.42 | -0.01 | 3.69 | -0.01 |

续表

| 序号 | 城市 | tv | | | uv | | | rv | | | g | | | 年均增长率(%) | | | |
|---|---|---|---|---|---|---|---|---|---|---|---|---|---|---|---|---|---|
| | | 2005 年 | 2010 年 | 2014 年 | 2005 年 | 2010 年 | 2014 年 | 2005 年 | 2010 年 | 2014 年 | 2005 年 | 2010 年 | 2014 年 | tv | uv | rv | g |
| 24 | 贵阳 | 2.35 | 2.42 | 2.37 | 1.32 | 1.37 | 1.29 | 1.02 | 1.06 | 1.08 | 0.21 | 0.23 | 0.24 | 0.08 | -0.28 | 0.54 | 1.34 |
| 25 | 六盘水 | 2.01 | 2.04 | 2.36 | 0.97 | 1.00 | 1.24 | 1.04 | 1.04 | 1.12 | 0.28 | 0.31 | 0.32 | 1.79 | 2.73 | 0.85 | 1.60 |
| 26 | 遵义 | 2.40 | 2.42 | 2.36 | 1.28 | 1.37 | 1.32 | 1.12 | 1.05 | 1.04 | 0.17 | 0.22 | 0.19 | -0.19 | 0.34 | -0.82 | 1.04 |
| 27 | 安顺 | 2.55 | 2.53 | 2.45 | 1.46 | 1.36 | 1.33 | 1.08 | 1.17 | 1.11 | 0.24 | 0.24 | 0.21 | -0.44 | -1.05 | 0.34 | -1.86 |
| 28 | 昆明 | 2.43 | 2.46 | 2.45 | 1.41 | 1.39 | 1.43 | 1.02 | 1.07 | 1.02 | 0.20 | 0.21 | 0.28 | 0.10 | 0.19 | -0.01 | 3.56 |
| 29 | 曲靖 | 2.40 | 2.33 | 2.26 | 1.26 | 1.21 | 1.20 | 1.14 | 1.12 | 1.06 | 0.14 | 0.17 | 0.24 | -0.65 | -0.55 | -0.77 | 6.06 |
| 30 | 玉溪 | 2.26 | 2.26 | 2.23 | 1.43 | 1.41 | 1.32 | 0.83 | 0.84 | 0.91 | 0.28 | 0.23 | 0.17 | -0.13 | -0.88 | 1.08 | -5.18 |
| 31 | 保山 | 2.54 | 2.21 | 2.26 | 1.41 | 1.19 | 1.25 | 1.13 | 1.02 | 1.01 | 0.33 | 0.41 | 0.33 | -1.29 | -1.34 | -1.23 | -0.04 |
| 32 | 昭通 | 2.41 | 2.50 | 2.48 | 1.29 | 1.32 | 1.30 | 1.11 | 1.18 | 1.18 | 0.36 | 0.25 | 0.32 | 0.34 | 0.04 | 0.67 | -1.52 |
| 33 | 丽江 | 2.50 | 2.43 | 2.57 | 1.39 | 1.49 | 1.56 | 1.12 | 0.94 | 1.01 | 0.39 | 0.38 | 0.37 | 0.29 | 1.31 | -1.10 | -0.71 |
| 34 | 普洱 | 2.19 | 2.35 | 2.49 | 1.34 | 1.36 | 1.33 | 0.85 | 0.99 | 1.16 | 0.18 | 0.15 | 0.18 | 1.42 | -0.11 | 3.52 | 0.11 |
| 35 | 临沧 | 1.93 | 2.34 | 2.34 | 1.01 | 1.28 | 1.31 | 0.92 | 1.07 | 1.03 | 0.55 | 0.43 | 0.33 | 2.21 | 2.97 | 1.31 | -5.59 |
| 36 | 西宁 | 2.55 | 2.52 | 2.52 | 1.44 | 1.38 | 1.41 | 1.11 | 1.14 | 1.11 | 0.24 | 0.16 | 0.25 | -0.15 | -0.22 | -0.05 | 0.59 |
| 37 | 银川 | 2.55 | 2.58 | 2.52 | 1.30 | 1.33 | 1.56 | 1.24 | 1.25 | 0.96 | 0.30 | 0.32 | 0.45 | -0.13 | 2.02 | -2.86 | 4.82 |
| 38 | 石嘴山 | 2.04 | 2.11 | 2.34 | 1.13 | 1.04 | 1.25 | 0.91 | 1.07 | 1.10 | 0.24 | 0.23 | 0.20 | 1.56 | 1.08 | 2.13 | -1.91 |
| 39 | 吴忠 | 2.47 | 2.40 | 2.44 | 1.55 | 1.52 | 1.38 | 0.91 | 0.87 | 1.06 | 0.40 | 0.37 | 0.35 | -0.11 | -1.31 | 1.69 | -1.66 |
| 40 | 固原 | 2.32 | 2.14 | 2.21 | 1.28 | 1.12 | 1.05 | 1.05 | 1.02 | 1.16 | 0.43 | 0.52 | 0.57 | -0.55 | -2.10 | 1.10 | 3.32 |
| 41 | 中卫 | 2.18 | 2.16 | 2.38 | 1.27 | 1.33 | 1.30 | 0.91 | 0.84 | 1.08 | 0.22 | 0.26 | 0.25 | 0.96 | 0.21 | 1.95 | 1.69 |

续表

| 序号 | 城市 | tw | | | uw | | | rw | | | g | | | 年均增长率(%) | | | |
|---|---|---|---|---|---|---|---|---|---|---|---|---|---|---|---|---|---|
| | | 2005年 | 2010年 | 2014年 | 2005年 | 2010年 | 2014年 | 2005年 | 2010年 | 2014年 | 2005年 | 2010年 | 2014年 | tw | uw | rw | g |
| 42 | 乌鲁木齐 | 2.58 | 2.59 | 2.58 | 1.49 | 1.48 | 1.47 | 1.09 | 1.12 | 1.11 | 0.18 | 0.19 | 0.25 | 0.02 | -0.15 | 0.24 | 3.48 |
| 43 | 克拉玛依 | 1.79 | 1.83 | 1.94 | 0.82 | 0.88 | 0.94 | 0.97 | 0.95 | 1.00 | 0.48 | 0.44 | 0.44 | 0.91 | 1.61 | 0.29 | -1.14 |

数据来源：作者根据历年《中国城市统计年鉴》行业从业人数计算得到。

# 致　谢

光阴似箭，日月如梭，三年的博士学习生涯即将画上句号。然而，考博时的场景、面试的心情，以及奔跑去上课的喘息却恍如昨日。

感谢我的恩师郑长德教授对我的谆谆教诲和悉心关怀。在这三年时间里，每一次授课讲习，都让我获益匪浅。老师治学的态度，从容、乐观、豁达、以身立行的行事风格，严密的授课逻辑，不乏幽默的课堂气氛，都将深刻影响我今后的工作与生活。感谢恩师的悉心指导！从论文的选题、开题报告的撰写，至提纲的修改，再至论文的撰写与修改、完善，无不在恩师的关怀与指导下完成。生活方面，特别感谢恩师和师母的关心！在我遇到困难时，师母爽朗的笑声总能给我安慰和力量。在此，向我的恩师和师母表示最诚挚的谢意，谢谢你们！

感谢为我毕业论文提出修改意见的导师们。感谢四川省社科院杜受祜教授，西安交通大学冯根福教授，四川大学朱方明教授，以及西南民族大学张明善教授、涂裕春教授、姜太碧教授、何雄浪教授、钟海燕教授、廖桂蓉教授为我毕业论文撰写所提出的宝贵修改意见，使我思路大开、信心十足！感谢让人心生温暖的袁敏老师对我学习生活无微不至的关心与帮助。特别感谢涂裕春教授在我学习和写作过程中如姐姐般的关爱与帮助，使我的毕业论文写作变得松弛有度、得心应手！

感谢我的同学们，感谢三年时间的陪伴与帮助。与你们一起嬉闹的开心、学术讨论的严肃，还有一起吃饭唱歌的放松，让我枯燥乏味的博士生活变得丰富多彩。感谢一路有你们！

在即将毕业之际，我要感谢我的家人。感谢母亲一直以来对我学业的理解与支持：每天不厌其烦、变着花样地为我做好吃的；为我分担家务，照顾小孩。妈妈，您辛苦了！感谢一路陪伴我、理解我、鼓励我、疼爱我的老公——单德朋先生。在我读博期间，你独自一人扛起这个家，为我撑起一片天，让我毫无后顾之忧地自由学习、成长成才。学习上，你也给予了我极大的帮助。我的博士生活应该是从拿到博士录取通知书的那个暑假开始的。记得2014年那个暑假，我从工作岗位离职，全身心投入博士学习生活，心里那个激动！希冀、期待以及各种美好的向往都给自己加足了劲，马上想要奔跑，又找不着方向。是你给我开了书单，使我对未来的学习生活有了一个准确的把控。在撰写论文的"马拉松"过程中，是你一路陪伴、鼓励，给我信心与力量。虽然一路艰辛困苦，但满是收获与成长。

最后，我要将此文献给我挚爱的女儿——单苇杭小朋友。在这长达一年半的论文写作过程中，虽然我极力调整心态，让自己像预设中的那样"把陪孩子当休息、换思维"，在吃饭睡觉的琐碎时间里全心投入陪伴我的"小捣蛋"，但也摆脱不了长期写作带来的烦躁与压抑，让你在本该天真无邪、无忧无虑的年龄段却要小心谨慎地看妈妈脸色行事……妈妈最爱的宝贝，谢谢你！

王英

2017年6月